AF250425

BIBLIOTHÈQUE NATIONALE

EXPOSITION

DE

PORTRAITS

PEINTS ET DESSINÉS

DU XIIIE AU XVIIE SIÈCLE

AVRIL-JUIN 1907

CATALOGUE

Deuxième édition.

PARIS

LIBRAIRIE CENTRALE DES BEAUX-ARTS

ÉMILE LÉVY, ÉDITEUR

13, RUE LAFAYETTE, 13

1907

PORTRAITS PEINTS ET DESSINÉS

DU XIIIe AU XVIIe SIÈCLE

Le catalogue des **livres imprimés ornés de miniatures** a été rédigé par M. P. Marchal, conservateur du Département des Imprimés de la Bibliothèque Nationale.

Le catalogue des **portraits enluminés appartenant à des manuscrits de la Bibliothèque de l'Arsenal** a été rédigé par M. Henry Martin, administrateur de la Bibliothèque de l'Arsenal.

Le catalogue des **portraits enluminés appartenant à des manuscrits de la Bibliothèque nationale** a été rédigé par M. Camille Couderc, conservateur-adjoint au Département des Manuscrits de la Bibliothèque Nationale.

Le catalogue des **portraits dessinés et peints** a été rédigé par M. François Courboin, conservateur-adjoint au Département des Estampes de la Bibliothèque Nationale, assisté de MM. Joseph Guibert, Paul-André Lemoisne, François Bruel, bibliothécaires, et Jean Laran, attaché au même Département.

MACON, PROTAT FRÈRES, IMPRIMEURS.

EXPOSITION

DE

PORTRAITS

PEINTS ET DESSINÉS

DU XIIIe AU XVIIe SIÈCLE

AVRIL-JUIN 1907

CATALOGUE

Deuxième édition.

PARIS

LIBRAIRIE CENTRALE DES BEAUX-ARTS

ÉMILE LÉVY, ÉDITEUR

13, RUE LAFAYETTE, 13

1907

EXPOSITION DE PORTRAITS PEINTS ET DESSINÉS,
DU XIIIe AU XVIIe SIÈCLE
A LA BIBLIOTHÈQUE NATIONALE

SOUS LE PATRONAGE
DE M. LE PRÉSIDENT DE LA RÉPUBLIQUE

Président d'honneur : M. LE MINISTRE DE L'INSTRUCTION PUBLIQUE ET DES BEAUX-ARTS.

Vice-Présidents : M. LE SOUS-SECRÉTAIRE D'ÉTAT DES BEAUX-ARTS.
M. LE DIRECTEUR DE L'ENSEIGNEMENT SUPÉRIEUR.

COMITÉ DE PATRONAGE

Mme LA MARQUISE ARCONATI-VISCONTI, MM. LE PRINCE D'ARENBERG, ED. AYNARD, E. BABELON, LE Bon HUGO DE BETHMANN, A. BEURDELEY, L. BONNAT, JULES COMTE, FÉLIX DOISTAU, CARLE DREYFUS, GUSTAVE DREYFUS, PRINCE D'ESSLING, MAURICE FENAILLE, FRANÇOIS FLAMENG, WALTER GAY, L. GONSE, A. GRUYER, JULES GUIFFREY, JEAN GUIFFREY, GABRIEL HANOTAUX, HOMOLLE, R. KŒCHLIN, GEORGES LAFENESTRE, H. DE LA TOUR, P. LEPRIEUR, J. MACIET, MANZI, GABRIEL MARCEL, F. MARCOU, J.-J. MARQUET DE VASSELOT, MARTIN LE ROY, P. LE ROI, METMAN, P. DE NOLHAC, PASCAL, Bon EDMOND DE ROTHSCHILD, ALEXIS ROUART, HENRI ROUJON, MAURICE TOURNEUX, B^{on} DE VINCK DE DEUX-ORP, PAUL VITRY.

COMITÉ D'ADMINISTRATION

Président : M. GEORGES BERGER, membre de l'Institut, député de Seine.

Vice-Président : M. HENRY MARCEL, administrateur de la Bibliothèque nationale.

Trésorier : M. T. MORTREUIL, secrétaire trésorier de la Bibliothèque nationale.

Adjoint : M. P. LACOMBE, bibliothécaire honoraire.

Secrétaire : M. P.-A LEMOISNE, du Département des Estampes.

Adjoint : M. F. BRUEL, du Département des Estampes.

COMITÉ D'ORGANISATION

Président : M. HENRY MARCEL.

Commissaire général : M. FRANÇOIS COURBOIN, conservateur adjoint du Département des Estampes.

1e section : Livres imprimés ornés d'enluminures : M. P. MARCHAL, conservateur du Département des Imprimés de la Bibliothèque nationale.

2e section : Manuscrits enluminés : M. CAMILLE COUDERC, conservateur-adjoint du Département des Manuscrits de la Bibliothèque nationale ; M. HENRY MARTIN, administrateur de la Bibliothèque de l'Arsenal.

3e section : Portraits dessinés : MM. F. COURBOIN, J. GUIBERT, P.-A. LEMOISNE, F. BRUEL, J. LARAN, du Département des Estampes.

AVANT-PROPOS

L'exposition, dont on a l'honneur de présenter ci-après au public le catalogue raisonné, a pour objet de mettre sous ses yeux un ensemble de représentations individuelles susceptibles tant de fournir quelques identifications nouvelles sur un certain nombre de personnages historiques, que d'apporter une contribution à l'étude de l'art du portrait, dans notre pays principalement.

Les manuscrits à enluminures, les imprimés à frontispices peints, les crayons à une ou plusieurs teintes, les portraits à la détrempe ou à l'huile, y constituent quatre séries distinctes, correspondant, en quelque sorte, dans l'ordre chronologique, à autant d'étapes de l'art iconique. Elles permettront ainsi, tout à la fois, d'observer l'idéal et les procédés particuliers de chaque époque, dans la représentation de la figure humaine.

A des images traitées avec la conscience scrupuleuse des vieux ymaigiers, et en même temps avec le respect cérémonieux que comporte la dédicace des ouvrages aux personnalités considérables qui y sont reproduites, succèdent des représentations exemptes tout à la fois de décorum dans la mise en scène, de minutie dans la facture, et n'ayant d'autre objet que de saisir la vie individuelle au vif de ses expressions et de ses mouvements. Ainsi le formalisme qui semble invariablement présider, dans le domaine de l'art, aux périodes initiales, et dont la *stagnation des formes politiques prolonge parfois la survie au delà de ce que comporterait le développement des esprits, fait place dans les périodes de discussion, de troubles même, qui suivent, à une liberté de vision affranchie de toute timidité, comme de tout respect.*

C'est cette émancipation progressive de l'art que notre exposition aura pour principal effet de montrer, par le rapprochement significatif de deux périodes d'histoire contiguës, et que semble néanmoins séparer un long espace de temps. Elle n'aura pas moins d'importance par la manifestation graduelle des personnalités dans la conception de l'effet et le maniement de l'outil. Bien qu'un grand nombre des effigies qui y ont pris place ne soient pas, à l'heure actuelle, susceptibles d'attributions précises, la diversité de mains n'y fait point doute, et le procédé critique qui bloquait sous un même nom, d'après des analogies toutes superficielles, un grand nombre de portraits d'origines différentes, recevra de cette confrontation nouvelle un définitif échec. Ce sont donc une série de problèmes, passionnants pour la plupart, et dont chaque jour qui s'écoule avancera la solution, que les collections d'ouvrages rassemblées à la Bibliothèque nationale proposent à la curiosité des amateurs, aux déductions sagaces de la critique.

Henry MARCEL.

EXPOSITION DE PORTRAITS

PEINTS ET DESSINÉS

DU XIIIe AU XVIIe SIÈCLE

DÉPARTEMENT DES MANUSCRITS

C'est la première fois qu'on tente de grouper, au point de vue spécial du portrait, les documents iconographiques contenus dans les manuscrits. L'exposition des Primitifs qui eut, il y a trois ans, un si retentissant succès, permit bien, il est vrai, d'apprécier quelques-unes des maîtresses œuvres qui reparaissent aujourd'hui, mais elle ne se prêta que peu ou pas, de par son objet même, aux rapprochements et aux comparaisons qui vont être possibles. Les volumes, en effet, étaient ouverts, sans autre préoccupation, aux miniatures qui présentaient le plus d'intérêt, soit pour l'histoire générale de l'art, soit pour les artistes, auxquels elles étaient dues ou simplement attribuées. Il importait peu qu'on put ou non considérer, comme des portraits, les représentations de personnages dont elles étaient l'occasion ou le sujet. Cette fois, le portrait a primé tout. C'est lui qui a été l'unique raison des choix qui ont été faits.

Pour le Département des Manuscrits, ces choix ont été nécessairement un peu laborieux, parce qu'ils ont dû être précédés de recherches qu'aucun inventaire particulier ne guidait. Ils ont, en outre, présenté des difficultés de plusieurs ordres, dont les principales tenaient à des questions d'identification et de date.

Il n'en est pas, en effet, des portraits conservés dans les manuscrits comme de ceux qui sont peints sur des triptyques et des vitraux ou sculptés sur des pierres tombales. Tandis que ceux-ci sont, généralement, accompagnés d'indications précises, qui ne laissent aucun doute sur le personnage représenté, ceux-là ne contiennent, le plus souvent, rien d'écrit, qui permette cette identification. Et on n'en trouve alors le moyen que dans les accessoires de la peinture (cotte, robe, tapis ou fond armorié) et de son encadrement (armes, emblèmes ou devise), dans la détermination d'une provenance, ou dans le texte d'une dédicace ou d'un explicit. Dans quelques cas même, tous ces renseignements font défaut, ou sont tels qu'ils ne peuvent être sûrement interprétés, et le portrait reste anonyme.

On s'explique, par suite, que des noms très différents aient été, quelquefois, mis au bas d'un même portrait. Dans les cas douteux, notre préoccupation a moins été d'indiquer une solution que d'en réunir les éléments. Nous avons, en tout cas, soigneusement fait connaître les raisons de celles auxquelles nous avons cru pouvoir nous arrêter.

C'est pour cela que notre attention s'est surtout portée sur les questions de date et de provenance et que nous nous sommes appliqué à les préciser le plus possible. N'est-ce pas, en effet, de leur date et de leur provenance que les miniatures de présentation — si nombreuses dans les manuscrits, — tirent, au point de vue du portrait, leur principale valeur ? Ainsi, il est incontestable, pour n'en citer qu'un exemple, que la miniature bien connue, dans laquelle on voit Joinville offrant à Louis X son *Histoire de saint Louis* (nº 4), présente de moins bonnes garanties d'authenticité que celle, sa voisine (nº 5), dans laquelle sont groupés Philippe V, le moine Yves et Gilles de Pontoise, parce que cette dernière est contemporaine de l'événement dont elle est le sujet, tandis que la première lui est postérieure de près d'un demi-siècle.

Malgré tout le soin apporté à nos recherches et à nos choix, nous n'irons pas jusqu'à affirmer que les peintures de cette exposition sont, toutes, des portraits, au sens ordinaire de ce mot, mais nous croyons pouvoir dire qu'elles présentent, toutes, à ce point de vue particulier, un réel intérêt et qu'elles constituent, pour notre histoire nationale, une suite précieuse de documents iconographiques.

On s'étonnera, peut-être, de ne pas y voir les portraits — ou soi-disant tels — de l'empereur Lothaire et du roi Charles le Chauve, conservés dans deux de nos plus célèbres manuscrits, mais il a semblé que ces deux monuments de l'art français du ixe siècle ne présentaient, dans leur forme hiératique, que de trop faibles garanties d'exactitude pour qu'on pût les y faire figurer. Il en est de même de quelques autres portraits des siècles qui ont suivi. Ce n'est, en effet, qu'à la fin du xiiie que l'enlumineur a tenté de s'affranchir des anciennes formules et s'est efforcé de donner à ses figures un caractère individuel, sans d'ailleurs y réussir le plus souvent. Son habileté n'était pas encore assez grande pour saisir les traits de ses modèles et les reporter sur le vélin des manuscrits; son métier ne connaissait que les teintes uniformes et ignorait l'art du modelé; aussi ses œuvres sont-elles plutôt d'amusantes tentatives que de vrais portraits, car il faut descendre jusqu'au milieu du xive siècle pour en trouver. Il a paru, néanmoins, nécessaire d'en produire les plus curieux spécimens, afin de mieux éclairer les origines de cet art et de mieux marquer les premières étapes de son histoire.

Mais si cette exposition a été ainsi limitée au point de vue chronologique, elle ne l'a pas été au point de vue géographique. A côté des peintures d'origine française, qui en forment la très grande majorité, s'en trouvent quelques-unes d'origine italienne, qu'il aurait été vraiment regrettable de ne pas montrer, en cette occurrence, tant à cause de leur beauté et de leur intérêt que des rapprochements dont elles peuvent être l'occasion.

Aux volumes tirés des riches collections du Département des Manuscrits sont venus s'en joindre d'autres, qui ont été gracieusement prêtés, soit par des bibliothèques publiques de Paris (Arsenal et Sainte-Geneviève), des départements (Toulouse et Besançon) et même de l'étranger (La Haye), soit par des amateurs et des bibliophiles (baron Vitta, baron H. de Bethmann, comte P. Durrieu, etc.), auxquels il n'est que juste d'adresser de publics remerciements. C'est à eux, par conséquent, que cette manifestation, artistique et historique, devra une bonne partie de son utilité et de son attrait.

C. COUDERC.

MANUSCRITS

DE LA

BIBLIOTHÈQUE NATIONALE

---

1. Charles Ier d'Anjou, roi de Naples (1220-1285).

Encyclopédie médicale de Rhazès, désignée ordinairement sous le
titre latin de *Continens*, traduite de l'arabe par le juif Farag. — Cette
traduction latine, qui ne comprend pas moins de 5 volumes in-fol. (Latin
6912[1-5]), a été faite, de 1278 à 1279, sur la demande du roi Charles Ier
d'Anjou, par un juif appelé Farag, ainsi qu'en témoigne l'explicit qui la
termine (Latin 6912[5], fol. 189 v°) : « Explicit translatio libri *El Havy* in
medicina conpilati per Mahumed Bizaccaria El Razy, facta de man-
dato excellentissimi regis Karoli, glorie gentis christiane..., per manus
magistri Faragii, judei, filii magistri Salem de Agregento, devoti inter-
pretis ejus..., die lune xiii° februarii, vii indict., apud Neapolim... »
Le présent exemplaire n'est pas, toutefois, la minute de ce travail,
mais une mise au net exécutée, de 1280 à 1282, pour le roi, sous la
direction de Jean de Néelle, son médecin et un peu aussi le garde de
sa bibliothèque, par un copiste appelé Ange de La Marche ou Ange-
lus de Marchia. Les miniatures dont il est orné sont l'œuvre d'un
moine du Mont-Cassin, appelé Jean ou plutôt Giovanni — car il paraît
d'origine italienne — qui reçut en payement, d'après une quittance
qui a été conservée, deux onces et demie d'or, à raison d'une once d'or
par mois. M. P. Durrieu, qui a consacré à ce manuscrit un article très
documenté (*Un portrait de Charles Ier d'Anjou, roi de Sicile*, dans la
Gazette archéologique, t. XI (1886), p. 192-201, et planche XXIII), a
été le premier à attirer l'attention sur les trois portraits du roi
Charles Ier qu'il contient (Latin 6912, fol. 1 v° et 6912[5], fol. 78 v° et
134 v°) et à montrer tout l'intérêt que ces portraits un peu frustes,
mais qui sont authentiquement des œuvres du xiiie siècle, présentaient

pour l'histoire de l'art. Dans la triple miniature du début, à laquelle le volume est ouvert, sont représentées quatre scènes relatives à l'histoire de l'ouvrage de Rhazès. Dans celle de droite, un prince de Tunis remet le manuscrit arabe de l'*El Havy* à trois ambassadeurs du roi de Sicile. Dans celle de gauche, ces mêmes ambassadeurs apportent ledit manuscrit au roi Charles, et dans celle du bas, divisée en deux portions par la barre de l'E, on voit, en haut, celui-ci confiant le volume au traducteur et, au-dessous, Farag travaillant à son œuvre.

Latin 6912.

★ **Philippe le Hardi, roi de France (1245-1285), et le moine Primat.**

Bibliothèque Sainte-Geneviève, manuscrit 782 (vitrine G, nᵒ 129).

★ **Marie de Brabant, reine de France (...-1331), etc.**

Bibliothèque de l'Arsenal, manuscrit 3142 (vitrine G, nᵒ 118).

2. Personnages divers de la Picardie et de l'Artois.

Psautier. — Ce curieux Psautier, qui paraît de la fin du xiiiᵉ siècle, est orné d'un très grand nombre de lettres miniaturées, dont les sujets sont expliqués par des légendes en français. Les marges, surtout celles du bas, sont, en outre, décorées d'animaux, de grotesques et de personnages, dont les noms sont généralement donnés, au-dessous des croquis ou dessins très sommaires qui les représentent : « Agnès de Hanin (fol. 24 vᵒ), Jehan de Lens (fol. 61), Jehan de Lille (fol. 163 vᵒ), monseigneur Robert d'Oisi (fol. 166), messire Guerart de Sorel (fol. 170), etc. ». La langue de ces légendes montre, ainsi d'ailleurs que ces noms eux-mêmes, qu'il a été écrit dans le Nord de la France et très probablement dans quelque ville de la Picardie ou de l'Artois. L'intention du miniaturiste n'étant pas douteuse, son œuvre constitue, malgré son imperfection, une sorte d'album de portraits et se place, comme une tentative fort amusante, en tête de cette série qui devait, plus tard, prendre un si grand développement.

Le volume est ouvert aux pages sur lesquelles on voit, d'un côté (fol. 38 vᵒ) : « Medemisele de Chuingnoles et Agnes se suer, » et, de l'autre (fol. 39) : « Medame de Franchinecourt, » et, en haut, « un hons [qui en] fiert un autre d'un coutel en baisant. »

Latin 10435.

★ **Jeanne, comtesse d'Eu et de Guines.**

Bibliothèque de l'Arsenal, manuscrit 6329 (vitrine G, nº 119).

3. Philippe le Bel, roi de France (1268-1314), et ses quatre enfants.

Livre de Dina et Kalila (recueil de fables) mis en latin par Raymond de Béziers. — Exemplaire offert au roi Philippe le Bel, en juin 1313, pendant les fêtes de la chevalerie de Louis, roi de Navarre. Dans la miniature qui précède l'épître dédicatoire — et à laquelle le volume est ouvert — on voit, au milieu, assis sur son trône, le roi Philippe le Bel, à sa droite, sa fille Isabelle, reine d'Angleterre, et ses deux plus jeunes fils, Philippe le Long et Charles le Bel, et, à sa gauche, son fils aîné Louis, roi de Navarre, et son oncle Charles de Valois.

Historiens de France, t. XXII, p. 1, et *Journal des savants*, 1898, p. 158 (art. de M. L. Delisle).

Latin 8504.

4. Louis X le Hutin, roi de France (1289-1316), et le sire de Joinville (1224-1319).

Histoire de saint Louis, par Jean de Joinville. — Ce manuscrit ne paraît pas remonter au delà du milieu du XIVe siècle, mais il est le plus ancien des trois qui nous sont restés de l'œuvre du célèbre chroniqueur. Et il présente cet intérêt particulier d'avoir été copié sur l'exemplaire — malheureusement perdu — que Joinville offrit, en 1309, à Louis de Navarre, le futur Louis le Hutin. La miniature de présentation, à laquelle il est ouvert — et qui n'est, par suite, qu'une copie — a été reproduite, en chromolithographie, par les soins de N. de Wailly, en tête de son édition de *Joinville* (Paris, Didot, 1874, gr. in-8º).

Français 13568.

5. Philippe V le Long, roi de France (1294-1322), le moine Yves et l'abbé Gilles de Pontoise.

Vie et miracles de saint Denis, par le moine Yves. — Premier volume de l'exemplaire de cet ouvrage qui fut offert au roi Philippe le Long, vers 1317, par Gilles de Pontoise, abbé de Saint-Denis, et qui comprenait, en plus des deux parties qui forment aujourd'hui les manuscrits français 2090-2092, une troisième partie depuis longtemps perdue. Il est orné d'un très grand nombre de miniatures qui comptent, à juste titre, parmi les chefs-d'œuvre de l'art parisien. Dans la miniature de présentation, à laquelle il est ouvert, on voit non seulement le donateur et le donataire mais encore le moine Yves, le modeste auteur de la compilation. La date et les circonstances dans lesquelles ce travail a été exécuté ont été précisées, pour la première fois, par M. L. Delisle, dans un mémoire qu'il a lu à l'Académie des Inscriptions, en septembre 1861, et qu'il a imprimé, en 1864, dans les *Notices et extraits*, t. XXI (1865), 2ᵉ partie, p. 249-265; il en a parlé de nouveau dans l'article qu'il a consacré à une *Vie de saint Denis en français* (Nouv. acq. franç. 1098) offerte, en 1877, à la Bibliothèque nationale par M. le duc de La Trémoille (*Bibliothèque de l'École des Chartes*, t. XXXVIII (1877), p. 444, et *Mélanges de paléographie*, p. 239).

Français 2090.

6. Philippe V le Long, roi de France (1294-1322).

Vie et miracles de saint Denis, par le moine Yves. — Exemplaire de la troisième partie du recueil historique, dont la première est exposée ci-dessus (nᵒ 5). Il a été écrit, en 1317, par Guillaume Lescot ou l'Écossais (*Guillelmus Scoti*). Le portrait de Philippe le Long, qui s'y trouve, est donc l'œuvre d'un contemporain de ce roi.

Latin 13836.

7. Philippe V le Long, roi de France (1294-1322).

Vie et miracles de saint Denis, par le moine Yves. — C'est le seul exemplaire complet de cette compilation que possède la Bibliothèque nationale. Mais on n'y trouve pas la version française. Les miniatures en grisaille, dont il est orné, paraissent copiées sur celles du manuscrit français 2090, également exposé (nᵒ 5).

Latin 5286.

8. Camerlingue de la Biccherna, à Sienne, en 1331.

Tablette de la *Biccherna* de Sienne, pour le premier semestre de 1331, avec le portrait du camerlingue, les armes des quatre *proveditori* et l'inscription suivante : « *Chamarlingho e quattro di Biccherna : Niccholo di mes[ser] Cerretano, chonte Armalei, Ghualtieri di mes[ser] Renaldo, Poncino di Cerrachino, à la singnoria di Guido Manchese, anni MCCCXXX e fine ani MCCCXXXI.* »

La *Biccherna* de Sienne était l'administration chargée de gérer les finances de la ville. Elle avait à sa tête un *camerarius* ou *camerlingo* — qui fut très souvent un moine de San Galgano — et quatre *proveditori*. Ces fonctionnaires rendaient leurs comptes, après six mois de gestion, et faisaient, en même temps, remise des documents qui en étaient la justification. Ces documents étaient réunis en liasse et attachés, avec des courroies, à une planchette de bois, qui leur servait de couverture. Sur la face extérieure de ces planchettes, on n'écrivit d'abord que les noms du camerlingue et des *proveditori*, avec un titre, une date et aussi des armoiries, mais l'usage s'introduisit d'assez bonne heure — dès le milieu du xiiie siècle — d'y faire représenter le camerlingue devant son bureau, occupé à faire ses comptes, ou quelquefois d'y faire peindre un tableau religieux ou un sujet d'histoire locale. Et on s'adressa, pour ce travail, aux peintres les plus en renom de la ville. Il en fut de même pour une autre grande administration de Sienne, la *Gabella*, qui percevait les droits de douane, de mutation et d'enregistrement, et dont le chef était également un camerlingue, mais l'usage d'en peindre les tablettes ne paraît pas aussi ancien que pour la *Biccherna*.

Les petits monuments qui proviennent de ces deux administrations présentent, par suite, pour l'histoire de l'art italien et en particulier pour l'histoire du portrait, un intérêt considérable, qui ne saurait être mieux comparé qu'à celui qu'offrirait la célèbre collection de portraits de capitouls de Toulouse qu'un vandalisme absurde a presque entièrement détruite (Cf. ci-déssous, n° 137).

Toutes les tablettes qui sont encore conservées dans les archives de Sienne ont été minutieusement décrites, dans le bel ouvrage que M. A. Lisini leur a consacré : *Le Tavolette dipinte di Biccherna e di Gabella del R. Archivio di Stato in Siena, con illustrazione storica...* Florence, L. Olschki, 1902, in-fol., avec 103 planches. Les trois, que possède la Bibliothèque nationale (Italien 1668-1670), viennent de la collection Ramboux. Elles ont été signalées et publiées, dès 1882, par M. A. Geffroy, dans les *Mélanges de l'École de Rome*, t. II, p. 403-434.

Italien 1668.

9. Philippe VI de Valois (1293-1350) présidant une séance de la Cour des Pairs (1332).

Actes du procès de Robert d'Artois. — Ce procès se termina le 8 avril 1332. Le présent volume et, par suite, le tableau qui en remplit la première page, ont dû être exécutés pendant cette année même ou très peu de temps après. Ce tableau est curieux, bien qu'on éprouve quelque peine, en raison de la très grande similitude qu'elles présentent, à considérer comme des portraits les nombreuses figures qui s'y trouvent. Telle paraît, cependant, avoir été la préoccupation de l'artiste, car c'est aux personnages et non pas à leurs blasons qu'il convient, semble-t-il, d'appliquer la note rectificative qui les accompagne : « Il ne sont pas pains, si comme il doivent seoir, mais l'ordre est ou foullet (feuillet) précédent. »

Français 18437.

10. Jeanne de Bourgogne, reine de France (…-1348).

Miroir historial de Vincent de Beauvais, traduit par Jean Du Vignay. — Cette traduction fut faite à la demande de Jeanne de Bourgogne, femme de Philippe de Valois, et le présent exemplaire paraît être celui qui fut copié pour elle, en 1333. Dans la miniature, à laquelle il est ouvert, sont représentés, d'un côté, saint Louis et Vincent de Beauvais, et, de l'autre, la reine Jeanne et Jean Du Vignay. M. L. Delisle en a joint une reproduction, en héliogravure, à l'article qu'il a consacré, dans la *Gazette archéologique* (XI (1886), p. 87 et pl. 13), aux *Exemplaires royaux et princiers du Miroir historial*.

Français 316.

★ Jeanne de Valois, comtesse de Hainaut (…-1352).

Collection de M. le baron Vitta (vitrine H, n° 133).

★ Jean Ier de La Tixerenderie, évêque de Rieux (…-1348).

Bibliothèque de Toulouse, manuscrit 90 (vitrine G, n° 131).

11. Louis de Tarente, roi de Jérusalem, de Naples et de Sicile (1320-1362), et Jeanne de Naples (1326-1382).

Statuts de l'ordre du Saint-Esprit au droit désir ou du Nœud (1352-1353). — Ce manuscrit fut offert, par la République de Venise, à Henri III, en 1573, à l'occasion de la réception solennelle qui lui fut faite, à son retour de Pologne. Mais après s'en être inspiré, en 1578, au moment de la création de l'*Ordre du Saint-Esprit*, ce prince aurait, d'après Le Laboureur, donné l'ordre, qui ne fut heureusement pas exécuté, de le jeter au feu. Sauvé et gardé par le sieur de Chiverny, il échut à son fils Philippe Hurault, évêque de Chartres. Il passa, ensuite, dans les collections de René de Longueil, sieur de Maisons, de Gaignat et enfin du duc de La Vallière, à la vente de laquelle il fut acquis pour la Bibliothèque du roi. Gaignières, qui avait pu en obtenir communication, en avait fait copier les miniatures, et c'est, semble-t-il, d'après ces copies —auj. aux Estampes, sous la cote Ob¹⁰— que Montfaucon les a reproduites, dans le t. II de ses *Monuments de la monarchie française.* Une nouvelle copie en fut exécutée à l'aquarelle, en 1854, par A. Racinet, et servit à la reproduction, en chromolithographie, qui en fut, à cette date, publiée, chez Engelmann, par les soins du comte de Viel-Castel. Distrait de la Bibliothèque nationale, pendant tout le second Empire, au profit du Musée des Souverains (cf. Barbet de Jouy, *Musée des Souverains,* p. 133), il n'a été réintégré dans ce dépôt qu'après les événements de 1870.

Il est ouvert à la grande peinture, qui en est comme le frontispice, dans laquelle sont représentés, en prière devant la Trinité, d'un côté, Louis de Tarente, et, de l'autre, sa femme Jeanne de Naples. Cette miniature a été insérée par le comte de Bastard dans son volume sur *La Librairie de Jean, duc de Berry.*

Français 4274.

12. Charles V, roi de France (1337-1380).

Bible historiale, écrite par Raoulet d'Orléans, en 1363. — Elle comprenait deux volumes, mais le premier paraît perdu. Le dauphin Charles, le futur Charles V, y est représenté, dans une miniature de la fin (fol. 368), aux pieds de la Vierge qui tient l'Enfant Jésus dans ses bras. Il est agenouillé devant un prie-Dieu recouvert d'un tapis aux armes de France et de Dauphiné. Ce portrait est, en outre, suivi d'une prière, en forme d'acrostiche, sur son nom et son titre : CHARLES AINSNÉ FILS DU ROY DE FRANCE, DUC DE NORMANDIE ET DALPHIN DE VIENNOIS, et des six vers suivants qui en donnent la date :

> « De tous ces vers enl[u]minez
> Par ordre les testes prenez;
> Si vous sera moult bien descript
> Pour qui cest livre fu escript.
> Et fu parfait, que je ne mente,
> L'an mil ccc trois et lx » (1363).

De la bibliothèque de Charles V, dont elle porte la signature et une note autographe, cette Bible passa dans celle du duc de Berry, qui en marqua l'origine dans une note également autographe. Elle appartint, dans la suite, à Henri III, Louis XIII et Louis XIV, qui, tous, y mirent leur signature. M. L. Delisle a reproduit dans son volume de *Facsimile de livres copiés et enluminés pour Charles V*, p. 5-7 et pl. I-II, non seulement la miniature qui contient le portrait du dauphin Charles, mais la page sur laquelle se trouvent tous ces autographes de souverains.

Cette Bible a figuré au Musée des Souverains et a été longuement décrite par Barbet de Jouy, dans son Catalogue (*Notice des objets du Musée des Souverains*, Paris, 1866, in-8°, p. 61-69). V., en outre, S. Berger, *La Bible française au moyen âge*, p. 348, et *Bibliothèque de l'École des Chartes*, t. LXII (1901), p. 551 (art. de M. L. Delisle).

Français 5707.

13. Charles V, roi de France (1337-1380).

Le « *Policratique* » de Jean de Salisbury, traduit en français par Denis Foullechat. — Cette traduction fut faite, en 1372, sur l'ordre de Charles V, et le présent exemplaire paraît être celui qui lui fut offert. Le nom du traducteur est donné par la réunion des initiales des premières phrases de la préface, conformément aux indications fournies par les vers qui terminent l'ouvrage (fol. 296).

Français 24287.

14. Charles V, roi de France (1337-1380), Jean Golein (vers 1320-1403) et Jeanne de Bourbon (1338-1378).

Rational des divins offices de Guillaume Durand, traduit en français par Jean Golein. — Exemplaire exécuté, en 1374, pour le roi Charles V, ainsi qu'il nous l'apprend lui-même dans une note qu'il a écrite de sa propre main : « Cest livre, nommé Rasional des divins ofises, est à nous Charles le Vᵉ de notre nom, et le finies translater, escrire et tout parfere, l'an MCCCLXXIIII. » Au milieu de la miniature du frontispice, le traducteur Jean Golein est représenté assis aux pieds du roi, qui lui donne l'ordre de traduire le Rational ; à côté du roi et sur le côté gauche du tableau, sont ses deux fils, le dauphin et Louis d'Orléans, tandis que, derrière Jean Golein et sur le côté droit, sont pla-

Nº 16

CHARLES V, roi de France, et JACQUES BAUCHANT

cées la reine Jeanne de Bourbon et ses deux filles Marie et Isabelle. Cette miniature a été reproduite, en phototypie, par M. L. Delisle, dans ses *Fac-simile de livres copiés et enluminés pour Charles V*, pl. VIII. D'autres portraits de Charles V et de la reine se trouvent dans la suite du volume et, en particulier, dans les miniatures consacrées au sacre du roi (fol. 44 v°) et à la bénédiction de la reine (fol. 50).

Français 437.

15. Charles V, roi de France (1337-1380), et Simon de Hesdin.

Faits et dits dignes de mémoire de Valère Maxime, traduits en français par Simon de Hesdin. — Exemplaire des quatre premiers livres offert à Charles V par le traducteur, en 1375. La miniature de présentation est divisée en deux compartiments. Dans celui du haut, on voit deux scribes occupés à écrire, l'un le texte latin de l'ouvrage et l'autre le texte français ; dans celui du bas, Simon de Hesdin est représenté offrant son manuscrit au roi. Une page de ce volume (fol. 2 v°) a été reproduite, en héliogravure, dans l'*Album paléographique* publié par la Société de l'École des Chartes, Paris, 1887, in-fol., pl XLII.

Français 9749.

16. Charles V, roi de France (1337-1380), et Jacques Bauchant (...-vers 1396).

Le Livre des voies de Dieu ou des *Visions de sainte Elisabeth*, traduit par Jacques Bauchant. — Exemplaire de dédicace. Dans la marge extérieure de la page sur laquelle Jacques Bauchant est représenté offrant son livre à Charles V, sont peints les écussons du roi et de ses deux fils : le dauphin et Louis d'Orléans. Cette page a été reproduite par M. L. Delisle, dans ses *Fac-simile de livres copiés et enluminés pour Charles V*, pl. III.

Français 1792.

17. Charles V, roi de France (1337-1380), et Raoul de Presles.

La Cité de Dieu de Saint-Augustin, traduite en français par Raoul de Presles. — Premier volume de l'exemplaire exécuté pour Charles V, en 1376, très probablement. Cetté mise au net dut, en effet, suivre immédiatement le travail de traduction, qui, commencé à la Toussaint de 1371, fut achevé le 1ᵉʳ septembre 1375. Dans la miniature de présentation, saint Augustin est représenté debout derrière Raoul de Presles, pendant que celui-ci, un genou en terre, ouvre son livre devant Charles V. Cette miniature a été reproduite par M. L. Delisle, dans les *Fac-simile de manuscrits copiés et enluminés pour Charles V*, pl. IX. M. Delisle avait précédemment fait reproduire, en chromolithographie, dans l'atlas du *Cabinet des manuscrits*, pl. LI, la grande miniature qui sert de frontispice à l'ouvrage. On remarquera que l'écu royal, placé au bas de la page et en plusieurs autres endroits, n'a que trois fleurs de lis. L'écu aux fleurs de lis sans nombre n'y figure qu'une fois, au fol. 384.

Français 22912.

18. Charles V, roi de France (1337-1380), et Jean Golein (vers 1320-1403).

Le Livre de l'information des princes, traduit en français par Jean Golein. — Exemplaire exécuté pour Charles V, par l'un de ses copistes attitrés, Henri du Trévou, qui a pris soin de dire, dans un explicit, qu'il avait fini son travail, le 22 septembre 1379 : « Henri Du Trévou a escript ce livre de l'Information des roys et des princes ; et l'achiva à escrire le juesdi xxiiᵉ jour de septembre l'an mil CCCLXXIX, pour le roy de France Charles, son très cher et redoubté seigneur ». Le moine qui, dans la miniature de présentation, accompagne Jean Golein, n'est autre, sans doute, que le prieur du couvent des Carmes de Paris. L'écu royal, qui est au bas de la page, paraît de date récente. La photographie a montré, en effet, qu'il avait été superposé à un autre écu, dans la composition duquel entraient six besans, et qui pourrait bien être celui du comte Aymar de Poitiers, sʳ de Saint-Vallier, qu'on trouve dans les *Heures* de Boucicaut (collection de Mᵐᵉ André) et dans le *Livre de la chasse* de Gaston Phébus (Français 616). Cette page a été reproduite dans l'*Album paléographique* publié par la société de l'École des Chartes, pl. XLI (notice de M. G. Raynaud), et par M. L. Delisle, dans ses *Fac-simile de manuscrits copiés et enluminés pour Charles V*, pl. X. Quant au traité latin traduit par Golein, on sait qu'il a été composé pour Louis le Hutin, mais on en ignore l'auteur ; il ne faut pas, par suite, le confondre avec le traité : *De regimine principum* de Gilles de Rome, qui a été si souvent copié. Cf. *Histoire littéraire de la France*, t. XXXI (1893), p. 35-47 (art. de M. L. Delisle).

Français 1950.

19. Charles V, roi de France (1337-1380).

Bréviaire à l'usage de Paris. — Tout porte à croire que ce Bréviaire a été exécuté pour Charles V, auquel il a, en tout cas, certainement appartenu. Il s'identifie, en effet, avec un Bréviaire que l'inventaire de ce prince qualifie de « très noblement escript et très noblement enlumyné et ystorié. » Son portrait s'y trouve, d'ailleurs, au fol. 261 ; il est représenté à genoux devant le Père Eternel, qui tient, dans sa main gauche, le globe du monde. Ce volume peut être rangé parmi les plus beaux qui nous soient restés du milieu du XIVe siècle.

M. L. Delisle, qui lui a donné place dans sa *Notice de douze livres royaux*, p. 89, et a consacré une planche (la pl. XVIII) à la page dont il vient d'être parlé, a montré, en outre, que les remarquables miniatures, qui ornent les marges inférieures de la partie du Psautier, étaient « absolument semblables » à celles qui accompagnent ces mêmes passages du Psautier, dans les deux volumes du Bréviaire de Belleville. Toutefois, la miniature qui figure au bas de la page 261, et qui représente le Jugement dernier, ne se trouve que dans le présent manuscrit.

Ce volume fut un de ceux de la librairie du Louvre que Charles VI ne garda pas. Il l'offrit à son oncle Louis d'Orléans. Après la mort de ce dernier, sa veuve, Valentine de Milan, en fit cadeau au duc de Berry, son beau-frère, afin sans doute d'en gagner les bonnes grâces. Les exécuteurs testamentaires du duc de Berry le proposèrent, pour le prix de cent soixante l. parisis, au dauphin qui devait être un peu plus tard Charles VII. Celui-ci décida bien de le garder, après l'avoir « longuement vu et advisé », mais il ne paya rien et déclara même qu'il ne voulait rien payer.

Latin 1052.

20. Charles V, roi de France (1337-1380), et Jean Du Vignay.

Le Livre du gouvernement des rois, attribué à Guillaume Perrault, *Le Jeu des échecs moralisés* de Jacques de Cessoles, traduit par Jean Du Vignay, etc. — Ce manuscrit n'est pas daté, mais comme il a été écrit par Henri Du Trévou, l'un des copistes employés par Charles V, on peut le tenir pour une œuvre contemporaine de ce prince. Une grande miniature à quatre compartiments quadrilobés et à bordures tricolores en forme le frontispice. Charles V y est représenté, tantôt seul, tantôt avec la reine et leurs enfants, dans quatre scènes différentes. Cette peinture a été reproduite par M. L. Delisle, dans ses *Facsimile de livres copiés et enluminés pour Charles V*, pl. XI.

Le volume est ouvert à la miniature, à bordure également tricolore et quadrilobée, dans laquelle Jean Du Vignay est représenté offrant la traduction du *Jeu des échecs* de Jacques de Cessoles, non pas à Jean de Normandie comme l'indiquerait le prologue, mais à Charles V, vêtu d'une robe fleurdelisée, dont le profil est, d'ailleurs, facilement reconnaissable.

Français 1728.

21. Charles V, roi de France (1337-1360), et ses conseillers.

Heures d'Anjou (xivᵉ siècle). — Sur l'un des feuillets de garde du commencement du volume (fol. A) se trouvent les deux notes suivantes, qui en font connaître l'origine : « Ces heures ont esté reliées en l'estat qu'elles sont, en l'an 1606, par ordre de Charles, par la grâce de Dieu, duc de Lorraine et de Bar. Auparavant elles estoient couvertes d'argent, mais les pièces estoient fort gastées et rompues, et paroissoit y avoir eu des pierreries sur l'argent, et estoit escrit dessus : Louys, roy de Hierusalem et de Sicile, duc d'Anjou, 1390. — Elles estoient reliées en velours violet, fort passé et fort usé, avec des coins et des fermoirs d'argent doré, lorsque je les achetay... de Madame Du Chasnay, dans le cloistre des Bernardins de Paris. Je les ay fait relier comme elles sont, le 9 may 1708, et cet escrit estoit au premier feuillet. R. DE GAIGNIÈRES. »

Donc, d'après une inscription qu'il portait, avant les reliures multiples dont il a été l'objet, ce manuscrit appartenait, en 1390, à Louis II, roi de Jérusalem et de Naples. La véracité de ce renseignement a été d'abord contestée et finalement niée, si bien que depuis quelques années le volume n'est plus désigné que sous le titre — juste d'ailleurs, si on ne le considère pas comme exclusif — de *Petites Heures du duc de Berry*.

On a prétendu, en effet, que ce feuillet de garde n'appartenait pas primitivement à ce volume et que, par suite, les notes rapportées plus haut en visaient un autre. Mais on n'a fourni aucune preuve de cette intercalation, pas plus qu'on n'a donné l'indication du manuscrit auquel ce feuillet de garde aurait été enlevé. De plus, il a fallu convenir que cette intercalation supposée remontait au moins au XVIIIe siècle, puisque le rédacteur du *Catalogue de la vente La Vallière* (t. I (1783), p. 86, n° 284), à laquelle le manuscrit fut acquis pour la Bibliothèque du roi, l'y avait trouvée, et avait reproduit les deux notes dans sa notice, sans exprimer aucun doute au sujet de leur authenticité et de leur valeur. Aucune raison péremptoire contre cette attribution n'a été, en outre, tirée soit du texte proprement dit et des miniatures, soit d'un document quelconque. C'est là, par conséquent, une opinion qu'il convient d'abandonner pour revenir à l'attribution traditionnelle.

Cette attribution traditionnelle, d'ailleurs, est la seule qui permette une explication acceptable de la composition actuelle du manuscrit. Sur les deux premières grandes miniatures dont il est orné, sont représentés, en effet, deux personnages très jeunes, presque des enfants, auxquels un religieux dominicain donne des enseignements. Or, n'est-il pas naturel de supposer que ces deux personnages sont les enfants du grand seigneur, pour lequel le volume a été commandé et pour lequel il a été tout au moins commencé? Et à quel grand seigneur peut-on penser, sinon à Louis Ier d'Anjou, frère de Charles V, dont on connaît le goût pour les beaux livres (L. Delisle, *Cabinet des manuscrits*, I, 55); et quels noms mettre au bas de ces portraits — ces représentations en ayant toutes les apparences — sinon ceux de ses deux fils, Louis II et Charles du Maine, duc de Calabre? Car la miniature du fol. 17, qui, sur le thème de la mort de saint Louis, représente en réalité Charles V, et celle des saints confesseurs du fol. 105 v°, dans laquelle S. Louis, évêque de Toulouse, se trouve placé au premier rang, avec une chape aux armes d'Anjou-Sicile, montrent, avec évidence, que ce seigneur était un membre de la famille royale.

Le volume, en tout cas, n'était pas fini, lorsqu'il passa aux mains de de Louis II d'Anjou, et lorsqu'il entra, à une date qu'on ne connaît pas, dans la collection du duc de Berry. Celui-ci lui consacra une attention toute particulière et en fit l'objet d'un travail considérable. Dans les miniatures qui restaient à faire, son portrait fut peint à profusion, vingt-sept fois au moins, et sous les deux aspects si sensiblement différents qu'on lui connaît: d'un côté, sans barbe et sans cercle d'or, comme dans son livre d'*Heures* de la Bibliothèque de Bruxelles ; de l'autre, avec barbe et cercle d'or, comme sur le fol. 8 de ses *Grandes Heures* (Latin 919).

On a cru le voir aussi dans une miniature d'une tout autre facture, et sans doute d'une date un peu postérieure, placée au fol. 288 v°, en face d'une prière pour les voyageurs (*ad accipiendiam viam*), dans laquelle un personnage richement vêtu, tenant dans sa main gauche le bâton du pèlerin et en portant un autre sur sa robe, ainsi que deux de ses compagnons, sort d'une ville avec une suite nombreuse, mais cette identification paraît contestable.

La miniature la plus curieuse du volume — un peu abîmée malheureusement — est celle de la mort de S. Louis-Charles V (fol. 17). La figure du roi n'y est accompagnée d'aucun attribut de sainteté ; les personnages, qui sont rangés autour de son lit, sont tous des laïques, dans lesquels il semble qu'on doive reconnaître non seulement les enfants — les deux personnages imberbes — mais les conseillers de Charles V. La physionomie de l'un d'eux — de celui qui occupe le troisième rang, à la droite du roi — est même si caractéristique qu'on peut, sans grande hésitation, l'identifier avec Du Guesclin. Cette miniature a été souvent reproduite, et en particulier, dans le *Joinville* de M. de Wailly, p. 401 (en chromolithographie).

Quant aux remarques dont le calendrier et les autres miniatures ont été l'objet, nous ne pouvons que renvoyer à ce qu'en ont dit M. L. Delisle (*Les livres d'heures du duc de Berry*, p. 31), M. P. Durrieu (*Le Manuscrit*, t. I (1894), p. 90, art. sur *André Beauneveu*), et MM. A. de Champeaux et P. Gauchery (*Les travaux d'art exécutés pour le duc de Berry*, p. 144).

Latin 18014.

22. Pétrarque (1304-1374).

De viris illustribus de Pétrarque. — Ce portrait est, semble-t-il, le plus ancien et, en tout cas, l'un des plus importants que l'on connaisse de l'illustre poète. Il se trouve, en effet, en tête d'un manuscrit de son *De viris illustribus*, écrit par son ami Lombardo della Seta et terminé en janvier 1379. Et comme tout porte à croire qu'il a été exécuté « sur l'initiative et sous la direction » de ce dernier, au moment même de la composition du volume, ou très peu de temps après, son authenticité s'appuie sur les présomptions les plus sérieuses. On sait, en effet, que Lombardo della Seta fut non seulement le secrétaire, l'homme d'affaires et le collaborateur de Pétrarque, mais qu'il resta le meilleur ami de ses derniers jours et mérita d'être choisi par lui comme son exécuteur testamentaire.

Toutes ces circonstances ont été étudiées et mises en lumière par M. P. de Nolhac, dans son ouvrage sur *Pétrarque et l'humanisme* (Paris, 1892, in-8, p. 382). Un autre portrait ancien de Pétrarque, dont l'exécution paraît remonter à 1432, date du manuscrit dans lequel il se trouve, est conservé dans le manuscrit latin 10209, fol. 5 v°.

Latin 6069_F.

23. Charles VI, roi de France (1368-1422).

Les Grandes Chroniques de France. — Magnifique exemplaire exécuté de 1375 à 1379. Il devait être primitivement divisé en deux volumes, car il comprend deux parties. En tête de la seconde, qui commence au fol. 467, se trouve un remarquable frontispice, dans lequel sont groupées six scènes de la vie de S. Louis. Parmi les très nombreuses miniatures dont ce manuscrit est orné, il convient de signaler celles qui sont relatives à l'institution de l'ordre de l'Étoile par Jean le Bon (fol. 394), au sacre de Charles V et de sa femme (fol. 439) — reproduite par M. L. Delisle dans ses *Fac-simile de manuscrits copiés et enluminés pour Charles V*, pl. XIV — au voyage en France de l'empereur Charles IV et à sa réception à Paris (fol. 467 v°, etc.). En tête du volume est une très curieuse peinture, qui représente le sacre du roi — c'est à cette page qu'il est ouvert — et, comme le feuillet sur lequel elle se trouve paraît intercalaire, tout donne à penser que le roi dont il s'agit n'est autre que Charles VI. Cette miniature, ainsi que celles du voyage de Charles IV, ont été reproduites par M. de Bastard, dans les planches 253 ᴬ et ᴮ de son grand ouvrage sur les *Peintures et ornements des manuscrits* (in-fol.).

Français 2813.

24. Charles VI, roi de France (1368-1422).

Inventaire du roi Charles V (1380). — Cet inventaire est celui qui a été publié par J. Labarte dans la *Collection des documents iné-*

dits (Paris, 1879, in-4°). Le portrait de Charles VI s'y trouve au fol. C. Labarte l'a reproduit, en chromolithographie, en tête de sa publication.

Français 2705.

25. Valentine de Milan, duchesse d'Orléans (vers 1370-1408), et Honoré Bonet, prieur de Salon ou Selonnet.

L'Apparition de Jean de Meung ou le *Songe du prieur de Salon*, par Honoré Bonet. — Exemplaire de dédicace, dans lequel Honoré Bonet est représenté offrant son livre à Valentine de Milan. Leurs portraits ne sont pas des peintures mais de simples dessins au trait, qu'on appelait, à cette époque, des « portraits d'encre ». (Cf. H. Martin, *Les miniaturistes français*, p. 37).

Français 811.

26. Marguerite de Clisson (....-1441).

Heures de Marguerite de Clisson. — Rien ne permet de fixer, avec précision, la date de ce manuscrit. Tout porte à croire, cependant, qu'il a été exécuté dans le dernier quart du xive siècle, et à une date très voisine de 1387, année du mariage de Marguerite de Clisson avec Jean de Blois, dit de Bretagne (Cf. Père Anselme, *Histoire généalogique*, VI, 104 et 204). L'écusson, qui est au bas du fol. 29 v°, au-dessous de l'un des portraits, est, en effet, parti de Blois-Bretagne et de Clisson. Ce portrait n'est pas le seul de Marguerite de Clisson que contienne son livre d'*Heures*; on l'y retrouve quatre fois (fol. 245, 249, 274 v° et 278 v°), mais aucun autre n'est aussi gracieux et aussi exquis.

Latin 10538.

27. Seigneur italien.

Livre d'heures à l'usage de Rome, exécuté en Italie, à la fin du xive siècle. — Ce luxueux manuscrit, orné de très belles miniatures, paraît avoir été composé, en 1394 ou 1395. C'est, en effet, pour cette dernière année que commencent à être indiquées les phases de la lune, dans les tableaux qui remplissent les premiers feuillets (fol. F.). Mais il n'a pas été possible, malgré les éléments d'identification qu'il contient (armes et devise), de déterminer le personnage pour lequel il a été fait.

Latin 757.

28. Gaston Phébus, comte de Foix (1331-1391).

Livre de la chasse, par Gaston Phébus. — Ce n'est pas, semble-t-il, l'exemplaire qui dut être fait pour le duc de Bourgogne, Philippe le Bon, auquel l'ouvrage est dédié, mais c'est le plus ancien de ceux qui ont été conservés. Il est certainement des premières années du xv⁰ siècle, s'il n'est pas de la fin du xiv⁰. Tout porte à croire, en outre, que c'est l'exemplaire, en quelque sorte familial, que se transmirent les héritiers successifs du célèbre comte. Une note de provenance, écrite en grosses lettres gothiques ou ex-libris, qu'il porte à son dernier feuillet (fol. 112 v⁰) :

> « Ce livre est à celuy qui, sanz blasme,
> En son droyt mot, porte : *J'ay belle dame.* »

montre, en tout cas, qu'il était, dès le commencement du xv⁰ siècle, en la possession de Jean I⁰ʳ, comte de Foix. La devise indiquée dans cès deux vers n'est autre, en effet, que celle de ce prince, ainsi que nous l'apprend un passage du poème des *Deux fortunes d'amour* d'Alain Chartier, rapporté par J. Lavallée, dans son édition de *La chasse* de Gaston Phébus (Paris, 1854, in-8, p. xli).

Français 619.

29. Gaston Phébus, comte de Foix (1331-1391).

Livre de la chasse, par Gaston Phébus. — Cet exemplaire est moins ancien que le précédènt (n⁰ 28) et peut encore moins être identifié avec celui du duc de Bourgogne (Cf. G. de Villeneuve, *Notice sur les Heures de Boucicaut*, p. 11), mais ses miniatures sont infiniment plus belles. Il doit à cette circonstance d'avoir été plus apprécié et plus convoité. Aussi a-t-il une histoire et même, peut-on dire, une légende.

Les seuls faits de cette histoire qui paraissent acquis sont les suivants. A la fin du xv⁰ siècle, il fut recueilli par un bibliophile, connu en outre pour avoir possédé les *Heures* de Boucicaut, le comte Aymar de Poitiers, seigneur de Saint-Vallier, qui y fit peindre ses armes au bas du fol. 13. Il devint, peu après 1525 et dans des circonstances qu'on ignore, la propriété de Bernard Clesius ou de Closs, évêque de Trente. Celui-ci l'offrit à l'archiduc d'Autriche, Ferdinand, frère de Charles-Quint, et joignit à son envoi une lettre, sans date, transcrite sur l'un des feuillets de garde (fol. 3 v⁰) qui est, sur ce point, l'unique source de nos renseignements. Le passage dans lequel Bernard parle de l'origine du manuscrit est d'un laconisme regrettable. Après s'être félicité du don, qui l'en avait rendu propriétaire — en raison naturellement de l'hommage que ce don rendait possible — il se contente d'ajouter que le volume avait été acquis, à la suite de la victoire remportée par Charles-Quint sur les Français à Pavie : «... *nuper fortunâ oblatus est liber iste, non utique indecorus, adeptus in illâ gloriosissimâ cœsaris Caroli, fratris tui amantissimi, contra Gallos apud Papiam victoriâ.* » Mais il n'y est pas question de François Ier. L'archiduc Ferdinand y fit peindre ses armes à pleine page (fol. 4). Le volume reparaît en 1661. A cette date, il était en la possession du marquis de Vigneau qui l'offrit à Louis XIV, d'après le témoignage de La Mesnardière, « lecteur ordinaire de la chambre », consigné au bas du fol. 12 v°. Le roi le déposa à la Bibliothèque royale où il fut timbré et inscrit sous le n° 7097. Il en sortit « frauduleusement », vers 1709 (Cf. L. Delisle, *Le Cabinet des manuscrits*, II, 299-300, note), se retrouva au xixe siècle, dans la bibliothèque de Louis-Philippe, qui le fit relier à son chiffre et à ses armes, et ne fut réintégré que le 9 mars 1848, après la chute de la monarchie de Juillet (Cf. Paulin Paris, *Les manuscrits françois*, t. V (1842), p. 213-214).

Cette histoire est, comme on le voit, loin d'être complète. Aussi plusieurs érudits ont-ils cherché à en combler les lacunes. La phrase de Bernard de Closs, que nous avons rapportée, a naturellement rappelé le nom de François Ier, bien que ce nom ne fût pas prononcé, et on en a immédiatement conclu que le précieux volume se trouvait, pendant cette fatale journée de Pavie, dans les bagages du roi. C'est, il faut l'avouer, conclure un peu vite. — Un soldat l'aurait recueilli dans son butin et l'aurait porté à l'évêque de Trente (H. de La Ferrière, *Les grandes chasses au XVIe siècle*, Paris, 1884, in-16, p. 31-32).

Ce n'est pas tout. On s'est dit que si François Ier possédait, à cette date, ce manuscrit, ce ne pouvait être que parce qu'il l'avait trouvé, en 1523, dans les biens confisqués sur le seigneur de Saint-Vallier, qui était déjà sur l'échafaud, comme on sait, lorsqu'arrivèrent les lettres de grâce si tardivement obtenues par son gendre, J. de Brezé, et sa fille, Diane de Poitiers ! A un intérêt de fonds s'ajoutait donc un intérêt de provenance de premier ordre.

Un manuscrit qui avait quitté la France, à la suite d'un événement aussi grave que la bataille de Pavie, ne pouvait y rentrer que par une voie extraordinaire. « Une défaite l'en avait fait sortir, dit J. Lavallée (p. XLVI), une victoire l'y ramena ». C'est pendant les campagnes de « Turenne, dans les Pays-Bas », que le marquis de Vigneau l'aurait recueilli, par droit de conquête. Ces affirmations ne sont malheureusement appuyées d'aucun témoignage ni d'aucun document.

De plus, ce ne serait pas frauduleusement, ainsi que l'affirme M. Delisle, qu'il serait sorti de la Bibliothèque du roi. D'après une note justificative, écrite seulement en 1769 et signée « Du Cambard », qui a été ajoutée sur le fol. 3, Louis XIV l'aurait demandé et donné au comte de Toulouse.

Enfin, ce n'est qu'à grand'peine qu'on l'aurait, en 1848, arraché à l'incendie, dont il garderait encore des traces! Un des feuillets de garde serait toujours « maculé de sang » !! La reliure serait endommagée, mais le corps de l'ouvrage n'aurait pas souffert! (J. Lavallée, *La chasse de Gaston Phébus*, Paris, 1854, in-8, p. XLIV-XLVI; *Revue de Gascogne*, t. XXXV (1894), p. 549-554 (art. de L. Batcave).

La vérité est heureusement moins horrible. Si l'un des feuillets de garde paraît maculé de sang, c'est uniquement parce que la couronne rouge des armes de l'archiduc a déteint, et si la reliure est un peu endommagée, c'est simplement parce que le volume a eu à subir de trop nombreux transports dans notre salle de travail, pour les lecteurs qui l'ont demandé.

Il est ouvert aux *Oraisons* de Gaston Phébus qui, dans ce manuscrit, font suite à son *Livre de la chasse*, et sont, comme ce dernier, précédées du portrait de ce prince.

Abbé de Madaune, *Le livre des oraisons de Gaston Phébus*, Paris, 1893, in-8; L. de La Brière, *Livre de prières de Gaston Phœbus*, Paris, 1894, in-16.

Français 616.

30. Marie de Berry, comtesse de Clermont (....-1434).

L'Aiguillon d'amour divin, par S. Bonaventure, traduit en français par Simon de Courcy, etc. — Exemplaire écrit par J. Delacroix, en 1406, pour Marie de Berry, comtesse de Clermont, depuis 1400, et duchesse de Bourbon, après 1410, ainsi qu'en témoigne la note suivante, que le susdit copiste y a mise (fol. 1 v°), à la suite de la table : « Et apertient cedit livre à très haulte et poissant dame Marie, fille de très redoubté prince, Jehan, duc de Berry, filz de roy de France ; et le fist escripre, par grant diligence, frère Symon de Courcy, cordelier, confesseur de ladite dame. Si plaise à tous ceulz et celles, qui ce livre verront et liront, de prier Dieu pour yceulx dessus nommez, et que, en lisant dudit livre, puissent tellement y profiter que en Paradis, avec le doulz Jhesus et la glorieuse Vierge Marie, sa mère, puissent habiter. Amen, que Dieux l'ottroit. Et fut achevez, l'an mil CCCC et VI, le jour de la Penthecouste. » Marie de Berry y est représentée, dans le frontispice, abîmé malheureusement, à genoux aux pieds de la Vierge, la tête ceinte d'un diadème d'or et accompagnée d'une jeune dame, habillée de même mais sans diadème, qui semble pouvoir être identifiée avec Catherine d'Artois, la future épouse de Jean de Bourbon, seigneur de Carency, l'une des filles de son second mariage avec Philippe d'Artois, comte d'Eu.

> Père Anselme, *Histoire généalogique*, I, 359 et 390 ; P. Paris, *Les manuscrits françois*, VII, 256.
>
> Français 926.

31. Anonyme.

Heures à l'usage de Troyes. — Les deux personnages (homme et femme) dont les portraits sont peints dans ce beau livre d'heures des premières années du xve siècle, n'ont pu être identifiés. Il semble, toutefois, en raison des saints auprès desquels ils sont représentés, que leurs prénoms respectifs aient été ceux de Michel et de Catherine.

> Latin 924.

32. Isabeau de Bavière, reine de France (1371-1435), et Christine de Pisan (vers 1363-1431).

Poésies de Christine de Pisan. — C'est le troisième volume d'un exemplaire de ces *Poésies*, qui en comprenait quatre (auj. mss. français 835, 606 et 605) et avait été préparé, de 1408 à 1413, par Christine elle-même pour le duc de Berry. L'exemplaire d'Isabeau de Bavière est au Musée Britannique (Harley 4431) ; la miniature de présentation, dont il est orné, est très supérieure à la nôtre, on en trouvera la reproduction, dans le t. III de l'édition des *OEuvres poétiques* de Christine de Pisan publiée, pour la Société des anciens textes, par M. Maurice Roy.

> Français 836.

33. Louis d'Orléans (1372-1407) et Christine de Pisan (vers 1363-1431).

Épitre d'Othéa à Hector, par Christine de Pisan. — Exemplaire

N° 36

CHARLES VI, roi de France. JEAN, duc de Berry et PIERRE LE FRUITIER, dit SALMON

orné de très nombreuses et assez bonnes miniatures. Dans celle qui précède le prologue (fol. 1), Christine de Pisan est représentée offrant son livre au duc Louis d'Orléans, assis sous un dais fleurdelisé. Elle a été reproduite, en héliogravure, par Le Roux de Lincy, dans *Paris et ses historiens*, p. 418.

Français 606.

34. Christine de Pisan (vers 1363-1431).

La Cité des Dames, par Christine de Pisan. — Exemplaire de la collection du duc de Berry, qui y a mis sa signature. Le portrait de Christine s'y trouve dans le frontispice; elle est représentée, au milieu de dames, dans son cabinet de travail, tandis qu'à droite deux autres dames travaillent à la construction du mur de la Cité.

Français 607.

35. Christine de Pisan (vers 1363-1431).

Livre de chevalerie et *Livre de mutation de fortune*, par Christine de Pisan. — Exemplaire du commencement du XVᵉ siècle. Le portrait de Christine s'y trouve en tête des deux ouvrages, aux fol. 1 et 81.

Français 603.

36. Charles VI, roi de France (1368-1422), Jean, duc de Berry (1340-1416), et Pierre Le Fruitier, dit Salmon (. . .-vers 1422).

Les demandes faites par le roi Charles VI touchant son état et le gouvernement de sa personne, avec les réponses de Pierre Salmon. — Ce manuscrit célèbre paraît avoir été exécuté en 1409. Il est orné d'un grand nombre de miniatures; et M. le comte P. Durrieu a cru retrouver, dans trois d'entre elles, la main de l'artiste qui a enluminé les *Heures* du maréchal Boucicaut. Le portrait de Charles VI s'y rencontre plusieurs fois, et en particulier au fol. 53, où le volume est ouvert. Derrière Salmon, et à une certaine distance, se tient le duc de Berry, qu'il est aisé de reconnaître, à sa figure d'abord et à sa houppelande ensuite, toute brodée de cygnes d'or. Cette miniature a été reproduite, en phototypie, par M. Durrieu. Il est, par suite, sans grand intérêt, de rappeler que G.-A. Crapelet en avait donné un fac-similé au trait, dans son édition de l'ouvrage de Salmon (Paris, 1833, in-8º). Une notice très détaillée de ce manuscrit a été rédigée pour

le *Catalogue de la vente du duc de La Vallière* (t. III (1783),
p. 197-206), à laquelle il fut acquis pour la Bibliothèque du roi.

> Le Roux de Lincy, *Paris et ses historiens*, Paris, 1867, in-4°, p. 344 (repro-
> duction en héliogravure du portrait de Jean sans Peur) ; Comte Paul Durieu,
> *Le maître des Heures de Boucicaut*, Paris, 1906, in-4°, p. 22 (*Extrait de la
> Revue de l'art*).

Français 23279.

37. Jean, duc de Berry (1340-1416).

Grandes Heures du duc de Berry. — Telle est l'appellation, pleine-
ment justifiée, sous laquelle cet admirable volume est depuis longtemps désigné. M. L. Delisle a montré, en effet (*Les livres d'heures
du duc de Berry*, p. 27-31), qu'il fallait l'identifier, sans aucune
hésitation possible, avec les Heures qui, dans les inventaires
du duc, sont qualifiées de « belles grandes heures de monseigneur » et de « très grans moult belles et riches heures. » On sait,
de plus, par l'inventaire de 1413, qu'il était « trés notablement
enluminé et historié de grans histoires de la main Jacquemart de
Hodin (*corr.* Hesdin) et autres ouvriers de monseigneur. » C'était
le plus somptueux des livres de la librairie du duc de Berry. Aussi, à
l'ouverture de sa succession, fut-il estimé à la somme énorme pour
l'époque, de 4.000 livres tournois. Malheureusement les grandes histoires de Jacquemart de Hesdin, qui s'y trouvaient, ont depuis longtemps disparu, et toute la première partie du volume a, en outre, beaucoup souffert. Il n'en reste pas moins, malgré ces lacérations et ces
détériorations, l'un des manuscrits les plus merveilleux que le Moyen
Age ait produits.

La décoration en a été conçue et exécutée avec une richesse et un
goût, dont on ne pourrait citer d'autre exemple. Les armes du duc (de
France *à la bordure engrêlée de gueules*) sa devise (*Le temps venra*,
avec un ours et un cygne navré comme symbole) et son chiffre (composé des lettres V et E, dont on n'a pas jusqu'ici donné d'explication
satisfaisante) mêlés à des rinceaux de fleurs et de fruits, à des animaux
(papillons, oiseaux et quadrupèdes) et à des grotesques d'une variété
infinie, forment un ensemble ornemental d'une rare beauté. On a prétendu, non sans vraisemblance, que la partie matérielle ou visible de
la devise du duc était le résultat d'un double calembourg fait sur le
nom de S. Ursin, l'un des patrons du Berry : *Ursine, Oursine, Our*

[ours] *sine* [cygne]. On a voulu, de même, voir, dans le chiffre V E, la première et la dernière lettre de ce nom, mais ce ne sont là que des conjectures. D'autres, au contraire, ont cru, en se basant sur un passage du *Livre du cuer d'amour espris*, attribué au roi René, que le duc de Berry n'avait mis un « cygne blanc navré », au-dessous de son écu, que pour conserver le souvenir d'une dame anglaise qui, pendant son séjour en Angleterre, l'avait rendu « ardemment amoureux » et l'avait « vaincu par ses gracieux tours. » En réalité, aucune de ces explications ne peut être considérée comme certaine et définitive.

Le portrait du duc de Berry s'y trouve à cinq endroits différents, et sous les deux aspects, dont il a été parlé ci-dessus (n° 21), à propos des *Heures* d'Anjou. On n'est pas renseigné sur le temps que demanda l'exécution de ce chef-d'œuvre, mais on sait, par une de ces notes que Jean Flamel a calligraphiées sur quelques manuscrits de son maître, qu'il fut « parfait et accompli » en 1409.

On trouvera dans le travail de M. Delisle, indiqué ci-dessus, et dans le *Catalogue de l'exposition des Primitifs français* de 1904, la liste des notices et des reproductions dont ces *Heures* ont été l'objet.

Latin 919.

38. Jean, duc de Berry (1340-1416), et Jacques Le Grant, moine Augustin (. . . -vers 1415).

Le Livre des bonnes mœurs, composé, en 1410, par Jacques Le Grant. — Exemplaire copié et enluminé pour le duc de Berry. C'est ce que dit une note de Flamel (fol. 1), et c'est, d'ailleurs, ce qui est confirmé par la miniature du frontispice, dans laquelle on voit Jacques Le Grant offrant à ce prince son manuscrit. Le duc de Berry y a, en outre, mis sa signature, au fol. 88, ainsi qu'il le faisait d'habitude : « Ce livre est au duc de Berry. JEHAN. » Son portrait est ici du type à la moustache et à la petite barbe, comme dans les *Heures d'Anjou* (fol. 106, 106 v°, 117 v°, etc.).

Français 1023.

39. Jean sans Peur, duc de Bourgogne (1371-1419).

Livre des Merveilles, Marco Polo, etc. — Tel est le titre sous lequel cet ouvrage est depuis longtemps connu. Mais c'est, en réalité, un recueil de relations de voyages exécutés en Orient, pendant le XIII° et

le xive siècle, compilé, en partie, vers 1351, par Jean Le Long, d'Ypres.
Ces voyages sont ceux de Marco Polo (1271-1296), d'Odoric de Por-
denone (1331), de Guillaume de Boldensele (1336), de Jean de Man-
deville (1322-1356), d'Hayton (1307) et de Ricold de Montcroix (1294-
1309). Le présent manuscrit a été certainement terminé pour Jean sans
Peur, dont le portrait se trouve au fol. 226 (dans la miniature où
Hayton lui offre sa relation), mais les caractères paléographiques de
son écriture permettent de supposer qu'il a été commencé, à la fin du
xive siècle, pour le duc Philippe le Hardi. En tout cas, c'est Jean sans
Peur qui l'offrit, en janvier 1413, au duc Jean de Berry, son oncle et
son parrain. Il fit ensuite successivement partie de la collection de
Jacques d'Armagnac, et de celle de Pierre de Bourbon, sire de Beaujeu, avant d'arriver sous François Ier, à la Bibliothèque du roi.

Les très nombreuses miniatures dont il est orné viennent d'être
reproduites (1907), en phototypie, par la maison Berthaud, et d'être
l'objet, pour cette reproduction, d'une notice très complète de M. H.
Omont. M. le comte P. Durrieu les attribue à l'artiste, dont le nom,
d'ailleurs, reste toujours inconnu, qui a enluminé les *Heures* de Boucicaut (*Le maître des Heures de Boucicaut*, Paris, 1906, in-4°).

Français 2810.

40. Anonyme (XIVe-XVe siècle).

Livre d'Heures. — Le personnage de la fin du xive ou du commencement du xve siècle, pour lequel semble avoir été fait et enluminé ce
magnifique livre d'heures, est représenté, avec sa femme et ses enfants
(un garçon et une fille), dans la miniature à laquelle il est ouvert. Mais
rien jusqu'ici n'a permis d'en découvrir l'identité. M. G. de Villeneuve (*Notice sur les Heures de Boucicaut*, p. 40) et M. le comte P.
Durrieu (*Le maître des Heures de Boucicaut*, p. 12) en ont attribué
les miniatures à l'artiste, d'ailleurs inconnu, qui a enluminé les
célèbres *Heures* de Boucicaut.

Latin 1161.

41. Marguerite d'Orléans, comtesse d'Étampes (1406-1468).

Heures de Marguerite d'Orléans, fille de Louis d'Orléans, née en
1406, mariée, en 1426, à Richard, comte d'Étampes, fils de Jean V
de Montfort, duc de Bretagne, et morte en 1468. — Les armes de

Nº 41

MARGUERITE D'ORLÉANS, comtesse d'Etampes

cette princesse : parti de Bretagne et d'Orléans, sont peintes, en effet, aux fol. 2, 11 v°, 17, 25, 31, etc., et, en particulier, sur la draperie (fol. 25) sur laquelle se détache son portrait. Beaucoup d'initiales sont, en outre, ornées des premières lettres de son nom et de celui de son mari : *R* et *M*, réunies par une cordelière, à laquelle sont attachées des fleurs diverses (fol. 15, 23, 82, 89, etc.). Les fleurs qui se trouvent dans l'initiale du premier mot de la prière, au-dessus de laquelle est peint le portrait, ne sont autres que des marguerites, et rappellent, naturellement, le nom de la princesse pour laquelle ce magnifique volume a été exécuté. Les encadrements de certaines miniatures sont d'une richesse extraordinaire, et les nombreuses scènes, qui y sont représentées, au milieu de fleurs, de fruits, d'animaux et de grotesques, sont d'une délicatesse remarquable et d'un fini tout à fait surprenant. Richard d'Étampes étant mort en 1438, la date de composition de ce manuscrit doit être placée entre cette date et celle de 1426, date de son mariage, et très près sans doute de cette dernière.

Latin 1156^B.

42. Jeanne d'Arc (1412-1431).

Les Vigiles de Charles VII, par Martial de Paris, dit d'Auvergne. — Exemplaire de Charles VIII, dont on voit les armes et le nom : « *Karolus octavus* », aux fol. B v° et 1. Il a été exécuté, d'après l'explicit qui le termine, à Chaillot, près Paris, en 1484 : « Expliciunt les Vigilles de la mort du feu roy Charles septiesme, à neuf pseaulmes et à neuf leçons, achevées à Challiau, près Paris, la vigille saint Michel, mil-quatre-cens-quatre-vingtz-quatre. Excusez l'acteur qui est nouveau. Marcial de Paris. » Parmi les très nombreuses miniatures dont il est orné, sept sont relatives à divers épisodes de la vie de Jeanne d'Arc, et comptent parmi les plus anciennes dans lesquelles on trouve son image. On ne saurait malheureusement considérer ces représentations comme des portraits authentiques, non seulement parce que ce ne sont pas des œuvres contemporaines, mais pour cette raison péremptoire qu'il ne semble pas avoir existé de portrait de l'héroïne fait d'après nature (H. Wallon, *Jeanne d'Arc*, p. 527). Le volume est ouvert au passage, dans lequel Martial de Paris raconte que « la Pucelle batit deux filles de joye et romppit son espée, » et à la miniature qui lui sert d'illustration. Cette miniature a été reproduite par M. H. Wallon, à la page 143 de sa *Jeanne d'Arc*. D'autres représentations anciennes (de la fin du xve ou du commencement du xvie siècle) de Jeanne d'Arc sont dans les manuscrits français 12476, fol. 101 v° (*Champion des Dames*, de Martin Le Franc), 20361, fol. 83 v° (*Chronique* de Monstrelet) et dans le manuscrit latin 14665, fol. 350 (*Procès* de Jeanne d'Arc).

Français 5054.

43. Hugues de Lusignan, dit le cardinal de Chypre (...-1442).

Commentaire sur les Psaumes, par Pierre|de Herenthals, prieur de Floreffe, au diocèse de Liège. — L'ouvrage de Pierre de Herenthals a été composé, en 1374, mais la présente copie n'en a été exécutée, d'après l'explicit qui la termine, qu'en 1416 : « *Explicit liber iste, anno Domini millesimo quadringentesimo sexto decimo, sabbato infra octavas Epyphanie.* » Aucun document ne renseigne sur les circonstances qui la firent arriver aux mains du cardinal de Chypre. On peut supposer, toutefois, qu'elle lui fut offerte à Arras, pendant le long séjour qu'il y fit, comme envoyé du concile de Bâle aux conférences qui précédèrent le traité de 1435. Ce qui n'est pas douteux, en tout cas, c'est que son portrait et ses armes (fol. 2 v° et fol. 6) n'y soient le résultat d'une addition. Et comme Hugues de Lusignan est mort en 1442, on ne saurait assigner à cette addition une date postérieure.

Latin 432.

44. Louis II d'Anjou, roi de Sicile (1377-1417).

Heures du roi René d'Anjou. — Ce manuscrit est l'un des plus intéressants de l'Exposition. Les problèmes iconographiques, qui se posent à son sujet, n'ont pas encore reçu de solution définitive, malgré les études dont ils ont été l'objet. On n'est, d'abord, pas fixé sur la date de sa composition ; de plus, les deux personnages, dont il contient les portraits (fol. 61 et 81 v°) ont été identifiés de façon différente. Aujourd'hui, toutefois, on s'accorde, et pour de très bonnes raisons, à y reconnaître Louis II d'Anjou et son fils le bon roi René. Mais il n'en reste pas moins un peu singulier que le premier soit peint dans une miniature consacrée à saint René et au-dessus d'une prière à l'adresse de ce saint, tandis que le second, auquel cette place aurait mieux convenu, se trouve devant une descente de Croix.

M. Bouchot dit, et cette opinion paraît tout à fait légitime, que la composition de ce livre d'heures « est vraisemblablement antérieure » à 1437. Il n'est malheureusement pas possible d'arriver à une précision plus grande. La devise : *En Dieu en soit*, et les corps ou symboles de devise (croix d'Anjou, ou croix noire à deux branches, bordée d'or, couronnée de même et fixée au cou d'un aigle au naturel ; voile gonflée supportant la devise) dont tous les encadrements sont ornés, montrent, d'un autre côté, qu'il a été très certainement fait et peint pour le roi René. Mais on ne saurait affirmer que le portrait de Louis II — auquel il est ouvert — est d'une date postérieure et y a été ajouté d'après l'aquarelle — dont nous l'avons rapproché pour faciliter la comparaison — qui a été offerte, en 1886, à la Bibliothèque nationale par Mme Vve Miller, au nom et en souvenir de son mari. Les mérites de cette aquarelle sont incontestables et son intérêt est très grand. Le portrait du manuscrit semble, cependant, plus près du modèle ; il doit être plus ressemblant et c'est à lui, plutôt qu'à celui de l'aquarelle, qu'on est porté à donner le qualificatif d'original. Ils ont été, tous les deux, reproduits plusieurs fois, et, en particulier, par **M.** Bouchot, dans la *Gazette archéologique*, t. XI (1886), p. 64 et 128, et planches VIII et XX.

Lecoy de La Marche, *Les manuscrits et la miniature*, Paris, 1884, p. 197 ; H. Moranvillé, *Il n'y a pas de croix de Lorraine*, dans la *Bibliothèque de l'École des Chartes*, t. LXII (1901), p. 618 ; H. Martin, *Les miniaturistes français*, Paris, 1906, in-8°, p. 40.

Latin 1156ᴀ.

44 *bis*. Louis II d'Anjou, roi de Sicile (1377-1417).

Aquarelle exposée avec les manuscrits, afin de faciliter la comparaison de ce portrait avec celui qui se trouve dans les *Heures* du roi René (ci-dessus, n° 44.)

Département des Estampes.

★ Denis Du Moulin, évêque de Paris (...-1447).

Bibliothèque de l'Arsenal, manuscrit 621 (vitrine G, n° 120).

45. Louis, duc de Savoie (1402-1465), et le pape Félix V (1383-1451).

Heures de Louis de Savoie. — Ce manuscrit a été longtemps connu sous le titre générique d'*Heures* de Savoie, mais M. Mugnier, qui lui a consacré une longue étude, dans son volume sur *Les manus-crits à miniatures de la maison de Savoie* (Moutiers, 1894, in-8°, p. 79-102, et planches IX-XVII), a montré qu'il avait été très proba-blement copié et enluminé, vers 1440, pour le duc Louis, fils et succes-seur d'Amédée VIII. Et ce sont les portraits de l'un et de l'autre qu'il faudrait voir dans la miniature (fol. 137), à laquelle il est ouvert. Il est douteux, cependant, qu'on doive identifier avec Amédée VIII, devenu, en 1439, le pape Félix V, le personnage qui, assis tiare en tête, dans un vaste fauteuil, joue dans cette représentation de la Trinité, le rôle du Père éternel.

M. Mugnier a remarqué, en outre, que non seulement les vues de villes, qui se trouvaient dans quelques miniatures, rappelaient, d'une manière générale, ainsi que cela était naturel, les villes de la Savoie, mais que certaines de ces vues pouvaient être identifiées, avec certitude ou avec une assez grande probabilité. C'est ainsi qu'il a reconnu Annecy, Chambéry, Thonon, etc.

Latin 9473.

46. François Ier, duc de Bretagne (1414-1450).

Heures d'Isabelle Stuart, duchesse de Bretagne. — Ces *Heures* ont dû être écrites, vers 1441, à l'occasion ou à la suite du mariage d'Isabelle Stuart, fille de Jacques Stuart, roi d'Écosse, et du duc de Bretagne, François Ier. Ceux-ci sont représentés, tous les deux, le duc, page 38, à genoux aux pieds de la Vierge, peinte sur la page 39, à laquelle le présente son patron S. François d'Assise, et la duchesse, page 56, accompagnée également de S. François. Isabelle y a mis son nom : « Ysabeau », au bas de plusieurs pages (299, 301, 307, 312, etc.). Ces deux portraits ont été reproduits par les soins de Gaignières (Clairam-bault 645, fol. 130 et 130 *bis*) mais avec très peu de fidélité. D'après une note, qu'on lit sur le dernier feuillet, ce livre d'*Heures* serait devenu, après la mort d'Isabelle, la propriété de Renée de Rohan, mariée à Jean de Coetquen, comte de Combourg. Il est à rapprocher de l'exemplaire de la *Somme le Roi*, également fait pour Isabelle Stuart, qui est exposé sous le n° 53.

Latin 1369.

47. Jeanne de France, duchesse de Bourbon (....-1482), et Antoine de Lévis, comte de Villars (....-vers 1460).

Défense de la Conception immaculée de la Vierge de Pierre Thomas, traduite en français par Antoine de Lévis, comte de Villars. — Exemplaire de dédicace. Antoine de Lévis est représenté, dans la miniature de frontispice, à genoux devant la duchesse de Bourbon et lui offrant son livre. Celle-ci est assise sur un fauteuil et sous un dais entièrement recouverts, l'un et l'autre, d'une étoffe bleue brodée d'or. A ses côtés, se tiennent debout trois dames et plusieurs gentilshommes. La page est entourée d'une large bordure divisée en une série de onze petits compartiments, dans neuf desquels sont peintes diverses scènes de la vie de la Vierge. Ce sont, en commençant par le haut, du côté gauche : Joachim au temple ; l'apparition d'un ange à sainte Anne ; la rencontre de Joachim et de sainte Anne ; leur mariage ; du côté droit : Joachim et les bergers ; l'apparition d'un ange à Joachim ; la naissance de la Vierge ; sa présentation au temple à l'âge de 3 ans ; et enfin, dans le bas, la Salutation angélique. Les deux autres compartiments sont occupés par une branche de fraisier chargée de trois fraises et par les armes de la duchesse : parti de Bourbon et de France.

Jeanne de France ayant épousé Jean II, duc de Bourbon, en 1447, et Antoine de Lévis étant mort vers 1460, c'est entre ces deux dates — mais sans doute plus près de la première que de la seconde — que l'exécution du présent manuscrit doit être placée. On sait que cette princesse manifesta pour les manuscrits un goût très marqué et que plusieurs d'entre eux portent, comme le présent (fol. A v°), sa signature : « Jehanne de France », au bas d'une note indicative de propriété : « Ce livre est à Jehanne, fille et seur de roys de France, duchesse de Bourbonnois et d'Auvergne. »

Paulin Paris, *Les manuscrits françois de la Bibliothèque du roi*, t. VII (1848), p. 402, et L. Delisle, *Le Cabinet des manuscrits*, t. I, p. 139.

Français 989.

48. Guillaume Jouvenel des Ursins, chancelier de France (1400-1472), et son fils Jean (.....-1492).

Mer des histoires, de Jean Colonna. — Les deux remarquables portraits que contient ce manuscrit sont depuis longtemps connus, mais leur identification n'en a pas encore été faite avec certitude. Certains, en effet, évitent de se prononcer et se contentent, lorsqu'ils parlent de ces personnages, de les signaler, sans autre précision, comme deux membres de la famille des Ursins. Parmi ceux que cette incertitude ne satisfait pas, les uns voient dans le personnage de gauche, Jean

Jouvenel, le fameux prévôt des marchands du temps de Charles VI, et,
dans celui de droite, Louis, l'un de ses fils, tandis que les autres, et nous
sommes de ce nombre, identifient le premier avec Guillaume Jouvenel,
le chancelier de Charles VII et de Louis XI, et le second avec son fils
Jean.

Pour qu'il fût possible de penser à Jean Jouvenel, mort en 1431, il
faudrait que les caractères paléographiques de l'écriture du manuscrit
permissent d'en reporter la confection aux premières années du
xve siècle. Or, tel n'est pas le cas. Cette écriture, en effet, paraît être
du milieu et peut-être même du troisième quart de ce siècle ; il semble,
en tout cas, qu'on puisse la dater de 1450 à 1460 environ. On se trouve,
par suite, obligé de penser au chancelier Guillaume Jouvenel et non
plus à son père. Son portrait dans ce manuscrit serait donc très voisin,
comme date, du célèbre portrait attribué à Jean Foucquet, qui est
aujourd'hui au Louvre et dont on place l'exécution vers 1460.

> Vallet de Viriville, *Notice de quelques manuscrits précieux sous le rapport*
> *de l'art*, Paris, 1866, in-8°, p. 36, note. Extrait de la *Gazette des beaux-arts* ;
> L. Delisle, *Le Cabinet des manuscrits*, II (1874) 421 ; A. de Champeaux et
> P. Gauchery, *Les travaux d'art exécutés pour Jean de France, duc de Berry*,
> Paris, 1894, in-4, p. 157 ; *Catalogue de l'exposition des Primitifs français*, 1904,
> Manuscrits, p. 39, n° 108.
>
> Latin 4915.

49. Pierre II, duc de Bretagne (....-1457).

Heures de Pierre de Bretagne. — Elles ont été composées pour
Pierre II, duc de Bretagne, ainsi que le montrent les armes de Bretagne
qui s'y rencontrent plusieurs fois (fol. 19 v°, 23, etc.), son portrait, qui se
trouve aux fol. 23 et 27 v°, et les deux notes suivantes qu'on y lit au
fol. 173 : « Le viie jour de juillet, l'an mil CCCCXVIII, nasquit monseigneur Pierre, à present duc de Bretaigne. — Le jour Saint-Nicolas, ix^e
jour de may, l'an mil CCCCXXVII, nasquit madamme Franczoise d'Am-
boyse, à present duchesse de Bretaigne ». Leur exécution se place donc
entre 1450 et 1457, dates de l'arrivée au pouvoir et de la mort de Pierre II.
On y remarque, en outre, au fol. 160 v°, une curieuse vue du Mont Saint-
Michel, dont une médiocre reproduction a été publiée par Mgr Germain,
Brin et Corroyer, dans leur ouvrage sur *Saint-Michel et le Mont Saint-*
Michel (Paris, 1880, gr. in-8°, p. 268). Deux portraits gravés de Françoise d'Amboise sont conservés dans le ms. 1116, fol. 131, de la col-
lection Clairambault.

> Latin 1159.

★. Jacques-Antoine Marcello, sénateur vénitien.

Bibliothèque de l'Arsenal, manuscrit 940 (vitrine G, n° 121).

50. Charles VII, roi de France (1407- 1461), et Gilles Le Bouvier, dit le héraut Berry (1386-vers 1460).

Armorial de Gilles Le Bouvier, dit Berry, héraut d'armes du roi Charles VII. — M. Vallet de Viriville, qui a publié cet *Armorial* (Paris, 1866, in-8°) et consacré à son auteur une très longue notice, place, vers 1455, l'exécution du présent et unique exemplaire qu'on en possède. Les nombreuses représentations de personnages, dont il est orné, sont de valeur très inégale; et il ne semble pas qu'on puisse y voir des portraits. C'est donc, à tort, que Montfaucon les a ainsi qualifiées, en les reproduisant dans le t. III de ses *Monuments de la monarchie française*, pl. LV et suiv. Les seules, dans lesquelles on constate un assez grand souci d'individualisation pour qu'on puisse les considérer comme des portraits, sont celles de Charles VII et de ses deux fils, et peut-être aussi celle du duc de Bretagne. A propos de la miniature de présentation, M. Vallet de Viriville s'est demandé si le port qu'on y voyait n'était pas celui de La Rochelle, mais c'est là une précision qu'il est difficile d'admettre. Cette vue maritime est, semble-t-il, sans identification possible.

Français 4985.

51. Philippe le Bon, duc de Bourgogne (1396-1467).

Miracles de Notre-Dame, traduction française, en prose, de Jean Miélot, de Lille. — Exemplaire orné de cinquante-huit miniatures, en grisaille ou camaïeu, terminé, d'après son explicit (fol. 151 v°) à « La Haye, en Hollande, le x° jour du mois d'avril, l'an de Nostre Seigneur mil-quatre-cens-cinquante-six. » Le portrait qu'on y voit, dans la première des miniatures, montre qu'il a été fait pour Philippe le Bon, pour lequel, d'ailleurs, Miélot a souvent travaillé. Ce prince, en effet, y est représenté, vêtu d'une cuirasse à ses armes, à genoux devant la Vierge, à laquelle le recommandent ses patrons S. Philippe et S. André. Au-dessus du groupe qu'ils forment, un ange présente un écu, sur lequel sont peintes, à nouveau, les armes du duc, et qui est, en outre, entouré du collier de la Toison d'or et surmonté de sa devise : *Aultre n'aray*.

On sait, en outre, que ce volume entra dans la librairie de Philippe le Bon ; il a été identifié, avec certitude, avec l'un des manuscrits qui sont décrits dans l'Inventaire dressé à Bruges, en 1467 (Barrois, *Bibliothèque protypographique*, Paris, 1830, in 4°, p. 127, n° 738).

Toutes les miniatures qui en forment l'illustration, ainsi que celles qui se trouvent dans le manuscrit 9199, qui lui fait suite dans nos collections, bien que d'un autre artiste, ont été reproduites, en phototypie, par la maison Berthaud, avec notice préliminaire de M. H. Omont. Ces deux volumes avaient été précédemment étudiés par M. L. Delisle, dans le *Bulletin historique et philologique du Comité des travaux historiques*, 1886, p. 32-45.

Français 9198.

52. Philippe le Bon, duc de Bourgogne (1396-1467), et Jean Miélot.

Advis directif pour faire le passage d'Outremer de frère Brochard, traduit en français, par Jean Miélot, et *Relation du voyage d'Outremer* de Bertrandon de La Brocquière (1432-1433). — Cet exemplaire a été certainement exécuté pour Philippe le Bon, car il contient non seulement ses armes et sa devise : *Aultre n'aray*, mais son portrait, deux fois répété (fol. 1, avec Jean Miélot, et fol. 152 v°, avec Bertrandon de La Brocquière). Son exécution paraît devoir être placée entre 1456, date de la traduction de Miélot, qui forme la première partie du volume, et 1459, date de la mort de Bertrandon de La Brocquière.

Dans la scène qui contient ces deux derniers portraits, on voit l'illustre voyageur offrir au duc, qui sort de l'abbaye de Pothière, où il avait établi son quartier général, pendant qu'il faisait le siège de Mussy-l'Evêque, une traduction du Coran et une histoire de Mahomet qu'il avait rapportées de Damas. Cette peinture a été gravée, par Jules Jacquemart, et publiée par M. Ch. Schefer, *Note sur les miniatures ornant un manuscrit de la relation du voyage d'Outremer de Bertrandon de La Brocquière*, Paris, 1891, in-8° (Extrait de la *Gazette des Beaux-Arts*).

Français 9087.

★ Martin Le Franc, prieur de Lausanne (vers 1359-vers 1461).

Bibliothèque de l'Arsenal, manuscrit 5202 (vitrine G. n° 122).

53. Isabelle Stuart, duchesse de Bretagne.

Somme le Roi. — Exemplaire fait, en 1464, pour Isabelle ou Isabeau Stuart, duchesse de Bretagne, ainsi qu'en témoigne l'explicit suivant (fol. 122 v° : « Ysabeau, aisnée fille du roy d'Escoce, duchesse de Bretaigne, contesse de Montfort et de Richemont, fist faire ce livre — qui le trouvera le luy rende — et le fist escripre, à sa dévotion, de la main de Jehan Hubert, en l'an mil-quatre-cens-soixante-quatre ». Il est orné d'un frontispice, sur lequel sont peints les portraits d'Isabelle et de ses deux filles : Marguerite, mariée à François II, duc de Bretagne, et Marie, épouse de Jehan de Rohan. Les armes qu'elles portent sur leurs robes permettent de les distinguer avec certitude. Elles sont à genoux devant la Vierge, à laquelle les présentent, respectivement, saint François d'Assise, saint Pierre Martyr et sainte Madeleine. Un autre portrait d'Isabelle Stuart se trouve dans son livre d'*Heures*, également exposé (n° 46), mais qui est ouvert au portrait de son mari, François Ier, duc de Bretagne. Divers manuscrits de la *Somme le Roi* ont été étudiés par M. P. Meyer dans le *Bulletin de la Société des anciens textes*, t. XVIII (1892), p. 68, et dans la *Romania*, t. XXIII (1894), p. 449.

Français 958.

★ **Philippe le Bon, duc de Bourgogne (1396-1467), et Raoul Le Fèvre.**

Bibliothèque de l'Arsenal, manuscrit 5067 (vitrine G, n° 123).

54. Galéas-Marie Sforza, duc de Milan (1444-1476).

« *Opusculum super declaratione arboris consanguinitatis...* compositum per Jeronimum Mangiariam, Papiensem, anno 1465, ad laudem illustrissimi principis Galeaz-Marie Sfortie. » — Exemplaire de présentation. On ne sait rien de la vie de l'auteur de cet ouvrage ni des circonstances dans lesquelles le duc de Milan en reçut l'hommage. C'est un des volumes de la bibliothèque de Pavie, dont Louis XII s'empara, en 1499 ou 1500.

Latin 4586.

55. François Sforza, duc de Milan (1401-1466), et François Philelphe (1398-1481).

Poésies de François Philelphe. — Exemplaire de dédicace. Dans la

Catalogue Exposition. 3

première grande lettre du volume, Philelphe est représenté offrant son livre à François Sforza. En haut de la page, est peint le blason du duc, tandis qu'on y voit, au bas, non seulement les armes et la devise de Philelphe, mais les initiales de son nom : « *Fr. PH.* »

Latin 8127.

★ **Jehan Berthélemy, cordelier, et Jehanne Gerande, religieuse.**

Bibliothèque de l'Arsenal, manuscrit 5102 (vitrine G, n° 124).

56. Louis XI tenant un chapitre de l'Ordre de Saint-Michel, attribué à Jean Foucquet.

Statuts de l'Ordre de Saint-Michel (1469). — M. Paul Durrieu a montré que cet exemplaire des statuts de l'Ordre de Saint-Michel avait été écrit et décoré pour le roi Louis XI, grand maître et fondateur de l'Ordre, et que la miniature dont il est orné était très probablement l'œuvre de Jean Foucquet. M. Durrieu a même cru pouvoir identifier quelques-uns des personnages qui y figurent (*Gazette archéologique*, XIV (1889), p. 75, et pl. 14). Ce seraient, parmi ceux qui sont à la droite du roi, Jean Robertet, Gui Bernard, évêque de Langres, Antoine de Chabannes, comte de Dammartin, Charles de France, duc de Guyenne, frère du roi, et parmi ceux qui sont à sa gauche, Jean Montjoie, héraut d'armes, Jean Bourré, Louis de Laval, seigneur de Châtillon, le connétable de Saint-Pol (?), Jean II, duc de Bourbon, et Louis, bâtard de Bourbon, comte de Roussillon. La scène, tout à fait semblable à la présente, que Montfaucon a reproduite, dans le t. III, p. 306, de ses *Monuments de la monarchie française*, a été tirée de l'exemplaire des *Statuts* fait pour Charles de Guyenne, frère du roi, qui est aujourd'hui conservé dans le ms. Clairambault 1242, fol. 1421.

Français 19819.

57. Charles le Téméraire (1433-1477) et Vasco-Fernandez de Lucena (...-1499), par Louis Liédet.

Les Gestes d'Alexandre le Grand de Quinte Curce, traduction de Vasco-Fernandez de Lucena ou Vasque de Lucène. — On sait, d'après l'explicit de plusieurs exemplaires, que cette traduction fut achevée en 1468, au château de Nieppe, près de Cassel. Et comme le présent est celui qui a été fait pour Charles le Téméraire, ainsi qu'en témoignent les armes qui sont peintes, non seulement sur le tapis placé sous les pieds du duc mais dans l'initiale du texte, on pourrait, sans autre renseignement, en placer la composition à une date très voisine de celle indiquée par le traducteur, à la fin de son travail. Mais il se trouve, par un bonheur fort rare, qu'on possède encore le registre de compte, dans lequel l'argentier du duc a noté les paiements faits pour ce volume, tant au scribe, Yvonnet le Jeune, qui l'a calligraphié, qu'à l'artiste, Louis Liédet, qui l'a enluminé. On apprend ainsi que le premier reçut, en janvier 1470, la somme de quarante-deux livres, douze sous, et le second, en novembre de la même année, celle quatre-vingt-quatre livres, huit sous. Pour peindre les soixante-quatorze grandes miniatures, les douze petites et les quatre-vingt-cinq grandes « lettres à vignettes » dont ce manuscrit est orné, l'artiste n'a donc touché qu'un salaire double du scrible qui l'a écrit.

Parmi les exemplaires de cette traduction, qui furent exécutés vers cette même date ou peu après et qui sont richement enluminés, il convient de citer celui du seigneur de La Gruthuyse, conservé sous le nº 257 du fonds français.

Alexandre Pinchart, *Miniaturistes et calligraphes employés par Philippe le Bon et Charles le Téméraire*, Bruxelles, 1865, in-8, p. 7, 9 et 24 ; Hennin, *Monuments de l'Histoire de France*, t. VI (1861), p. 269 ; Van Pract, *Recherches sur Louis de Bruges*, p. 220 ; P. Paris, *Les manuscrits françois de la Bibliothèque du roi*, t. I (1836), p. 49, et t. II (1838), p. 280.

Français 22547.

58. Louis, bâtard de Bourbon, comte de Roussillon (. . .-1488).

Vita Christi de Ludolphe de Saxe, traduite en français. — Troisième volume d'un exemplaire (Français 177-179) exécuté, vers 1470, pour Louis, bâtard de Bourbon, comte de Roussillon, amiral de France, époux de Jeanne, fille naturelle de Louis XI. Il y est, en effet, représenté, au fol. 125 v°, vêtu d'une cotte à ses armes, avec le collier de Saint-Michel au cou, à genoux devant un prie-Dieu couvert d'un tapis également à ses armes, les yeux dirigés vers un crucifiement peint sur la page suivante. Ses gantelets et son casque sont à terre, à côté du prie-Dieu.

P. Paris, *Les manuscrits françois de la Bibliothèque du roi*, t. II (1838), p. 75.

Français 179.

59. Alphonse V le Magnanime, d'Aragon, roi de Naples et de Sicile (1396-1458), et son fils Ferdinand Ier, roi de Naples (1424-1494).

Défense de Platon, par André Contrario, ou *Reprehensio in calumniatorem divini Platonis*. — Ce manuscrit est un de ceux pour lesquels on a la très rare bonne fortune d'en connaître, à la fois, le copiste, l'enlumineur et la date. On sait, en effet, qu'il a été exécuté, en 1471, pour le roi Ferdinand Ier de Naples, par un copiste appelé « Joannes Marcus », dont la signature est à la fin de l'ouvrage, et que son illustration est due à un artiste appelé Nicolas Rubicano ou Rapicano. Le document qui contient ce dernier renseignement précise même que les « têtes » représentées dans les encadrements sont celles du roi alors régnant, « del senyor rey », c'est-à-dire du roi Ferdinand Ier, et du roi « don Alfonso », son père. C'est un des très beaux manuscrits de la célèbre bibliothèque des rois aragonais de Naples, dont la Bibliothèque nationale a recueilli une part si considérable (Cf. L. Delisle, *Cabinet des manuscrits*, III, 360). MM. Gruel et Engelmann lui ont emprunté l'encadrement de la planche XCIV de leur *Imitation de Jésus-Christ* (Paris, in-fol.).

Latin 12947.

60. Louis de Bruges, seigneur de La Gruthuyse (1422-1492), et Jean Paradis.

La Somme rurale de Jean Bouteillier. — Premier volume d'un exemplaire de cet ouvrage qui en comprend deux (Français 201 et 202). Il a été écrit, d'après un très court prologue qui s'y trouve au fol. 9, en 1471, sur la demande de Louis de Bruges, par Jean Paradis, de Hesdin, l'un de ses écrivains ordinaires. Et c'est ce dernier qu'il faut reconnaître dans le personnage de la miniature de présentation (fol. 9 v°) qui offre le volume au seigneur de la Gruthuyse.

Van Praet, *Recherches sur Louis de Bruges*, p. 133 ; Paulin Paris, *Les manuscrits françois de la Bibliothèque du roi*, t. II (1838), p. 187.

Français 201.

61. Louis de Laval (1411-1489) et Sébastien Mamerot, chanoine de Saint-Étienne de Troyes (. . . -av. 1488).

Les passages d'Outremer, par Sébastien Mamerot. — Exemplaire de dédicace, au frontispice duquel (fol. 5) l'auteur est représenté offrant son livre à Louis de Laval, alors gouverneur de Champagne. C'est, en effet, sur la demande de ce dernier, dont il était le chapelain, que Sébastien Mamerot entreprit ce « compendieux traicté ». Il raconte lui-même qu'il commença son travail, à Troyes, le 14 janvier 1472, mais il ne dut le finir qu'en 1474, car c'est la date qu'on y trouve (fol. 284), à la fin de sa liste des rois de France. Il y note, en effet, à propos de Louis XI, que ce roi est dans la treizième année de son règne, « cest an mil IIII^c LXXIIII, xixe avril... » Certaines des très nombreuses et très belles miniatures, dont ce volume est orné, paraissent du même artiste que celles du livre d'*Heures* exposé sous le numéro 65.

Montfaucon a inséré ce portrait dans la planche LXIX, n° 8, du t. III, p. 356, de ses *Monuments de la monarchie française*, mais il l'a tellement modifié qu'il l'a presque rendu méconnaissable.

Français 5594.

★ Anne de Beaujeu, dame de Beaudricourt, attribué à Jean Foucquet.

Collection de M. le comte P. Durrieu (vitrine F, n° 134).

62. Charles le Téméraire, duc de Bourgogne (1433-1477).

Chronique de Georges Chastellain (fragment du livre VII). — L'unique miniature, dont ce manuscrit de la fin du xve siècle est orné, s'y trouve entre deux chapitres consacrés, le premier au récit de l'enterrement du duc Philippe le Bon (1467) et le second à une réception hypothétique, par le duc Charles, de ses sujets « personnages de novel affaire et de grand note », qui viennent se recommander à lui et s'efforcent de chasser de son esprit les soucis qui le rendent « mourne et pensif ». Le duc y est représenté, en robe noire, avec le collier de l'ordre de la Toison d'or autour du cou. On y remarque, à gauche, presque au premier plan, un vieillard nu tête, avec un livre dans ses bras, qui paraît devoir être identifié avec Georges Chastellain.

Français 2689.

★ Philippe le Bon, duc de Bourgogne (1396-1467), et Charles le Téméraire (1433-1477).

Bibliothèque de l'Arsenal, manuscrit 5072 (vitrine G, n° 125).

63. Charles le Téméraire présidant un chapitre de la Toison d'or.

Histoire de la Toison d'or, par Guillaume Fillastre, évêque de Tournai. — La première des miniatures, dont ce manuscrit est orné, représente un chapitre de l'Ordre de la Toison d'or. Et ce chapitre est présidé par Charles le Téméraire, à l'instigation duquel G. Fillastre composa cette *Histoire*. Sur les étoffes bleues, en effet, qui tapissent les deux stalles sur lesquelles sont assis les chevaliers, on voit, plusieurs fois répétées, la lettre C et la devise : *Je l'ay emprins*, initiale et devise de ce duc. Il convient, néanmoins, de n'attribuer à ces portraits qu'une importance limitée. L'ouvrage de G. Fillastre a été souvent copié ; chaque chevalier semble avoir tenu à en posséder un exemplaire ; et celui-ci qui a été fait pour le célèbre bibliophile Louis de Bruges, seigneur de la Gruthuyse, n'a d'autre valeur que celle qu'il doit à cette provenance. Les armes de France qui occupent, au bas de la page, le milieu de l'encadrement, ont été peintes sur les armes grattées de ce premier possesseur.

> Van Praet, *Louis de Bruges, seigneur de La Gruthuyse*, Paris, 1831, in-8, p. 176.

> Français 139.

64. Pierre d'Aubusson, grand-maître de l'Ordre de Saint-Jean de Jérusalem (1423-1503), et Guillaume Caoursin (1440-1503).

Relation, en latin, par Guillaume Caoursin, *du siège de Rhodes*, soutenu en 1480, contre les Turcs, par les chevaliers de Saint-Jean de Jérusalem. — Exemplaire de dédicace, dont la composition doit être de 1480 ou d'une date très voisine, car cette relation fut aussitôt imprimée et eut plusieurs éditions (*Bibliothèque nationale. Catalogue général des imprimés*, t. XXIII, p. 451). La miniature, dans laquelle Guillaume Caoursin est représenté, offrant son volume à Pierre d'Aubusson, a été souvent reproduite et, en particulier, par le comte de Bastard, dans ses *Peintures et ornements des manuscrits*, pl. 258.

> Latin 6067.

65. Louis de Laval, grand-maître des eaux et forêts (1411-1489).

Heures de Louis de Laval. — Les miniatures qui ornent ce manuscrit comptent, à bon droit, parmi les chefs-d'œuvre de la peinture fran-

çaise de la seconde moitié du xvᵉ siècle. Et cela fait d'autant plus
regretter de ne pas en connaître l'auteur. Le portrait de Louis de
Laval s'y trouve, trois fois (fol. 45, 51 et 129 vᵒ), mais le plus remarquable des trois est incontestablement celui du fol. 51, auquel le
volume est ouvert. Légué par son propriétaire à Anne de France,
duchesse de Bourbonnais, ce volume entra dans la collection de livres
formée à Moulins par les ducs de Bourbon et en suivit le sort. Or, on
sait que cette collection fut confisquée, en 1523, par François Iᵉʳ, à la
suite de la défection du connétable de Bourbon.

Les premiers de ces renseignements sont empruntés à une note de
Robertet, secrétaire du duc de Bourbon, qui est écrite sur l'un des feuillets de garde de la fin (fol. 342 vᵒ) et qu'il ne sera pas, par suite, sans
intérêt de reproduire : « Ces Heures fist faire Loys de Laval, seigneur
de Chastillon et de Comper, chevalier de l'ordre du roy et grant
maistre des eaues et forestz de France, qui trespassa à Laval, le xxıᵉ
jour d'aoust mil CCCCIIIIˣˣ et IX, en l'aage de soixante-dix-huit ans.
Et par son testament les donna à madame Anne de France, fille du
roy Loys XIᵉ de ce nom, que Dieu absoille, et seur du roy Charles VIIIᵉ
de ce nom, à présent regnant, duchesse de Bourbonnoys et d'Auvergne... et les luy a envoiées le conte de Laval, grant maistre d'ostel
de France, nepveu et héritier dud. bon chevalier, seigneur de Chastillon. ROBERTET. » Au-dessous de cette note, sont dessinées les armes
de la duchesse de Bourbon : parti de Bourbon et de France ; et elles
y sont accompagnées, en bas, de deux chardons, et, sur les côtés,
des lettres *A* et *P*.

Latin 920.

66. Pierre Lebaud, historien breton (....-1505), et Jean de Derval (....-1482).

Histoire de Bretagne, par Pierre Lebaud. — Exemplaire de dédicace, qu'on a longtemps considéré comme perdu (Hauréau, *Histoire
littéraire du Maine*, t. VII (1874), p. 78). Pierre Lebaud composa cet
ouvrage à la demande de Jean de Châteaugiron, seigneur de Derval,
dont il était le secrétaire et un peu le parent, sa mère, Jeanne de Châteaugiron, étant une fille naturelle d'un oncle dudit Jean. C'est, sans
doute, à cette origine qu'il dut de posséder, de très bonne heure, un
bénéfice dépendant de la seigneurie de Derval. Il se mit au travail, peu
après 1458 — car il qualifie de « prince régnant » le duc François II et

déclare qu'il ne parlera pas des événements survenus pendant le règne de ce duc — et il dut le terminer vers 1480, Jean de Derval étant mort en 1482. La miniature dans laquelle il est représenté, à genoux devant son maître, lui offrant son livre, dans une reliure couverte d'hermine, s'y trouve au fol. 363 v°. Elle fait songer, par sa qualité et par les procédés employés, à celles des *Heures* de Louis de Laval ou des *Passages d'Outremer* de Sébastien Mamerot. Montfaucon l'a fort mal reproduite — et en la retournant — dans le t. III, p. 354, de ses *Monuments de la monarchie française*.

Français 8266.

67. Jean II, duc de Bourbon (1426-1488).

Traité de la confession ou de la pénitence intitulé « *le Petit Médicinal* », par Toussaint de Villeneuve, qui fut évêque de Cavaillon, de 1466 à 1494. — Miniature de présentation. Comme Jean II est mort en 1488, l'exécution de ce volume se place entre cette date et celle de 1466.

Français 2445.

68. Jean II, duc de Bourbon (1426-1488).

« *Epigrammatum libellus Pauli Senilis* ». — Exemplaire de dédicace, avec miniature de présentation. Au bas de lá page, dans l'encadrement, sont peintes les armes de Bourbon.

Latin 8408.

69. Charles VIII, roi de France (1470-1498).

Vie abrégée de S. Denis et relation des pèlerinages faits à l'abbaye de Saint-Denis par les rois de France « pour obtenir santé et victoire ». — Exemplaire exécuté pour Charles VIII, dont il porte les armes (fol. 1) et la signature (fol. A v°). Ce prince est représenté, dans la miniature de frontispice, à genoux sur un prie-Dieu recouvert d'une étoffe fleurdelisée, devant la Vierge, à laquelle le recommande S. Denis. Sur trois phylactères sont écrites les paroles prêtées à chacun d'eux. S. Denis dit à la Vierge : « *Regina celi, suscipe servum tuum.* » Celle-ci répond : « *Karole, exaltavi preces tuas* » et le roi remercie : « *Gratias ago.* »

Français 5868.

70. Charles VIII, roi de France (1470-1498).

Psautier de Charles VIII. — Le texte latin des Psaumes y est accompagné d'une traduction française interlinéaire. Le portrait de Charles VIII s'y trouve dans la miniature initiale. Il est représenté, à genoux, ainsi que le roi David, devant le Père Eternel. Ses traits sont ceux d'un adolescent. La composition de ce volume doit, par suite, dater des premières années du règne.

Latin 774.

71. Louis de Bruges, seigneur de La Gruthuyse (1422-1492).

La Cosmographie ou *Géographie* de Ptolémée, traduction latine de Jacopo Angeli. — Exemplaire exécuté, en 1485, d'après un explicit qu'on y lit au fol. 153 v°, par le copiste Gantois, Jean de Kriekenborch. Louis de Bruges y est représenté, au verso du premier feuillet, dans une miniature de toute beauté, dont on a voulu quelquefois, maissans preuves, faire honneur à Jean Perréal. Cette miniature a malheureusement subi quelques retouches, comme beaucoup de celles qui se trouvent dans des manuscrits provenant du seigneur de La Gruthuyse.

Van Praet, *Recherches sous Louis de Bruges*, p. 200 ; R. de Maulde La Clavière, *Jean Perréal*, Paris, 1896, in-16, p. 85.

Latin 4804.

72. Pierre Malhoste, bourgeois de Melun, et sa famille.

Missel. — Le bourgeois de Melun, aux frais duquel cet énorme Missel (il est aujourd'hui relié en 2 vol., latin 880[1] et 880[2]) a été exécuté, en 1489, a pris soin d'en faire noter la date et l'auteur, dans une pièce de vers — qu'il ne sera pas sans intérêt de transcrire, malgré sa faiblesse poétique — mise à la suite de la miniature finale (fol. 394), dans laquelle il est représenté, aux pieds du Christ en croix, avec sa fille et ses huit enfants : cinq filles et trois garçons.

> « L'an quatre cens quatre vings neuf
> Mil devant, fut escript tout neuf
> Ce present Messel, mot à mot,
> De la main frère Jehan Rigot,
> Religieux du monnastère
> De Saint-Père. Et le fist faire,
> Pour le service de Dieu, ung
> Bourgoys et marchant de Meleun,

> Nommé par nom Pierre Malhoste.
> Le doulx Jhesus, qui tout mal oste,
> Le rende et retribue à l'ame
> Dudit bourgoys et de sa femme,
> Ensemble du religieux,
> La sus ou trosne glorieux. »

Dans le premier volume se trouve une grande miniature consacrée à S. Aspais, qui montre que ce Missel était destiné à la paroisse de Melun placée sous le vocable de ce saint.

Eugène Grésy, *Frère Jean Rigot, miniaturiste et calligraphe* (1489), dans *Archives de l'art français*, t. IX (1857-1858), p. 56.

Latin 8802.

73. Charles VIII, roi de France (1470-1498), et Louis de Bruges, seigneur de La Gruthuyse (1422-1492).

Livre des tournois du roi René. — Exemplaire célèbre exécuté par les soins de Louis de Bruges pour le roi Charles VIII. Il est orné, en effet, en manière de frontispice, d'une miniature, malheureusement très abîmée, dans laquelle le seigneur de La Gruthuyse est représenté offrant son manuscrit au roi. Et on sait que cette présentation eut lieu, en 1489, au cours d'une ambassade, dont Louis de Bruges et vingt-cinq de ses compatriotes furent chargés par les États de Flandre, auprès de Charles VIII. Van Praet a naturellement décrit très longuement ce volume dans ses *Recherches sur Louis de Bruges*, Paris, 1831, in-8°, p. 265-316.

Français 2692.

★ Guy Comeau de Créancey.

Collection de M. le comte Paul Durrieu (vitrine F, n° 135).

74. Charles VIII, roi de France (1470-1498), attribué à Jean Perréal.

Statuts de l'Ordre de Saint-Michel. — Copie de ces statuts, en *vidimus* ou expédition délivrée par le prévôt de Paris, à la date du 27 octobre 1493, faite pour le roi Charles VIII. La destination royale de cet exemplaire est indiquée par les armes de France, qui y sont peintes dans l'encadrement; et son attribution à Charles VIII résulte

N° 75

CHARLES VIII. roi de France

non seulement de la date et des chiffres *K* et *A*, liés et couronnés (*Karolus* et *Anna*) qui sont semés sur la tapisserie de fond, mais d'un petit poème à l'adresse de ce roi, qui lui sert de préambule ou de dédicace. On demande à Charles VIII de continuer sa protection à l'Ordre que son père avait fondé.

> « Ayez mémoire de la fundation
> Que votre père, soubz angélique signe,
> A fait pour l'Ordre à sa salvation. »

Le manuscrit est encore dans sa reliure primitive, en velours bleu, avec ornements de métal en relief, qui représentent, au centre, saint Michel terrassant le dragon et, sur les côtés, les coquilles du collier de l'Ordre (H. Bouchot, *Les reliures d'art à la Bibliothèque nationale*, Paris, 1888, in-4°, pl. XVII).

Il n'y a pas à douter, par suite, que le personnage de la miniature initiale, auquel apparaît l'archange, ne soit Charles VIII. M. P. Durrieu, qui a le premier montré l'intérêt de ce manuscrit, a reconnu, en outre, dans l'un des deux seigneurs qui accompagnent le roi, Pierre de Beaujeu, son beau-frère, et le sénéchal de Beaucaire, Étienne de Vesc, l'un de ses principaux conseillers. Si la première de ces identifications paraît certaine, la seconde reste problématique.

L'attribution qui a été faite de cette miniature à Jean Perréal est le résultat d'une comparaison et d'une induction et non pas la conséquence d'un renseignement documentaire.

Comte P. Durrieu, *Un chef-d'œuvre de la miniature française sous Charles VIII*, dans *Le Manuscrit*, t. I (1894), p. 19-22; R. de Maulde La Clavière, *Jean Perréal*, Paris, 1896, in-16, p. 76.

Français 14363.

75. Charles VIII, roi de France (1470-1498).

Recueil de prières de la fin du XVe siècle. — M. H. Bouchot a montré que les deux portraits, qui ont été si étrangement peints dans l'épaisseur des deux ais de bois des couvertures de ce volume, n'étaient autres que ceux de Charles VIII et de sa femme Anne de Bretagne (*Gazette archéologique*, t. XIII (1888), p. 103, et pl. 17, où ils sont reproduits tous les deux, et *Bibliothèque de l'École des Chartes*, t. XLVIII (1887), p. 580). D'après un renseignement recueilli par Vallet de Viriville et rapporté par lui dans la *Revue archéologique*,

année 1850, p. 355, les plats de ce volume auraient servi de cachette ;
et on y aurait vu, pendant longtemps, une hostie consacrée ! Mais
cette anecdote ne paraît avoir aucun fondement.

Latin 1190.

76. Louis de Bruges, seigneur de La Gruthuyse (1422-1492).

L'Horloge de Sapience d'Henri de Berg, dit Suso, traduction française
de frère Jean, de l'ordre de Saint-François. — Exemplaire en deux
volumes (Français 455-456), exécuté pour Louis de Bruges, avec son
portrait en tête de chacun d'eux. Le premier est seul exposé ici, parce
qu'il est le plus curieux des deux.

Van Praet, *Recherches sur Louis de Bruges*, p. 105 ; Paulin Paris, *Les
manuscrits françois de la Bibliothèque du roi*, t. IV (1841), p. 195.

Français 455.

77. Louis de Bruges, seigneur de La Gruthuyse (1422-1492).

Histoire de la Conquête de la Toison d'Or. — M. Paulin Paris a
montré que ce beau volume avait été fait pour Louis de Bruges.
Celui-ci est donc le seigneur, vêtu d'une robe noire, qui se trouve
représenté dans la miniature de tête. Mais comme on ne connaît pas
le nom de l'auteur de cette *Histoire*, on ne peut identifier le personnage, qui, à genoux, lui en fait l'hommage. Les miniatures dont ce
manuscrit est orné paraissent de la même main que celles du manuscrit français 562 (*Secrets d'Aristote*).

Paulin Paris, *Les manuscrits françois de la Bibliothèque du roi*, t. II (1838),
p. 336 ; Van Praet, *Louis de Bruges*, p. 175 ; Comte P. Durrieu, *L'Histoire du
bon roi Alexandre, ms. de la collection Dutuit*, Paris, 1903, in-4°, p. 30.

Français 331.

78. François I Sforza, duc de Milan (1401-1466).

La Sforziade ou « *Compendio di gesti del... signore [Francesco]
Sforza... compiliato in vulgare per Antonio Placentino, nel anno
MCCCCLVIII, in Milano.* — Ce n'est pas l'exemplaire qui a dû être
offert à François Sforza, car il n'a été exécuté, d'après l'explicit qui le
termine, qu'en 1491, mais bien celui qui a été fait pour Louis-Marie
Sforza (Ludovic le More), ainsi que le prouvent, à la fois, son portrait
et ses armes, qu'on y voit au bas des fol. 1 et 5. Les encadrements de

ces deux pages ont été reproduits, en chromolithographie, par MM. Gruel et Engelmann, dans les planches XCVI et XCVII de leur *Imitation de Jésus-Christ*.

> A. Marsand, *Manoscritti italiani*, t. I (1835), p. 249; E. Müntz, *La Renaissance en Italie*, Paris, 1885, in-4°, p. 228 et 231; J.-W. Bradley, *Dictionary of miniaturists*, t. II (1888), p. 7, et t. III (1889), p. 230.

Italien 372.

79. Enguerrand de Monstrelet, chroniqueur (vers 1390-1453).

Chronique d'Enguerrand de Monstrelet. — Cette copie, en deux volumes (Français 2678-2679), de la *Chronique* de Monstrelet a été exécutée pour le cardinal Georges d'Amboise, à l'extrême fin du XVe siècle ou dans les premières années du XVIe, par cette école d'écrivains et d'enlumineurs qui s'était formée à Rouen, à cette époque, et dont il nous reste plusieurs très belles œuvres. Le portrait de Monstrelet qui s'y trouve (fol. 1) n'est donc pas dû à un contemporain et ne présente pas, par suite, malgré son intérêt, toutes les garanties d'authenticité qu'on souhaiterait. Il a été reproduit par X. Villemin, dans le t. II (1825), planche 182, de ses *Monuments français inédits*.

> L. Delisle, *Le Cabinet des manuscrits*, t. I (1868), p. 254.

Français 2678.

80. François Ier, roi de France, et Marguerite de Navarre, sa sœur (?).

Livre des Échecs amoureux et *Archiloge Sophie* de Jacques Le Grant. — Ce commentaire du livre des *Échecs amoureux* paraît, d'après les armes qui y sont peintes plusieurs fois, avoir été fait pour le comte d'Angoulême, le futur François Ier. Aussi a-t-on voulu le reconnaître, ainsi que sa sœur Marguerite, dans les deux joueurs d'échecs qui sont représentés, avec l'auteur inconnu de ce commentaire, dans la première miniature ; et le personnage qui suit la partie, par-dessus les épaules de Marguerite, serait Arthur Gouffier, le gouverneur des enfants du comte d'Angoulême (P. Paris, *Les manuscrits françois*, I, 281). Mais ces identifications ont été contestées et restent très problématiques.

Les portraits de Jacques Le Grant et de Louis d'Orléans, qui sont peints au fol. 359, en tête de l'*Archiloge Sophie* ou discours sur la sagesse, ne présentent aucune garantie d'authenticité. C'est avec assez de vraisemblance, toutefois, qu'on les attribue, comme les précédents, d'ailleurs, à Robinet Testard, l'enlumineur ordinaire de Louise de Savoie.

R. de Maulde, *Louise de Savoie et François Ier*, Paris, 1895, in-8°, p. 20; A. Boinet, *Le livre d'heures de Marguerite de Valois*, Paris, 1906, in-8°, p. 15

Français 143.

81. Louis XII, roi de France (1462-1515), la reine Anne de Bretagne (1476-1514) et leur fille Claude de France.

Les Remèdes de l'une et l'autre fortune de Pétrarque, traduits en français. — Exemplaire de dédicace. L'auteur anonyme de cette traduction y est représenté, dans la première miniature, offrant son livre à Louis XII. D'après les renseignements qu'il donne dans six vers placés à la fin de l'ouvrage, il aurait fait son travail à Rouen et ne l'aurait terminé qu'en 1503. Mais la plus curieuse des miniatures, dont ce volume est orné, est encore celle du fol. 165, dans laquelle on reconnaît non seulement le roi, mais le cardinal d'Amboise, la reine Anne de Bretagne et la petite Claude de France, alors âgée de quatre ans.

Paulin Paris, *Les manuscrits françois de la Bibliothèque du roi*, t. II (1838), p. 230.

Français 225.

82. Anne de Bretagne, reine de France (1476-1514), par Jean Bourdichon.

Heures d'Anne de Bretagne, enluminées par Jean Bourdichon. — Ce manuscrit est l'un des plus justement célèbres dans l'histoire de l'art français. Sa popularité vient, sans doute, en partie de la reproduction chromolithographique qui en a été publiée, en 1841 (avec notices de l'abbé Delaunay), par le libraire Curmer, et qui a permis, malgré son imperfection, de se faire une idée de la qualité des grandes miniatures (au nombre de soixante-trois, y compris le calendrier) dont il est orné, et d'apprécier la richesse, la variété, l'éclat et l'harmonie des bordures innombrables (près de trois cent cinquante) dont le texte est accompagné, presque à chaque page; mais sa réputation tient surtout à l'excellence et à la beauté de l'œuvre, qui place son auteur au

N° 82

ANNE DE BRETAGNE, reine de France

premier rang de nos grands artistes. Cependant, chose singulière, le nom de cet artiste est, pendant longtemps, resté inconnu ou méconnu. Ce n'est que vers 1880 que la découverte d'un ordonnancement de paiement permit de le désigner, avec une probabilité telle qu'elle équivaut presque à une certitude. Depuis cette époque, Jean Bourdichon jouit d'une gloire que personne ne conteste plus et qui va toujours grandissant.

Une reproduction réduite des soixante-trois grandes peintures de ce volume vient d'être publiée (1907), en phototypie, par la maison Berthaud, avec une notice préliminaire de M. H. Omont, dans laquelle on trouvera l'indication des nombreux travaux dont il a été l'objet.

Latin 9474.

83. Louis XII, roi de France (1462-1515).

Relation, par Jean Desmarestz, dit Marot, de la campagne de Louis XII en Italie, en 1507, et de la conquête de Gênes. — Exemplaire exécuté pour Anne de Bretagne. Il est orné de onze miniatures célèbres, que les uns attribuent à Jean Perréal, et les autres, avec plus de probabilité, à Jean Bourdichon. Il est ouvert à la miniature dans laquelle Louis XII est représenté sortant de la ville d'Ast pour marcher sur Gênes. Elle a été reproduite, en chromolithographie, par P. Lacroix, dans son volume : *Mœurs, usages et coutumes au moyen âge*, Paris, 1871, in-4°, p. 44.

Montfaucon, *Monuments de la monarchie françoise*, t. IV (1732), p. 96, et pl. I-III; Comte de Bastard, *Peintures et ornements des manuscrits*, pl. 259; Bancel, *Jean Perréal*, Paris, 1885, in-8°; R. de Maulde, *Jean Perréal*, Paris, 1896, in-16, p. 93.

Français 5091.

84. Cardinal Georges d'Amboise (1460-1510).

Cérémonial romain. — Exemplaire offert au cardinal d'Amboise, par un personnage dont le nom n'est pas donné et dont l'identification n'a pu être faite. Il est représenté, à genoux, devant le cardinal, dans la miniature de présentation. Après être sorti de la bibliothèque de la famille d'Amboise, ce volume appartint successivement à un certain Charles de La Rocque et à l'archevêque de Paris, François de Harlay. Ce n'est qu'en 1712 qu'il fut acheté pour la Bibliothèque du roi.

L. Delisle, *Le Cabinet des manuscrits*, t. I (1868), p. 251.

Latin 938.

★ **Jeanne de France (1464-1505).**

> Bibliothèque de l'Arsenal, manuscrit 644 (vitrine G, n° 126).

85. Louis XII, roi de France (1462-1515).

Chronique d'Enguerrand de Monstrelet, avec la continuation de Mathieu d'Escouchy. — Exemplaire, en trois volumes, copié d'après l'explicit qui le termine (Français 20362, fol. 192), à Gênes, en 1510, par Antoine Bardin, pour François de Rochechouart, que Louis XII avait fait gouverneur de la ville. Les portraits du roi aux frontispices des deux premiers volumes présentent donc de sérieuses garanties d'authenticité.

> *Catalogue de la bibliothèque du duc de La Vallière*, t. III (1783), [p. 192, n° 5056.

> Français 20360.

86. Louis XII, roi de France (1462-1515), et Claude de Seyssel.

La Cyropédie de Xénophon, traduite par Claude de Seyssel. — Exemplaire de dédicace. Claude de Seyssel est représenté, dans la première miniature, offrant son livre à Louis XII, entouré de ses conseillers et assis sous un dais fleurdelisé, sur lequel sont reproduites deux sentences inspirées de la Bible : « *Implevit eum Dominus Spiritu* (Ex. xxxv, 31). — *Conculcabit leonem et draconem* (Ps. xc, 13). » Au-dessus de ce dais, le Père Éternel tient un cœur « *cor regis* » dans sa main gauche, au milieu d'une gloire sur les rayons de laquelle on lit : « *Spiritus consilii. Spiritus fortitudinis. Spiritus sapientie. Spiritus timoris.* » La page qui fait face à cette miniature est ornée, dans le haut, des armes royales, entourées du collier de Saint-Michel et soutenues par un cerf ailé et par un porc-épic, et, dans le bas, à la bordure, des armes de Seyssel. Le milieu en est occupé par les vers suivants à l'adresse du roi :

> « Prenez en gré, roy très crestien,
> Ce petit don que je vous fois.
> Je feray mieulx, une autre fois,
> S'il n'est tel qui vous appartient.
> Pourtant que je suis Savoisien,
> S'il tient ung peu de mon patois,
> Prenez en gré.

> Le conte est plaisant et ancien ;
> Lascary l'a mis de grégeois
> En latin, puis moy en françois.
> Si chose il y a qui ne soit bien
> Prenez en gré. »

Français 702.

87. Louise de Savoie régente de France (1476-1531).

Le trépassement de S. Jérôme. — L'auteur de cet ouvrage n'est pas connu. On sait, seulement, qu'il était prêtre, parce qu'il le dit dans son prologue, et qu'il appartenait à une famille, dont les membres étaient depuis longtemps au service de la maison d'Angoulême. On place la présentation de son volume à Louise de Savoie, entre 1510 et 1515. Celle-ci y est représentée, dans la première miniature, « dont on ne saurait trop vanter l'exécution », dit P. Paris (*Les manuscrits françois*, t. IV (1841), p. 48), vêtue d'une robe noire et agenouillée devan une femme vêtue d'une robe blanche, qui symbolise la Foi.

Français 421.

88. François Iᵉʳ roi de France (1494-1547).

« *Ode* » latine adressée à François, comte d'Angoulême, par François Du Moulin, son précepteur. — Cette ode est datée de 1520 et ne comprend que dix-huit vers, en souvenir des dix-huit ans de celui auquel elle est adressée. Elle est précédée (fol. 1) d'une prière, sans signification particulière, d'ailleurs, de ce prince au Christ : « *Francisci, ducis regii, ad Christum obsecratio.* » Mais, en face de cette prière, sur le fol. A vᵒ, se trouve une très intéressante peinture symbolique, dans laquelle on voit le futur François Iᵉʳ présenté au Christ par sa mère Louise de Savoie, cachée, pour la circonstance, sous les traits de sainte Agnès, tandis que, de l'autre côté de la croix, un pape — Jules II sans doute — et un lion, sur la tête duquel un coq est hardiment juché, symbolisent le clergé et, semble-t-il, l'armée ou la force avisée. M. R. de Maulde La Clavière, qui a reproduit cette miniature, dans son volume sur *Louise de Savoie et François Iᵉʳ* (Paris, 1895, in-8ᵒ, p. 304), l'attribue à Barthélemy Guéty. Elle avait été signalée par Hennin dans ses *Monuments de l'histoire de France*, t. VII, p. 351.

Latin 8396.

89. Anne de Montmorency, connétable de France (1492-1567).

Commentaires de la Guerre Gallique, par Albert Pigghe, de Campen (1519). — Cet ouvrage comprend trois volumes, dont celui-ci est le second. Les deux autres sont conservés, le premier au Musée Britannique (ms. Harleien 6205) et le troisième à Chantilly. C'est dans les cartouches des cartes géographiques qui accompagnent ce troisième volume, que sont donnés les noms non-seulement de l'écrivain qui composa ces *Commentaires* et de l'artiste qui les enlumina, mais du personnage qui en dirigea l'exécution. On a ainsi la bonne fortune de savoir que le directeur de cette œuvre, inspirée sans aucun doute par François Ier, ne fut autre que François Du Moulin, l'ancien précepteur de ce roi, et que Godefroy le Batave et Albert Pigghe furent l'enlumineur et l'écrivain, auxquels celui-ci s'adressa. On n'éprouve, par suite, aucune hésitation à interpréter la signature « G. 1519 », qu'on y voit sur beaucoup de miniatures.

Le volume de la Bibliothèque nationale présente sur les deux autres l'avantage de contenir — sous des noms de capitaines romains, qu'une main du XVIe siècle a heureusement identifiés — les portraits de sept des compagnons d'armes du roi François Ier. Ce sont, d'après leur place, « le grant maistre de Boisy, [Artus Gouffier] (fol. 25 v°), l'admiral de Boisy [Guillaume Gouffier], seigneur de Bonnivet (fol. 35), Odet de Fouès [Foix], sieur de Lautrec (fol. 36), le mareschal [Jacques] de Chabanes, seigneur de La Palice (fol. 42 v°), Anne de Montmorency... depuis connestable de France (fol. 52), le mareschal [Guillaume de La Marck, seigneur] de Fleuranges, filz de Robert de La Marche (fol. 73) et le sieur [Just] de Tournon, quy fust tué à la bataille de Pavie (fol. 86 v°) ».

Avant que les renseignements fournis par le volume de Chantilly ne fussent connus, la signature « G. », dont il vient d'être parlé, avait été présentée comme celle de Geoffroy Tory, le fameux graveur ; mais c'est là une identification à laquelle il n'est plus possible de s'arrêter. Toutefois, comme les miniatures proprement dites et les portraits présentent des caractères assez sensiblement différents et qu'aucun portrait n'est accompagné d'une signature, on s'est demandé si l'attribution des unes devait, ou non, entraîner également l'attribution des autres. Or, si certains, avec M. de Laborde, se prononcent pour l'affirmative et reconnaissent à Godefroy le Batave, miniatures et portraits, d'autres, avec M. H. Bouchot, attribuent les portraits à Jeannet

Clouet — sur les crayons duquel ils ont été copiés, — tandis que M. R. de Maulde veut en faire honneur à Jean Perréal ! Ces trois volumes de *Commentaires* ont été reproduits en fac-similé par les soins de la *Société des Bibliophiles françois* (Paris, 1894, 3 vol. in-8°) avec une notice préliminaire de M. le baron D. de Noirmont.

> L. de Laborde, *La Renaissance des arts à la cour de France*, t. I, p. 891-913 ; H. Bouchot, *Les Clouet*, Paris, 1892, in-4, p. 14 ; R. de Maulde, *Jean Perréal*, Paris, 1896, in-16, p. 68 et suiv.

Français 13429.

90. Jacques bâtard de Vendôme (. . .-1524), sa femme Jeanne de Rubempré et leurs sept enfants.

Graduel. — Les armes peintes dans les marges de tous les feuillets de ce manuscrit, qui ont reçu des miniatures, ne laissent aucun doute sur l'identification des deux principaux personnages, qui s'y sont fait représenter 15 ou 16 fois. Ces armes, en effet, sont celles de Jacques, bâtard de Vendôme, fils naturel de Jean II de Bourbon — armes de Bourbon-Vendôme, brisées d'un filet d'argent mis en barre — et de sa femme Jeanne de Rubempré — *d'argent, à trois jumelles de gueules*. Jacques de Vendôme s'est marié, en 1505, mais comme il est mort, en 1524 (Père Anselme, *Hist. généal.*, I, 378) et que le plus jeune de ses huit enfants représentés dans le *Graduel*, paraît déjà d'un certain âge, ce n'est pas, semble-t-il, sur son ordre, que le présent volume a dû être composé. Si les I, dont les bordures sont ornées, peuvent aussi bien rappeler son prénom (Jacques) que celui de sa femme (Jeanne), la cordelière qui s'y trouve, avec une égale profusion, ne saurait s'appliquer qu'à cette dernière. C'est donc très vraisemblablement Jeanne de Rubempré qui, pendant les premières années de son veuvage, fit exécuter cette suite de peintures familiales.

Latin 906.

91. Louise de Savoie (1476-1531).

Vie abrégée ou gestes de Blanche de Castille, par Étienne Leblanc. — Exemplaire de dédicace, que certains font remonter « aux premières années de François Ier », tandis que d'autres en plaçent, avec plus de vraisemblance, l'exécution, aux environs de 1526, pendant la seconde régence de Louise de Savoie. Celle-ci y est représentée sur le frontispice, dans une miniature emblématique, en costume de veuve, assise devant un bassin de marbre à demi rempli d'eau, dans lequel plonge un gouvernail qu'elle tient des deux mains. De ses épaules sortent deux ailes diaprées, qui ne sont là que parce qu'elle avait pris deux ailes pour emblème. Devant elle et à côté du bassin, est étendu à terre, sur un matelas, un homme habillé de velours noir, à la tête enveloppée et dans l'attitude d'un malade qui attend des soins.

Cette charmante peinture a été, plusieurs fois, décrite et publiée (H. Bouchot, *Les femmes de Brantôme*, p. 44 ; L. Delisle, *Traduction d'auteurs grecs et latins...* par Étienne Leblanc..., p. 7 (extrait du *Journal des savants*, août-septembre 1900), etc. ; mais tandis que les uns la disent de l'école de Perréal (R. de Maulde, *Jean Perréal*, Paris, 1896, in-16, p. 101), d'autres l'attribuent à Barthélemy Guéty (P. Durrieu et J. Marquet de Vasselot, *Les manuscrits à miniatures des Héroïdes d'Ovide*, p. 31 ; extrait de *l'Artiste*, mai-juin 1894).

Français 5715.

92. Louise de Savoie (1476-1531) et Étienne Leblanc.

Généalogie de Bourbon, par Étienne Leblanc. — Exemplaire de dédicace de cette généalogie entreprise par Étienne Leblanc sur la demande de Louise de Savoie. Il paraît de la même main que le manuscrit 5715 exposé sous le numéro précédent. La miniature dans laquelle l'auteur est représenté offrant son ouvrage à Louise de Savoie est au fol. 5.

Français 5719.

93. Maximilien Ier, empereur d'Allemagne (1493-1519).

Généalogie de la maison d'Autriche, par Jean Franco. — Cette généalogie est dédiée à Marguerite d'Autriche, et la dédicace en est datée du mois d'octobre 1527. Le présent exemplaire est celui qui fut exécuté pour elle. Il est orné, en effet, de ses armes et de sa devise (fol. 100) et de vingt-sept portraits.

M. Gachard, *La Bibliothèque nationale à Paris. Notices et extraits*, t. I (1875), p. 100.

Français 5616.

★ Henri d'Albret (....-1555) et Marguerite de Navarre (1492-1549).

Bibliothèque de l'Arsenal, manuscrit 5096 (vitrine G, n° 127.)

★ **Louise de Savoie (1476-1531) et Pierre Fabri.**

Bibliothèque de l'Arsenal, manuscrit 4009 (vitrine G, n° 128.)

94. François Ier à la bataille de Marignan.

Discours de Cicéron, traduits en français par Étienne Leblanc. — Exemplaire exécuté pour François Ier, de 1526 à 1531. L'unique miniature dont il est orné représente une bataille, celle de Marignan très certainement, parce que le traducteur en parle longuement dans son épître dédicatoire, et ce serait une miniature banale, s'il n'y fallait pas identifier avec François Ier le chevalier du premier plan, qui vêtu, sur son armure, d'une tunique d'or et coiffé d'un casque à longues plumes blanches, combat avec acharnement. MM. P. Durrieu et Marquet de Vasselot, qui en ont donné une reproduction en phototypie, y ont reconnu la main de l'artiste qui a enluminé les *Gestes de la reine Blanche* (Français 5715) et un manuscrit des *Héroïdes* d'Ovide conservé aujourd'hui à la bibliothèque de Dresde. D'autres exemplaires de cette traduction des *Discours* de Cicéron ont été offerts par Étienne Leblanc au connétable Anne de Montmorency et au chancelier Antoine Du Prat.

P. Durrieu et Marquet de Vasselot, *Les manuscrits à miniatures des Héroïdes d'Ovide*, Paris, 1894, in-8°, p. 30 ; L. Delisle, *Traductions d'auteurs grecs et latins offertes...* par Étienne Leblanc et Antoine Macault, dans *Journal des savants*, août et septembre 1900.

Français 1738.

95. Louis Du Bellay, archidiacre de Paris (1531).

Graduel à l'usage de Paris. — Ce Graduel a été terminé en 1531, ainsi que l'indique la note mise au bas de la miniature, dans laquelle Louis Du Bellay est présenté à sainte Catherine par saint Louis, son patron. Et c'est bien pour ce personnage qu'il a été exécuté, car ses armes s'y rencontrent, en plusieurs endroits. La chapelle Sainte-Catherine, dont il est question, semble être celle qui, à Notre-Dame, était affectée au service des clercs de matines.

F.-L. Chartier, *L'ancien chapitre de Notre-Dame de Paris*, Paris, 1897, p. 138.

Latin 907.

96. Catherine d'Amboise, dame de Chaumont (....-1550).

Poésies de Catherine d'Amboise. — Ces poésies ont été composées par Catherine d'Amboise — écrivain dont aucun biographe ne paraît avoir encore parlé — pendant son second mariage avec Philibert de Beaujeu, seigneur de Linières, c'est-à-dire avant 1536 ou 1537, date de la mort de ce dernier. Ce qui permet de l'affirmer, c'est d'abord parce que Catherine a pris soin de dire, dans sa première pièce, que Linières était sa résidence, c'est ensuite parce que les armes qui sont peintes au bas de son portrait (fol. 1 et 7), sont formées des armes de Beaujeu et d'Amboise. Elle était la fille de Charles d'Amboise, mort en 1481, et la sœur du cardinal Louis II d'Amboise, évêque d'Albi, mort en 1517. Il ne semble pas qu'on doive considérer le présent manuscrit comme autographe, malgré l'explicit qui termine la dernière pièce (fol. 18) : « Fini par moy, K. d'Amboise », et les deux vers suivants, à l'adresse de la Vierge, qui sont en tête de la seconde (fol. 6 v°) :

> « C'est de la main non d'aultre que de celle
> Qui ce mainttient estre ta povre ancelle. »

Français 2282.

97. Cardinal Georges d'Armagnac (1501-1585).

Pontifical à l'usage du cardinal d'Armagnac. — Ce Pontifical n'est pas complet et ne contient que quelques-unes des prières que l'évêque doit dire dans les cérémonies qu'il préside. Georges d'Armagnac y est représenté au frontispice (fol. 1 v°), à genoux, aux pieds de l'autel, devant un prie-Dieu, sur lequel est posée sa barette cardinalice. Au-dessous de ses armes, peintes au bas de la page, dans l'encadrement, est une légende qui fait connaître, à la fois, son nom et son titre : « *Geor[gius] Arm[aniacus] card[inalis] S. La[urentii]*. » Le volume ne contient aucun renseignement qui permette d'en fixer, avec précision, la date, mais il semble, toutefois, d'après l'âge que le cardinal paraît avoir dans son portrait, qu'il faille en reporter la composition à une période très voisine de l'année 1544, sinon à cette année même, qui est celle de la promotion de Georges d'Armagnac au cardinalat.

Nouv. acq. lat. 1506.

★ Jean Lalemant, trésorier de Languedoc.

Bibliothèque de La Haye, manuscrit 660 (vitrine G, n° 132).

N° 98

FRANÇOIS Ier, roi de France

98. François Ier, roi de France (1494-1547).

Recueil des rois de France, par Jean Du Tillet. — Ce recueil a été composé pour Charles IX mais n'a été fini qu'en 1566, ainsi qu'en témoignent la date de 1566, qu'on y voit au fol. 2 v°, dans l'encadrement qui entoure ses armes, et la dernière phrase de la chronique proprement dite des rois de France (fol. 132 v°), dans laquelle ce roi, né en 1550, est dit « âgé de 15 ans complets ». Il est orné d'un grand nombre de portraits, dont l'intérêt est depuis longtemps connu et apprécié. Dibdin, qui les vit en 1818, les qualifie d' « exquis », et il ajoute qu'on n'en trouverait peut-être pas ailleurs « d'une perfection aussi admirable » (*Voyage bibliograhique en France*, trad. Th. Licquet, t. III (1825), p. 193). Le dernier de ces portraits est celui de François Ier. C'est, par suite, celui qui présente les plus sérieuses garanties d'authenticité. Il a été reproduit, maintes fois, et en particulier, par X. Villemin, dans ses *Monuments français inédits*, t. II, pl. 237, et par le comte de Bastard, dans ses *Peintures et ornements des manuscrits*, pl. 261.

Français 2848.

99. Henri II, roi de France (1519-1559).

Heures de Henri II. — On ne sait rien des circonstances dans lesquelles a été composé cet admirable manuscrit. Tout porte à croire, cependant, qu'il a été exécuté en 1547, à l'occasion de l'avènement au trône du roi Henri II, auquel il était destiné. Il semble, en effet, qu'on n'y aurait pas, à une autre époque, inséré les « Oraisons » que les rois de France « ont accoustumé dire, quant ilz veulent toucher les malades des escrouelles, » et, en tout cas, qu'on n'aurait pas choisi, pour y placer le portrait du roi, la peinture que comportait éventuellement cette scène. Car, on sait qu'il était de tradition, pour les rois de France, de se rendre, après leur sacre, au prieuré de Saint-Marcoul de Corbeny, non loin de Reims, et d'y toucher les malades atteints des écrouelles.

Les *Heures* de Henri II sont depuis longtemps célèbres et ont fait l'objet de plusieurs notices. On en trouvera l'indication dans celle qui leur a été consacrée par M. H. Omont, en tête de la reproduction en phototypie de leurs miniatures, exécutée sous sa direction, par la maison Berthaud.

Latin 1429.

★ **Charles-Quint, empereur d'Allemagne (1500-1558).**

Bibliothèque de Besançon, manuscrit 1158 (vitrine G, n° 130).

100. Henri III, roi de France (1551-1589).

Armorial de l'Ordre du Saint-Esprit, composé par Martin Courtigier, sieur de La Fontaine, héraut d'armes du roi, du nom et titre de Provence.— Exemplaire fait pour le roi Henri III, créateur de l'Ordre. Ses armes, son chiffre : H couronné, et sa devise : *Manet ultima cœlo*, y sont répétés à profusion ; son portrait s'y trouve au fol. 14.

Français 8203.

101. François d'Alençon, duc d'Anjou (1554-1584), par Hans Bol.

Heures du duc d'Alençon. — Ces *Heures* minuscules — elles n'ont que 8 centimètres de haut, sur 6 de large — ont été exécutées sur l'ordre du duc d'Alençon, par Hans Bol, en 1582, ainsi qu'en témoigne l'inscription suivante qui les termine : « *Francisci, f[ilii] Franciæ, ducis Brabantiæ, etc., jussu usuique Joannes Bol depingebat, MDLXXXII.* » Et c'est à Anvers qu'elles ont dû être peintes, non-seulement parce que c'est la ville qui s'y trouve représentée (fol. 19) et que Hans Bol l'habitait en 1582, depuis dix ans, mais parce que le duc d'Alençon y fit, cette année même, son entrée solennelle. Le portrait de ce prince s'y rencontre deux fois : au folio 6 v°, où il est représenté entendant la messe, probablement dans l'église Saint-Michel d'Anvers, et, au folio 8 v°, où on le voit, escorté de ses hallebardiers, faire une promenade à cheval sur un large boulevard planté d'arbres. Mais dans cette dernière miniature ses traits sont à peine indiqués — tant les personnages sont petits — tandis qu'il est parfaitement reconnaissable dans la première. M. H. Bouchot les a reproduites, toutes les deux, dans son beau livre sur *Catherine de Médicis* (Paris, 1899, in-4°, p. 83 et 133) ainsi que M. Joseph Destrée, dans la substantielle notice qu'il a consacrée à ce livre d'heures et à son miniaturiste (*Les heures du duc d'Alençon enluminées par Hans Bol*, Anvers, 1890, in-8° ; extrait des *Annales de l'Académie d'archéologie de Belgique*, 4ᵉ série, t. V).

Latin 10564.

★ **Urban Braun et Dorothée, sa femme (1586).**

Collection de M. le baron Hugo de Bethmann (vitrine F, n° 136).

N° 99

HENRI II, roi de France, touchant les écrouelles

★ Capitouls de Toulouse, en 1593.

Collection de M. le baron Hugo de Bethmann (vitrine F, n° 137).

102. Marguerite de Valois, reine de France (1553-1615).

Hymne à Marguerite de Valois, reine de France, par « Loys Papon. »
— La dédicace est datée de 1597. Marguerite se trouvait donc au château d'Usson, lorsque ce volume lui fut offert. M. E. Quentin Bauchart l'a longuement décrit, dans *Les Femmes bibliophiles de France* (t. I (1886), p. 133), et en a reproduit, en héliogravure, trois pages, parmi lesquelles (pl. VI) celle du portrait.

Français 2504.

103. Louis XIII, roi de France (1601-1643).

Noms et armes des chevaliers de l'ordre du Saint-Esprit créés par Louis XIII, de 1610 à 1621. — Cette liste a été, en effet, dressée pour le roi en 1621. Les deux portraits de Louis XIII, à 9 ans (fol. 2) et à 19 ans (fol. 4), dont elle est ornée, présentent donc d'incontestables garanties d'authenticité.

Français 8204.

104. Guillaume, marquis de Bade (1593-1677), par Frédéric Brentel.

Heures du marquis de Bade (1647). — Ces Heures ne devaient primitivement former qu'un volume. Les derniers renvois de la table, qui termine le t. I (Latin 10567), se rapportent, en effet, aux feuillets qui ont servi à constituer le t. II (Latin 10568). C'est l'un des plus beaux livres d'heures que l'on connaisse, sinon à cause de sa calligraphie, qui ne vaut pas, à beaucoup près, celle de Jarry et de ses émules, du moins à cause des ravissantes miniatures dont il est orné. Aussi a-t-il suffi, pour placer l'artiste allemand qui l'a composé et s'y est peint lui-même (v. ci-dessous, n° 105) au nombre des plus célèbres miniaturistes. On ne saurait, en effet, rien rêver de plus intime et de plus exquis que son portrait du marquis de Bade.

Silvestre, *Paléographie universelle*, t. IV (1841), p. 227 ; Baron R. Portalis, *Nicolas Jarry et la calligraphie au XVIIe siècle*, Paris, 1897, in-8°, p. 93.

Latin 10568.

105. Frédéric Brentel, graveur et miniaturiste (1580-1651).

Heures du marquis de Bade (1647). — L'artiste a modestement peint son portrait, à la suite de la table qui termine son œuvre (fol. 441) : « *Incœptum et absolutum, anno 1647, per Fridericum Brentel, ætatis 67* ». Cette table, en effet, se rapporte, ainsi qu'on l'a fait remarquer ci-dessus (n° 104), non seulement au manuscrit 10567 mais aussi au manuscrit 10568. Brentel mourut en 1651, quatre ans après avoir exécuté son chef-d'œuvre.

Latin 10567.

★ Claude de Rébé, archevêque de Narbonne.

Bibliothèque de Besançon, manuscrit 160 (vitrine G, n° 130 *bis*).

106. Cardinal J. Mazarin (1602-1661).

Heures de Notre-Dame. — Livre d'heures Parisien de la fin du XV° siècle et d'une très médiocre exécution. Après en être devenu le propriétaire, le cardinal Mazarin y fit peindre son portrait et le fit revêtir d'une très riche reliure à ses armes.

Latin 1172.

★ Anne-Marie-Louise d'Orléans, duchesse de Montpensier, dite la Grande Mademoiselle (1627-1693).

Collection de M. le baron Vitta (vitrine H, n° 138).

★ Barthélemy Hervart, contrôleur général des finances sous Louis XIV (1607-1676).

Collection de M. le baron Hugo de Bethmann (vitrine F, n° 139).

107. Louis XIV, roi de France (1638-1715).

Marches et mouvements de l'armée du Roi, pendant la Campagne de l'année 1677. — Ce manuscrit fait partie d'une suite de quatre volumes sur les campagnes de 1675 à 1678 (Français 7891-7894), qui ont été composés pour l'amusement de Louis XIV. Il est écrit en belle bâtarde et orné non seulement de lettres peintes en or et en couleurs mais de très belles miniatures. Le portrait du roi à cheval, en costume de géné-

Nº 107

LOUIS XIV, roi de France

ral romain, s'y trouve au fol. 3. Il n'est pas signé, mais on en fait assez généralement honneur à Petitot. Ce n'est, cependant, qu'une copie du portrait peint par Mignard, en 1674, qui est aujourd'hui au musée de Versailles, et dont des répliques sont conservées à Turin et à Berlin. On attribue, de même, sans en avoir la preuve, le texte du manuscrit au calligraphe Charles Gilbert, qui passe pour avoir été le meilleur élève du célèbre Jarry.

Baron R. Portalis, *Nicolas Jarry et la calligraphie au XVIIe siècle*, Paris, 1897, in-8°, p. 109.

Français 7893.

108. Louis XIV, roi de France (1638-1715).

« *Heures de Louis le Grand faites dans l'Hostel royal des Invalides, MDCLXXXVIII.* » — Le portrait du roi s'y trouve au fol. A^{vo}; il est représenté vêtu du manteau royal, à genoux sur un prie-Dieu, devant un autel, dont on n'aperçoit qu'une très petite partie. L'encadrement, très riche, est formé de fleurs, de bas-reliefs en camaieu et de figures. On ignore, à la fois, et le nom de l'habile calligraphe qui l'a écrit et le nom du miniaturiste qui l'a illustré. Il est resté, pendant tout le second Empire, exposé au Musée des Souverains. Un autre livre d'*Heures* de Louis XIV, dû également à l'atelier de calligraphie et de peinture installé aux Invalides, est conservé à la Bibliothèque nationale, sous le n° 9477 du fonds latin. On peut le voir à l'exposition de la Galerie Mazarine, dans la vitrine XX, n° 253.

H. Barbet de Jouy, *Notice du Musée des Souverains*, p. 166, n° 111.

Latin 9476.

CRAYONS

A la suite du don que Roger de Gaignières fit, en 1711, de ses collections au roi — mais en s'en réservant l'usufruit — Clairambault fut chargé d'en dresser des inventaires et de veiller à leur conservation. Or, ce gardien peu scrupuleux abusa de sa mission et s'appropria quelques-unes des pièces, dont il avait depuis longtemps envie. Les crayons qui sont aujourd'hui conservés au Département des Manuscrits, dans la collection qui porte son nom — et dont nous exposons plusieurs spécimens — paraissent avoir, presque tous, cette coupable origine. Ils ont été décrits par M. Bouchot, dans son catalogue des *Portraits aux crayons*, conservés à la Bibliothèque nationale (Paris, 1884, in-8°, p. 274-278), et nous ne saurions mieux faire que d'en reproduire les notices.

109. Amboise (Louis d'), comte d'Aubijoux.

En buste de 3/4 à gauche ; la tête découverte.

Dessin aux crayons.
Clairambault 1116, fol. 124.

110. Bellengreville (Joachim de), seigneur de Neuville.

En buste de 3/4 à droite.

Dessin aux crayons.
Clairambault 1132, fol. 111.

111. Bourdeille (Pierre de), seigneur de Brantôme.

En buste de 3/4 à gauche ; porte l'Ordre de Saint-Michel.
Reproduit par H. Bouchot, *Les Femmes de Brantôme*, Paris, 1890, in-4°, frontispice.

Dessin aux crayons.
Clairambault 1133, fol. 6.

112. Gontaut-Biron (Armand de), maréchal de France.

En buste de 3/4 à gauche ; coiffé d'une toque à plumes et portant le collier de l'Ordre.

Dessin aux crayons.
Clairambault 1115, fol. 153.

113. La Tour (Isabeau de), demoiselle de Limeuil, dame de Sardini.

En buste de 3/4 à gauche ; portant un chaperon blanc et des fourrures au col.

Dessin aux crayons.
Clairambault 1206, fol. 16.

114. L'Aubespine (Guillaume de), baron de Châteauneuf, par D. Dumonstier.

En buste de 3/4 à gauche, avec le collier de l'Ordre ; daté du 6 septembre 1612.

Pastel.
Clairambault 1129, fol. 177.

115. Lenoncourt (Philippe de), cardinal, évêque de Châlons.

Tête de 3/4 à droite ; découverte et chauve.

Dessin aux crayons.
Clairambault 1114, fol. 138.

116. O (François d'), de Maillebois.

En buste de 3/4 à gauche ; tête découverte et barbe en pointe.

Dessin aux crayons.
Clairambault 1118, fol. 237ᵛᵒ.

117. Sourdis (Henri d'Escoubleau de), évêque de Maillezais.

En buste de 3/4 à droite.

Dessin aux crayons.
Clairambault 1122, fol. 17.

BIBLIOTHÈQUES PUBLIQUES DE FRANCE

118. Marie de Brabant, reine de France ; Blanche, fille de saint Louis ; Jean II, duc de Brabant, et le ménestrel Adenet le Roi.

Recueil d'anciennes poésies françaises (XIIIᵉ siècle), débutant par le roman de « Cléomadès » d'Adenet le Roi. — Ces quatre portraits ont vraisemblablement été exécutés dans le cours de l'année 1285 ; ils sont l'œuvre d'un artiste parisien. A droite, la tête appuyée sur la main gauche, une fleur dans la main droite, la reine de France, Marie de Brabant, seconde femme du roi Philippe le Hardi, est étendue sur un lit de parade. A ses côtés, assise sur un coussin, est sa belle-sœur Blanche de France, fille de saint Louis, veuve de Ferdinand de La Cerda, infant de Castille. Un peu plus loin, assis également sur un coussin, le coude gauche posé sur le lit de parade, la main droite tenant un gant, se voit le jeune Jean de Brabant, neveu de la reine de France. Ce prince, qui devait devenir plus tard duc de Brabant sous le nom de Jean II, était, au moment où fut peinte cette miniature, âgé de quatorze ans environ. Quant au quatrième personnage, qui, la couronne en tête et le rebec à la main, écoute, à demi agenouillé, au pied du lit, il n'est autre que le poète ménestrel connu, Adenet le Roi.

Pour bien comprendre la scène que représente ce tableau, quelques explications sont nécessaires. La miniature se trouve en tête du roman en vers de *Cléomadès* composé par le ménestrel Adenet. Or, le sujet de ce roman avait été rapporté d'Espagne et fourni au poète par Blanche de France, infante de Castille, qui, après la mort de son mari, était revenue à la cour de son frère, le roi de France Philippe le Hardi. Comme on le voit dans notre miniature, c'est bien la princesse Blanche qui parle, racontant la merveilleuse histoire de Cléomadès. Tous l'écoutent, mais Adenet le Roi avec plus d'attention encore que les autres auditeurs : c'est que Marie de Brabant l'avait chargé de recueillir de la bouche de sa belle-sœur et de mettre en vers, en la développant, la légende rapportée d'au-delà des Pyrénées.

C'est là, à notre connaissance, le plus ancien essai de véritables portraits que nous ait légué le moyen âge, à partir de l'avènement des Capétiens. Vu à la loupe, le visage de chacun des personnages représentés ici est tout à fait caractéristique.

> Pour plus de détails sur cette peinture, voir : *Cinq portraits du XIIIe siècle*, par Henry Martin, dans le *Recueil de Mémoires* publié par la Société des Antiquaires de France à l'occasion de son Centenaire (1904), p. 269-279.
>
> Bibliothèque de l'Arsenal, manuscrit 3142, fol. 1.

119. Jeanne, comtesse d'Eu et de Guines.

La Somme le Roi, par frère Laurent, dominicain. — Jeanne de Guines, de la maison de Gand, était fille de Baudouin de Guines, châtelain de Bourbourg, et de Catherine de Montmorency, sœur de Mathieu IV de Montmorency, grand chambellan de France. Elle épousa Jean III de Brienne, comte d'Eu, fils de Jean II et petit-fils d'Alphonse de Brienne, roi de Jérusalem. Lorsqu'elle se fit représenter agenouillée devant la Vierge, telle que nous la voyons ici, Jeanne de Guines était âgée de quarante ans environ ; elle était alors veuve depuis neuf ans.

Ce portrait n'est pas très remarquable, mais il offre néanmoins un réel intérêt, à cause de la date certaine (1311), à laquelle il a été exécuté.

> Voir : *Notes pour un « Corpus iconum » du moyen âge*, par Henry Martin, dans *Mémoires de la Société des Antiquaires de France*, 7e série, t. Ier (1902), p. 34-38.
>
> Bibliothèque de l'Arsenal, manuscrit 6329, fol. 1-2.

120. Denis du Moulin, évêque de Paris.

Missel complet à l'usage de Paris. — Denis du Moulin, évêque de Paris, est ici représenté agenouillé et en prières devant la grande

croix contenant les reliques de la vraie croix. Les deux personnages
que l'on voit à gauche ne sont nullement des contemporains de l'évêque,
et il ne faudrait pas chercher là des portraits. Le premier est l'empereur
Constantin le Grand ; le second est sa mère sainte Hélène, qui, suivant
la tradition, découvrit la vraie croix sur le Calvaire.

Quant à Denis du Moulin, il est revêtu de ses habits pontificaux et
coiffé de la mitre. Sur le prie-Dieu et au-dessus de sa tête sont placées
ses armes : *d'argent à la croix ancrée de sable chargée en cœur d'une
coquille d'or*. Derrière lui deux clercs tiennent, l'un la crosse, l'autre
la croix. On remarquera que cette croix est une croix patriarcale, c'est-
à-dire double : Denis du Moulin était non seulement évêque de Paris,
mais aussi patriarche d'Antioche.

Ce portrait se trouve en un somptueux Missel à l'usage de Paris,
qui, commencé sous le pontificat de Jacques du Châtelier, évêque de
Paris de 1427 à 1438, fut continué et terminé par les soins de son suc-
cesseur Denis du Moulin (1439-1447). Étant donnée la place qu'occupe
cette peinture dans le manuscrit, on doit penser qu'elle fut exécutée peu
de temps après l'avènement de Denis du Moulin au siège épiscopal de
Paris, c'est-à-dire en 1439 ou 1440.

Bibliothèque de l'Arsenal, manuscrit 621, fol. 429.

121. Jacques-Antoine Marcello, sénateur vénitien.

« *Passio Mauritii et sociorum ejus.* » — Ce remarquable portrait
du vénitien Jacques-Antoine Marcello fut vraisemblablement peint
à Padoue en 1453. L'auteur n'en est pas connu. Marcello était
né le 17 janvier 1398 : il avait donc cinquante-cinq ans, lorsqu'il fit
faire son portrait pour l'envoyer à son ami Jean Cossa, général napo-
litain, alors au service du roi René d'Anjou.

Les limites imposées aux courtes notices de ce catalogue ne permettent pas d'expliquer comment Cossa et Marcello se trouvaient,
en 1453, à la tête de deux armées combattant l'une contre l'autre,
et comment les deux lignes tracées en caractères mystérieux au
bas du portrait contiennent une adresse de Marcello à Cossa,
qui n'est autre chose qu'une invitation à trahir la cause que ce dernier était chargé de défendre. On trouvera des détails sur ce portrait
et sur les circonstances qui en motivèrent l'exécution dans une étude
intitulée : *Sur un portrait de Jacques-Antoine Marcello, sénateur*

vénitien (*1453*), par Henry Martin, publiée dans *Mémoires de la Société des Antiquaires de France*, 6ᵉ série, t. IX (1900), p. 229-267).

Bibliothèque de l'Arsenal, manuscrit 940, fol. [38 vᵒ.

122. Martin Le Franc, prévôt de Lausanne et protonotaire apostolique.

« *L'estrif de fortune et de vertu, fait par renommé homme maistre Martin Le Franc, prevost de Lusane, secretaire jadis de pape Felix et maintenant de pape Nicolas, prothonotaire du Saint Siege apostolique.* » — Ce curieux portrait est celui d'un personnage bien oublié aujourd'hui, mais jadis fort célèbre. « Martin Le Franc mériterait d'être plus connu qu'il ne l'est ; avec Charles d'Orléans et Villon, c'est assurément le poète le plus remarquable du xvᵉ siècle. » Ainsi s'exprimait en 1887 un connaisseur, M. Gaston Paris. Ce qui a nui surtout à la renommée poétique de Martin Le Franc, c'est sa déplorable et décourageante prolixité. Son meilleur ouvrage, le *Champion des dames* ne contient pas moins de 24.000 vers, dont plusieurs milliers pourraient être supprimés sans grand dommage pour la réputation de leur auteur.

Martin Le Franc mourut à Rome vers 1461. Nous avons donc là un portrait qu'on peut dater du milieu du xvᵉ siècle.

Bibliothèque de l'Arsenal, manuscrit 5202, fol. 1.

123. Philippe le Bon, duc de Bourgogne, et Raoul Le Fèvre, son chapelain.

« *L'istoire de Jason extraite de plusieurs livres et presentée a noble et redouté prince Phelipe, par la grace de Dieu duc de Bourgoingne et de Brabant. Escript de la main de l'acteur* [*auteur*] *Raoul Le Fevre, prebstre indigne.* » — Il serait difficile d'assigner une date précise à ce petit tableau ; mais si, comme on l'a pensé, le personnage de droite qui s'appuie sur une canne dorée est véritablement Nicolas Rolin, la peinture ne saurait être postérieure à 1462, date de la mort du chancelier de Bourgogne. L'identité des trois personnages groupés à droite n'est rien moins que certaine. Il portent tous les insignes de l'ordre de la Toison d'or.

Quant à Raoul Le Fèvre, qui, un genou en terre, présente son livre à

Philippe le Bon, c'est lui-même qui de sa propre main a écrit ce volume. Il composa encore, en 1464, un « Recueil des troiennes histoires », qu'il offrit, comme cette « Histoire de Jason », au duc de Bourgogne.

Bibliothèque de l'Arsenal, manuscrit 5067, fol. C.

124. Jehan Berthélemy, frère mineur, et Jehanne Gerande, religieuse du couvent de l'Humilité Notre-Dame de Longchamp.

« *Petit traitté de la vanité des choses mondaines, fait en l'an MCCCCLXVI a l'instance de honnorable et devote religieuse, seur Jehanne Gerande, du païs de Prouvence, du très religieulx couvent de l'Umilité Nostre-Dame de Longchamp, par le plus petit et indigne des Mineurs, frère Jehan Berthelemy.* » — Ces deux portraits ont été faits en 1466. On en trouve plusieurs autres dans le même manuscrit.

Bibliothèque de l'Arsenal, manuscrit 5102, fol. 1.

125. Philippe le Bon, duc de Bourgogne, et son fils Charles le Téméraire.

*Roman de « Regnault de Montauban », rédaction en prose, tome I*er. — Ces portraits ont été peints peu de temps avant la mort du duc Philippe le Bon, survenue à Bruges, le 15 juillet 1467. Ils sont l'œuvre du peintre et enlumineur Loyset Lyedet, qui reçut, pour l'exécution de ce petit tableau, la modique somme de dix-huit sols.

Philippe le Bon, assis, coiffé d'un large chapeau, la Toison d'or au cou, reçoit le volume dans lequel figure cette miniature. On remarquera l'air fatigué et vieilli du duc de Bourgogne. Derrière lui, les mains posées sur le dossier du banc où siège son père, le comte de Charolais, Charles le Téméraire, regarde la scène ; il ne devait pas tarder à succéder au duc Philippe. Comme celui-ci, il porte le collier de la Toison d'or.

Il n'est pas possible de déterminer d'une façon absolument certaine le personnage agenouillé qui offre le volume au duc de Bourgogne. Peut-être Loyset Lyedet a-t-il reproduit ici les traits des principaux courtisans ou du moins des familiers du puissant duc : aucun d'eux toutefois ne porte au cou la Toison d'or, ce qui tendrait à faire croire qu'ils ne sont pas tous des personnages occupant de hautes charges à la cour de Philippe le Bon.

Bibliothèque de l'Arsenal, manuscrit n° 5072, fol. 4.

126. Jeanne de France, fille de Louis XI et première femme de Louis XII.

Livre d'Heures, en latin et en français, du XV° siècle. — Jeanne de France (la bienheureuse Jeanne de Valois) est ici représentée à genoux sur son prie-Dieu. Au-dessus d'elle, les armes de France. Sur l'écusson posé devant le prie-Dieu et aussi dans l'encadrement se voient les lettres I. M., initiales du nom que cette princesse avait adopté après son divorce, *Jehanne Marienne.* Jeanne de France, divorcée le 12 décembre 1498, mourut le 4 février 1505. De 1499 à 1505, cette princesse vécut à Bourges, où elle fonda l'ordre des Annonciades. C'est à cette époque que la miniature qu'on voit ici a été peinte sur un feuillet, à moitié blanc, d'un livre d'Heures plus ancien, qui se trouvait entre les mains de la fille de Louis XI.

Voir : *Notes pour un « Corpus iconum » du moyen âge*, par Henry Martin, dans *Mémoires de la Société des Antiquaires de France*, 7° série, t. I°° (1902), p. 39-47.

Bibliothèque de l'Arsenal, manuscrit 644, fol. 26 v°.

127. Henri d'Albret et Marguerite de Valois, grand-père et grand' mère de Henri IV, roi de France.

« *Initiatoire instruction en la religion chrestienne pour les enffans.* » — Cette peinture a été exécutée vers 1526 ou 1527. Henri d'Albret, roi de Navarre, est représenté, au milieu d'un jardin, tendant une marguerite à celle qui devint sa femme, à Marguerite de Valois, sœur du roi François I°°. C'est au mois de janvier 1527 qu'eut lieu le mariage du roi de Navarre et de Marguerite : leur fille unique fut Jeanne d'Albret, mère de Henri IV. On sait que la marguerite était la fleur symbolique de Marguerite de Valois. Aussi Henri d'Albret dit-il : « J'ai trouvé une précieuse marguerite que j'ai recueillie au plus profond de mon cœur. »

Bibliothèque de l'Arsenal, manuscrit 5096, fol. 1.

128. Louise de Savoie et Pierre Fabri.

« Petit livret faict à l'honneur de madame saincte Anne et de la royne, sa fille, vierge pure, mère de Jésus-Christ », par *Rochefort* et *Fabri, dédié à Louise de Savoie.* — Ces portraits ont été exécutés entre le 28 février 1518 et le 31 mars 1519. Louise de Savoie, mère de François Ier, reçoit un livre que lui offre, un genou en terre, Pierre Fabri. Ce dernier est présenté à la mère du roi par un personnage debout qui se nommait de Rochefort, mais qu'il n'a pas été possible d'identifier. Quant à Pierre Fabri, ou plutôt Pierre Le Fèvre, c'était un écrivain, prêtre, natif de Rouen, qui fut curé de Mérey. Il a composé un certain nombre d'ouvrages, dont le plus connu, publié en 1522, est intitulé : « Le grand et vray art de pleine rhétorique ».

Ces portraits ne sont assurément pas l'œuvre d'un grand artiste ; mais, autant qu'on en peut juger par les autres représentations qui nous sont restées de Louise de Savoie, le portrait de cette princesse paraît être assez exact. Il diffère très sensiblement des portraits de convention qu'on a donnés de la mère de François Ier dans les temps modernes. Il est probable que les artistes, manquant des documents nécessaires, ont été influencés par ce qu'ils connaissaient du type de visage du premier roi de la branche des Valois-Angoulème. Jugeant de la mère d'après le fils, ils ont donné à Louise de Savoie un visage très allongé et un nez fortement aquilin. L'aspect de cette princesse paraît avoir été tout autre.

Sur ces portraits, voir : *Notes pour un « Corpus iconum » du moyen âge*, par Henry Martin, dans *Mémoires de la Société des Antiquaires de France*, 7e série, t. Ier (1902), p. 47-51.

Bibliothèque de l'Arsenal, manuscrit 4009, fol. 1 v°.

129. Philippe le Hardi, roi de France (1245-1285), et le moine Primat.

Chroniques de Saint-Denis. — Ce manuscrit passe, dans sa première partie, tout au moins, car il n'est pas homogène, pour être celui que le moine Primat offrit à Philippe le Hardi. La miniature de dédicace, à laquelle il est ouvert, et qui représente ce moine accompagné de l'abbé de Saint-Denis et de plusieurs moines offrant son livre au roi, a été reproduite en tête du t. XXIII (1876) des *Historiens de France*. Pour plus de renseignements sur l'œuvre de ce chroniqueur, voir A. Molinier, *Les sources de l'histoire de France*, t. III (1903), p. 99, nᵒˢ 2530-2531.

Bibliothèque Saint-Geneviève, manuscrit 782.

130. Charles-Quint, empereur d'Allemagne (1500-1558).

« *Phœnicis sive consecrationis augustæ libri septem* » ou *Panégyrique de Charles-Quint*, par Jean Voerthusius, chanoine d'Utrecht. — Exemplaire offert par l'auteur, en 1561, au cardinal de Granvelle. Il est orné, sur le feuillet qui précède celui de la dédicace, d'un très beau portrait de Charles-Quint, dessiné à la plume et daté également de 1561.

Bibliothèque de Besançon, manuscrit 1158.

130 *bis*. Claude de Rebé, archevêque de Narbonne.

Office de la Vierge écrit par N. Jarry, en 1648. — Le portrait en buste de Claude de Rebé s'y trouve en tête. Il est accompagné de ses armes et d'une dédicace signée : « *L. Aubert* ». On n'en connaît pas l'auteur, mais on l'attribue, avec assez de vraisemblance, à Louis Duguernier le jeune. Cf. J. Yché, *Le livre calligraphié de Claude de Rebé*, dans le *Bulletin de la Commission archéologique de Narbonne*, t. II (1893), p. 301.

Bibliothèque de Besançon, manuscrit 160.

131. Jean Iᵉʳ de La Tixerendie, évêque de Rieux (. . . -1348).

Missel. — Ce Missel paraît avoir été exécuté pour Jean Iᵉʳ de La Tixerenderie, évêque de Rieux de 1322 à 1348. On y trouve, deux fois, son portrait, dans la marge inférieure des feuillets 8 vᵒ et 399 vᵒ, accompagné de son nom : « *Johannes episcopus Rivensis* » et de ses armes : *parti au 1 d'azur à 3 croissants d'or et au 2, de gueules, à 3 coquilles d'or.*

Bibliothèque de Toulouse, manuscrit 90.

A. Molinier, *Catalogue des manuscrits de Toulouse*, dans *Catalogue général des manuscrits des départements*, série in-4, t. VII (1885), p. 45.

BIBLIOTHÈQUE DE LA HAYE

132. Jean Lalemant, trésorier de Languedoc.

Livre d'Heures, à l'usage de Bourges. — Jean Lalemant, trésorier de Languedoc, condamné en 1535 pour malversations, est le personnage pour lequel ce manuscrit a été composé. Son portrait s'y trouve dans chacune des douze admirables peintures dont il est orné. Il est toujours représenté au premier plan, dans des attitudes diverses, vêtu d'une simple haire, avec un voile ou une ceinture autour des reins. Près de lui est constamment placé un livre, sur la couverture duquel on lit : *Delear prius.* Ses armes sont peintes au frontispice et, dans l'encadrement de ce frontispice, est écrit le verset suivant du livre des Psaumes : « *Dirupisti, Domine, vincula mea, tibi sacrificabo hostiam laudis et nomen Domini invocabo* ». Dans les marges de beaucoup de feuillets, on voit, en outre, comme emblème, un nœud coupé dans son milieu. Tous ces détails rappellent évidemment la prison à laquelle Jean Lalemant fut condamné et montrent que le présent volume n'a été exécuté qu'après sa libération.

L. Delisle, *Mélanges de paléographie*, p 234.

Bibliothèque de la Haye, manuscrit 666.

COLLECTIONS PARTICULIÈRES

133. Jeanne de Valois, comtesse de Hainaut (....-1352).

Bréviaire de Bonne de Luxembourg. — Ce Bréviaire — qui est à l'usage des Frères Mineurs — n'a sans doute pas été exécuté pour Bonne de Luxembourg, car ses armes ne semblent pas faire partie de l'illustration primitive, mais il lui a certainement appartenu et n'en est pas moins un très beau livre de la première moitié du XIVe siècle. Il est orné de sept grandes miniatures d'un très grand intérêt qui, elles non plus, ne datent pas du premier état et sont le résultat d'une intercalation postérieure. Les plus curieuses de ces miniatures sont les deux auxquelles il est ouvert (fol. 348-349) et sur lesquelles on voit, deux fois répété, le portrait d'une même princesse : à gauche, en cos-

tume laïque aux pieds de saint Louis, roi de France, et à droite, en
costume de religieuse franciscaine, aux pieds de saint Louis, évêque
de Toulouse. Une seule princesse royale du commencement du
XIVe siècle, car ces saints indiquent évidemment qu'il faut la chercher
dans la maison de France, paraît désignée par ce double costume,
c'est Jeanne de Valois, sœur de Philippe VI de Valois, qui après avoir
été mariée à un comte de Hainaut se fit religieuse au couvent de Fon-
tenelle, au diocèse de Cambrai, et mourut en 1352 (Père Anselme,
Histoire généalogique, t. I, p. 100). D'après cette hypothèse, le présent volume serait donc passé de Bonne de Luxembourg, morte en
1349, à Jeanne de Valois, et c'est entre cette date de 1349 et celle de
1352 que son portrait y aurait été inséré.

Collection de M. le baron Vitta.

134. Anne de Beaujeu, dame de Baudricourt, attribué à Jean Foucquet.

Livre d'Heures. — Portrait d'une dame de la famille de Baudricourt : très probablement Anne de Beaujeu, des sires d'Amplepuis,
mariée en secondes noces à Jean de Baudricourt, fils du célèbre com-
pagnon de Jeanne d'Arc, qui devint maréchal de France. Coiffée d'un
hennin et vêtue du costume que portaient les grandes dames aux
temps des rois Charles VII et Louis XI, la dame de Baudricourt est
représentée en prières devant la Vierge. D'autres femmes sont age-
nouillées derrière elle.

Collection de M. le comte Paul Durrieu.

135. Guy Comeau de Créancey.

Livre d'Heures. — En tête, portrait du personnage pour lequel il a
été exécuté. Celui-ci y est représenté en prières, dans une église, devant
l'enfant Jésus que la Vierge tient dans ses bras. Il porte une armure
sur laquelle est passée une cotte d'armes reproduisant le blason des
Comeau : *d'azur à la fasce d'or, accompagnée de trois étoiles de même
à rais six, cometées d'argent*. Ce portrait est attribué à Jean de Mont-
luçon qui a principalement travaillé à Bourges, à la fin du XVe siècle.

Collection de M. le comte Paul Durrieu.

136. Urban Braun et sa femme Dorothée (1586).

Liber amicorum de 1586, ayant appartenu à Antoine de Weyer-
meyer de Lauingen, près d'Ulm. — Il est orné de très nombreux portraits, parmi lesquels se trouvent ceux d'Urban Braun et de sa
femme auxquels il est ouvert.

Collection de M. le baron Hugo de Bethmann.

137. Capitouls de Toulouse en 1593 : Jean Courtois, avocat, co-sei-gneur d'Issus, Jean Dumas, procureur au sénéchal, Jacques de Casa-nove, co-seigneur de Fauga, Pierre Carrière, bourgeois.

Miniature tirée des *Annales manuscrites de la ville de Toulouse*. —
Les magistrats municipaux de Toulouse décidèrent, en 1295, la tenue
d'un registre, divisé en six parties, destiné à recevoir, entre autres
choses, les procès-verbaux des élections annuelles. Ce sont ces procès-verbaux qui ont été l'occasion et le point de départ des chroniques
municipales continuées jusqu'en 1789, qui sont aujourd'hui connues
sous le nom d'*Annales manuscrites de la ville de Toulouse*. Leur trans-
cription ayant été faite avec une certaine recherche, la lettre initiale
fut ornée, dès l'origine, semble-t-il, d'une petite miniature, dans
laquelle les consuls étaient représentés prêtant au viguier le serment
inaugural. Mais peu à peu l'importance de ces procès-verbaux aug-
menta et avec elle l'importance des enluminures, qui d'ailleurs ne furent
pas limitées à des portraits mais comprirent des scènes historiques ou
légendaires et sortirent de leur cadre étroit pour occuper des pages
entières. Ces changements commencèrent à être tout à fait sensibles
vers le milieu du XIV⁰ siècle. Et comme ce double travail de chronique et d'illustration a été continué jusqu'en 1789, on imagine l'intérêt de la collection qui fut ainsi formée. Mais on ne peut, hélas, en
parler qu'au passé, car elle n'existe plus dans son intégrité.

En 1793, Marc-Antoine Baudot, l'un des commissaires délégués
par la Convention aux armées des Pyrénées, proposa à la Société populaire de Toulouse de rehausser la cérémonie commémorative du 10 août,
qui se préparait, en brûlant publiquement les titres des capitouls. Un
arrêté fut pris, en conformité de cette proposition, et les vénérables
registres retirés des armoires de fer, dans lesquels ils étaient pieuse-
ment conservés, furent portés, le 9 août, sur le bureau du Conseil
général de la commune. En les feuilletant, Baudot fut pris d'un scru-

pule soudain « et fit observer...que l'intention des représentants du peuple n'était pas de détruire les monuments d'histoire, qui devaient être conservés conformément aux décrets, mais qu'il fallait brûler les feuilles contenant *l'image des capitouls*. On se conforma immédiatement à ces prescriptions et ces peintures plus ou moins lacérées furent apportées au président de la Société populaire. » C'est ainsi que furent déshonorés pour toujours les douze volumes des *Annales* de Toulouse.

Cependant, tous les portraits si stupidement arrachés des volumes qui les contenaient, ne furent heureusement pas portés jusqu'au bûcher qui devait les détruire. Quelques-uns s'égarèrent, tandis que d'autres trouvèrent asile chez des particuliers avisés. Toujours est-il que vers 1839, M. Beguilhet de Toulouse n'en possédait pas moins de quarante-deux, qui ont été rachetés depuis par la ville, au moyen d'un crédit extraordinaire. Deux, dont on ne connaît pas le sort, ont été reproduits par Nodier et Taylor dans leurs *Voyages pittoresques* (*Languedoc*, t. I, planche 33), tandis que d'autres ont été recueillis par l'abbé Desnoyers, par M. E. Barry (auj. tous à Toulouse), par M. Truelle (auj. au musée de Troyes) et par M. de Sahuqué. Ceux qu'a bien voulu nous confier M. le baron H. de Bethmann, et qu'il a achetés chez un antiquaire de Paris, étaient considérés comme perdus.

> A. de Quatrefages, *Mémoire sur quelques peintures du XVᵉ siècle*, Toulouse, 1839, in-4°, avec planches au trait. Extrait des *Mémoires de la Société archéologique du Midi* ; B. Benezet, *Les origines du portrait en France ; le portrait dans les écoles du Midi aux XIIIᵉ et XIVᵒ siècles*, dans *Réunion des Sociétés des beaux-arts*, en *1880*, Paris, 1881, in-8°, p. 168-188 ; E. Roschach, *Les douze livres de l'histoire de Toulouse, chroniques municipales manuscrites*, dans *Toulouse, histoire, archéologie*, etc., Toulouse, 1887, in-8°, p. 131-462, volume publié à l'occasion du congrès de l'*Association pour l'avancement des sciences*.
>
> Collection de M. le baron Hugo de Bethmann.

138. Anne-Marie-Louise d'Orléans, duchesse de Montpensier, dite La Grande Mademoiselle (1627-1693).

Les Maximes de nostre salut, dédiées à Mademoiselle, par Monsieur de La Serre, conseiller ordinaire du roy en ses conseils et historiographe de France. — Ce manuscrit est d'une calligraphie remarquable. Aussi doit-on, sans grande hésitation, l'attribuer, bien qu'il ne soit pas signé, à Nicolas Jarry, ou à l'un tout au moins de ses

N° 138

A.-M.-L. D'ORLÉANS, duchesse de Montpensier
(appartient à M. le Baron Vitta)

meilleurs élèves. On sait, d'ailleurs, que cet artiste calligraphe fut en relation avec le conseiller du roi, historiographe de France, auteur de cet ouvrage, car c'est à lui que ce dernier demanda de copier plusieurs manuscrits, et en particulier, en 1647, un manuscrit destiné à Anne d'Autriche (*Le Temple de la gloire*, aujourd'hui à la Bibliothèque Mazarine, n° 2212. Cf., en outre, baron R. Portalis, *Nicolas Jarry*, p. 59, n° 95). Rien de surprenant, par suite, à ce qu'il se soit adressé à lui pour un volume dédié à Mademoiselle de Montpensier. Ce volume n'est pas daté, mais tout porte à croire qu'il fut exécuté vers la même époque que celui d'Anne d'Autriche ou peu de temps après. On ne peut, en tout cas, en reculer la composition au delà de 1665, qui est l'année de la mort de Jean Puget de La Serre. Il a échappé aux consciencieuses recherches de M. Quentin-Bauchart et ne figure pas dans le substantiel article qu'il a consacré à Mademoiselle de Montpensier, dans *Les femmes bibliophiles de France*, t. I (1886), p. 243-266.

Collection de M. le baron Vitta.

139. Barthélemy Hervart, contrôleur général des finances sous Louis XIV (1607-1676).

Les dernières paroles de Monsieur d'Hervart, conseiller d'État, par M. Claude, ministre de l'église réformée de Charenton, 1677. — Le texte du manuscrit a été calligraphié par Nicolas Jarry et le portrait d'Hervart, dont il est orné, est de ceux qu'on attribue généralement à Jean Petitot. Cf. *Jubilé cinquantenaire de la Société de l'histoire du protestantisme français*, Paris, 1902, in-8°, p. 180.

Collection de M. le baron Hugo de Bethmann.

140. Anne de France, dame de Beaujeu. — La fille de Louis XI est vêtue d'une robe tissée d'or et doublée d'hermine, sous laquelle on aperçoit une seconde robe d'étoffe bleue ; elle porte une coiffe rouge sur laquelle est posé un voile noir. La princesse, accompagnée de deux dames de la cour, est représentée debout et tendant la main pour recevoir l'exemplaire de *la Nef des Dames vertueuses* que Symphorien Champier lui présente à genoux.

Cette miniature orne le verso du 7ᵉ feuillet de :
La Nef des Dames vertueuses, composée par maistre Symphorien Champier. — Lyon, Jacques Arnollet, 1503, in-4º, rel. au chiffre de Gaston d'Orléans.

Vélins, 1972.

141. Charles VIII et Anne de Bretagne. — Le Roi et la Reine sont représentés debout et couronnés. Le Roi est vêtu d'une longue robe bleue semée de fleurs de lis d'or, avec un large collet d'hermine. La Reine porte une robe de couleur lilas rehaussée d'or, garnie sur le devant d'hermine, et recouverte d'un manteau de la même étoffe que la robe du roi. D'une main, Charles VIII tient le sceptre royal ; de l'autre, il reçoit le volume que le célèbre libraire, Antoine Vérard, lui offre à genoux. Plusieurs personnages de la Cour assistent à cette présentation.

Cette miniature décore le recto du 1ᵉʳ feuillet de :
Apologues et fables d'Esope, translatés du grec en latin par Laurent Valla, et du latin en françois par Guillaume Tardif. — Paris, Antoine Vérard, vers 1490, in-fol.

Vélins, 611.

142 Charles VIII. — Charles VIII, couronné, est assis sur son

trône, entouré de seigneurs et d'officiers de sa Cour, dont quatre portent un faucon sur le poing. Il est vêtu d'une longue robe bleue semée de fleurs de lis d'or et surmontée d'un large collet d'hermine. D'une main, il tient le sceptre royal ; de l'autre, il prend l'exemplaire de l'*Histoire d'Orose* que lui présente le traducteur à genoux.

Cette miniature est peinte sur le recto du 2ᵉ feuillet de :
Orose, traduit en françois (par Claude de Seyssel). — Paris, Antoine Vérard, 1491, 2 vol. in-fol.

Vélins, 682.

143. Charles VIII. — Le roi, couronné, est vêtu d'une longue robe bleue semée de fleurs de lis d'or, avec un large collet d'hermine. Il est représenté à genoux dans son oratoire, appuyé d'une main sur son prie-Dieu, et de l'autre recevant le volume que lui offre Vérard ; quatre seigneurs, dont l'un tient un bâton, signe des fonctions de grand-maître des cérémonies, assistent à cette présentation.

Cette miniature occupe le recto du 1ᵉʳ feuillet de :
L'Horloge de Sapience, par Henri Suso, de l'ordre des frères prêcheurs. — Paris, Antoine Vérard, 1493, in-fol.

Vélins, 359.

144. Charles VIII. — Le roi, accompagné de plusieurs seigneurs de la cour, est représenté dans une partie de chasse, au milieu d'une forêt. Coiffé d'une toque noire surmontée d'une couronne, il porte un habit court, d'étoffe tissée d'or et garnie d'hermine, dont le col et les manches largement ouvertes laissent voir le vêtement de dessous. De longues chausses rouges et des souliers noirs complètent le costume de Charles VIII, qui, descendu de cheval, tient sur le poing gauche un faucon, et de la main droite reçoit le volume que lui présente Vérard.

Cette miniature orne le recto du 2ᵉ feuillet de :
Traité d'amours intitulé : Pamphille. — Paris, Antoine Vérard, 1494, petit in-fol.

Vélins, 1078.

145. Charles VIII. — Le Roi, debout et couronné, est vêtu d'une longue robe bleue fleurdelisée et garnie d'hermine, sur laquelle est posé le collier de l'ordre de Saint-Michel, institué par Louis XI. D'une main, il tient un long sceptre terminé par une fleur de lis d'or ; de l'autre, il reçoit le volume dont Vérard lui fait hommage, en présence du grand aumônier et de plusieurs autres personnages de la Cour.

> Cette miniature décore le recto du 5e feuillet de :
> *L'ordinaire des Chrétiens.* — Paris, Antoine Vérard, 1494, in-fol.
>> *Vélins,* 356.

146. Anne de Bretagne. — Anne de Bretagne, portant sur la tête une couronne enrichie de pierreries, est assise sur son trône, entourée de dames de la Cour. Elle est vêtue d'une robe tissée d'or dont le devant est garni d'hermine, et que recouvre un long manteau bleu fleurdelisé, également doublé d'hermine. La Reine avance la main pour prendre le volume que lui présente Vérard à genoux.

> Cette miniature occupe tout le verso du 6e feuillet de :
> Le *Trésor de l'âme*, par Robert. — Paris, Antoine Vérard, vers 1497, in-fol.
>> *Vélins,* 350.

147. Charles VIII. — Assis sur son trône, le roi, couronné, est habillé d'une longue robe tissée d'or et garnie d'hermine, sous laquelle, par un crevé de la manche, on aperçoit un vêtement bleu clair. Il tend les deux mains pour recevoir le volume que lui offre Vérard. Quatre seigneurs, dont l'un tient un bâton, signe des fonctions de grand maître des cérémonies, assistent à cette présentation.

> Cette miniature orne le recto du 2e feuillet de :
> *Le Recueil des histoires troiennes,* par Raoul Le Febvre, chapelain de Philippe le Bon, duc de Bourgogne. — Paris, Antoine Vérard, vers 1498, in-fol.
>> *Vélins,* 628.

148. Louis XII. — Portrait de Louis XII, alors qu'il n'était encore que duc d'Orléans, d'après Van Praet et le Catalogue de l'Exposition des Primitifs.

Le Prince, coiffé d'une toque rouge surmontée d'une couronne, est revêtu de son armure dorée et de sa cotte d'armes en velours bleu fleurdelisé. Il tient d'une main un petit bâton ; de l'autre, il saisit la selle d'un cheval blanc qu'il est prêt à monter, un pied déjà dans l'étrier, et le regard tourné vers le volume que lui présente Vérard agenouillé.

> Cette miniature est peinte sur le recto du 2e feuillet du roman de chevalerie ;
> *Lancelot du Lac.* — Paris, Antoine Vérard, 1494, in-fol.
>> *Vélins,* 617.

Dialogus in Valden

sium de purgatorio erroré per
F. Alphonsum Riciú
or. præ.theologię
professoré

Distichon Ascensianum.
Hæresis hydrino Valdensis creta cruore:
Hic Alphonsinis ignibus vsta iacet.

149. Louis XII. — Louis XII, assis sur son trône, est vêtu d'une robe violette que recouvre un long manteau bleu, garni d'un large collet d'hermine. Il reçoit des mains du traducteur de *Térence* l'exemplaire relié en velours rouge que celui-ci lui offre à genoux.

Cette miniature est peinte sur le recto du 2ᵉ feuillet de :
Thérence en françois, prose et rime, avec le latin. — Paris, Antoine Vérard, vers 1500, in-fol.

Vélins, 565.

150. Anne de Bretagne. — La Reine est vêtue d'une longue robe noire, et coiffée d'un voile de la même couleur. Elle tient par la main son fils habillé de drap d'or, et reçoit de Vérard le volume que celui-ci lui présente en s'agenouillant.

Cette miniature est peinte sur le verso du 1ᵉʳ feuillet de :
Le passe-temps de tout homme et de toute femme, par Guillaume Alexis. — Paris, Antoine Vérard, vers 1505, in-8º.

Vélins, 2249.

151. Louis XII et Anne de Bretagne. — Louis XII et Anne de Bretagne, couronnés, sont assis sur leur trône, écoutant le roi Modus, qui discute en leur présence. Louis XII est habillé d'une robe violette que recouvre un manteau bleu doublé d'hermine, et tient à la main le sceptre royal. La reine est revêtue d'une robe tissée d'or, et porte une coiffe noire sur laquelle est posé un voile de la même couleur.

Cette miniature orne le recto du 2ᵉ feuillet de :
Modus et Ratio de divine contemplation. — Paris, Antoine Vérard, vers 1506, petit in-4º.

Vélins, 1763.

152. Louis XII. — Louis XII est assis sur son trône, vêtu d'une longue robe bleue semée de fleurs de lis et garnie d'hermine, et coiffé d'une toque noire au-dessus de laquelle deux anges soutiennent une couronne d'or. D'une main, le roi tient le sceptre royal ; de l'autre, il reçoit le volume que lui offre l'auteur à genoux.

Cette miniature est peinte sur le titre de :
Dialogus in Valdensium de purgatorio errorem, par F. Alphonsum Ricium, ordinis Prædiccatorum. — Parisiis, Jodocus Badius Ascensius, 1509, in-4º.

Rés. D., 5814.

153. François Ier. — François Ier est assis sur son trône, entouré de grands personnages de la Cour. Coiffé d'une toque noire surmontée d'une couronne, il est vêtu d'une robe tissée d'or, que recouvre un manteau bleu fleurdelisé et garni d'hermine. D'une main il tient le sceptre royal, et de l'autre la main de justice.

> Cette miniature décore le verso du 1er feuillet de :
> *Les chroniques de Judas Macchabée*, trad. de latin en françois par Charles de Saint-Gelays, chanoine d'Angoulême. — Paris, Antoine Bonnemère, 1514, petit in-fol.
>
> *Vélins*, 1128.

154. François Ier et Louise de Savoie. — Le Roi, coiffé d'une toque noire surmontée d'une couronne, est assis sur son trône. Il est vêtu d'une robe de couleur lilas tissée d'or et d'un manteau bleu fleurdelisé, avec un large collet d'hermine, sur lequel est passé le collier de l'ordre de Saint-Michel. D'une main il tient le sceptre royal, et de l'autre la main de justice. Assise à ses côtés, sa mère, Louise de Savoie, entièrement vêtue de noir, reçoit le volume que lui présente Symphorien Champier à genoux.

> Cette miniature orne le recto du 11e feuillet de :
> *Les Grandes Chroniques de Savoie*, par Symphorien Champier. — Paris, Jean de La Garde, 1516, petit in-fol.
>
> *Vélins*, 1173.

155. Olivier Maillard, prédicateur du XVe siècle. — Olivier Maillard est vêtu d'une longue robe grise, serrée à la taille par une ceinture de même couleur. Agenouillé, il présente un exemplaire de son livre à une dame habillée d'une robe rouge rehaussée d'or et doublée d'hermine, et la tête couverte d'une coiffe rouge sur laquelle est posé un voile noir.

> Cette miniature occupe le verso du 1er feuillet de :
> *L'instruction et consolation de la vie contemplative*, selon frère Olivier Maillard. — Paris, Antoine Vérard, vers 1503, petit in-4°.
>
> *Vélins*, 1769.

BIBLIOTHÈQUE DE BESANÇON

155 *bis*. Maximilien Ier, empereur d'Allemagne, 1459-1519.

L'empereur, debout et couronné, est revêtu d'un long manteau garni de fourrure ; il tient le sceptre de la main droite, et de l'autre il porte le globe surmonté d'une croix.

Ce dessin à la plume, au bas duquel on lit le monogramme HD (Hans Dürer), orne le verso du 47e feuillet du fragment, conservé à la Bibliothèque de Besançon, du célèbre Livre de prières de l'empereur Maximilien. Ce livre est intitulé : *Diurnale seu liber precum*, et a été imprimé à Augsbourg en 1514 par Hans Schönsperger. Les nombreuses illustrations qui en décorent les feuillets sont attribuées à Albert Dürer et à ses élèves.

INTRODUCTION

AU CATALOGUE DES PORTRAITS DESSINÉS

———

L'histoire des portraits dessinés du xvie siècle français offre peu de certitudes et, malgré les savants travaux de MM. Niel, Léon de Laborde, Reiset, Bouchot, Dimier, Alphonse Germain, Jules Guiffrey, Étienne Moreau-Nélaton, on peut dire que les œuvres appartenant indiscutablement à un Clouet ou à un Dumonstier bien déterminé sont encore de la plus insigne rareté. Il est donc nécessaire d'imiter à leur sujet la circonspection avec laquelle le regretté Henri Bouchot écrivait dans son avant-propos des « Clouet » (Paris, 1890) : « On s'est habitué à écrire des Clouet chez nous comme si l'on connaissait les moindres détails de leur existence. Or, en dépit de cette popularité, nous en sommes toujours réduits à supposer et à induire. »

Henri Bouchot connaissait admirablement le xvie siècle français, il avait étudié longuement et à fond les portraits dessinés de cette époque, et l'extrême réserve qu'il mettait à les apprécier, a inspiré les organisateurs de la première exposition de « crayons » offerte au public.

Comme beaucoup d'œuvres caractéristiques de l'art français, les « crayons » du xvie siècle ont passé par les alternatives du succès, de l'engouement et du dédain avant qu'on leur rendît justice.

Rappelons simplement à ce sujet, en songeant aux prix d'aujourd'hui, qu'en 1825, Jean-Adrien Joly, conservateur du Cabinet des Estampes, achetait pour la somme de cinq cents francs « *un lot de cinquante sept portraits attribués à Jannet* ».

Il importe d'abord de préciser le rôle que jouaient les « crayons » au xvie siècle : rôle analogue dans bien des cas à celui de nos photographies. Catherine de Médicis écrit dans un de ses déplacements (juin 1552), à Madame d'Humières : « Ne fauldrez de faire paindre au vif, par le painctre que vous avez par delà, tous mes dicts enfans, tant fils que filles avec la roine d'Escosse, ainsi qu'ils sont sans rien obliei de leurs visaiges ; mais il suffit que ce soit *au créon* pour avoir plus tost faict... »

Henri II écrit de son côté : « A ce que j'ai vu par leurs pourtraictures mes enfans sont en tres bon estat, Dieu mercy ». Le portrait rapidement exécuté, qui servait parfois à étayer un projet de mariage, équivaut ici à un bulletin de santé. Les « cayers », si à la mode sous les Valois, correspondaient à ce que nous appelons des albums de célébrités contemporaines, et le peintre conservait chez lui des prototypes extrêmement soignés, capables de déterminer une commande, tout comme un éditeur d'aujourd'hui conserve des clichés spécimens. Le recueil où se trouvaient primitivement les portraits de Chantilly, ainsi que celui qui passa, dit-on, successivement par les mains de François Clouet, Benjamin Foulon et Daniel Dumonstier, paraissent bien avoir été constitués dans ce but, et l'on peut voir à l'Exposition deux portraits de la dame de Montrevel, l'un terminé, l'autre à moitié fait et montrant dans les parties inachevées le calque rigoureux du premier, qui démontrent suffisamment cette pratique commerciale. Le fini de l'exécution dénote dans les portraits de cette catégorie un travail d'atelier.

Les crayons pris en vue d'un tableau et laissés par l'artiste tels qu'il les a exécutés devant la nature sont certainement les plus attrayants. Au xvi° siècle, le peintre allait à domicile et l'on peut sans témérité supposer que le modèle, grande dame, homme de guerre ou courtisan, ne lui accordait pas un temps superflu. H. Bouchot a démontré que les peintures du manuscrit de la Guerre Gallique ont été faites d'après les beaux dessins de Chantilly, et ceux-ci ont été, c'est facile à voir, exécutés vite et franchement en face de seigneurs comme Anne de Montmorency, Robert de la Marck ou Bonnivet qui, même quand ils posaient pour un ouvrage commandé par le roi, ne devaient pas poser longtemps. Les statuts du Musée Condé n'ont pas permis d'exposer les dessins qui ont servi à faire les peintures de la Guerre Gallique à côté de ce manuscrit, et le portrait peint de Marguerite de Navarre qui se trouve aussi à Chantilly ne pourra figurer à côté du crayon que possède le Cabinet des Estampes. Entre autres dessins ayant servi pour des tableaux, l'exposition comprend les portraits de Charles IX et d'Elisabeth d'Autriche dont les peintures sont au Louvre, et celui de Catherine de Médicis dont la peinture est dans la collection d'Albenas. D'autres portraits, celui de Claude de Rieux, par exemple, portent des indications manuscrites prouvant que le peintre n'avait pas sous la main le pastel du ton voulu, et dans les dessins dits de P. Dumonstier, on relève des notes comme celles-ci : *les cheveus chatains oscur, la lèvre fort rouge, les cheveus plus bruns*, qui sont prises en vue d'un travail d'atelier. Le portrait de Mayenne a été mis au carreau, probablement pour un graveur.

Est-il besoin d'ajouter qu'au xvie siècle on faisait des crayons pour toutes les bourses et pour tous les goûts ?

Les portraits de Jean Stuart, duc d'Albany, de Gaspard de Coligny, de Marguerite de Valois enfant, sont des œuvres où le caractère d'une physionomie est rendu avec une intensité prodigieuse, que cela soit obtenu par les indications sobres, précises, nerveuses du portrait du duc d'Albany, par le modelé savant et parachevé du portrait de Coligny, ou par les touches d'estompe du portrait de la petite Marguerite de Valois, touches caressantes mais volontaires qui montrent le peintre attentif à serrer la ressemblance de l'enfant en dépit de sa mobilité. Il n'y a aucun rapport entre ces chefs-d'œuvre et les recueils destinés aux amateurs désireux de montrer à bon compte dans leur province les portraits du roi et de sa cour, accompagnés, suivant la mode du temps, du portrait d'Agnès Sorel, dame de Beauté. François Ier avait en effet jugé opportun de créer autour de cette maîtresse royale une légende de poésie et de patriotisme qui l'avait mise en vogue.

On a quelquefois dans ces recueils, importants ou modestes, la surprise de trouver la physionomie inédite d'un personnage intercalé par la volonté de l'acheteur dans la série ordinaire des célébrités. Deux de ces « cayers » sont bien connus : celui d'Arras qui figure à l'Exposition, et celui de la bibliothèque Méjanes d'Aix-en-Provence, annoté de la main de François Ier, dit-on, pendant un voyage à Oiron chez Arthus de Boisy, ancien précepteur du souverain[1].

1. Hélène de Hangest, dame de Boisy, a passé pour avoir dessiné de sa main les portraits de ce recueil, et H. Bouchot s'est étonné à bon droit de cette attribution. — M. de Laborde, dans les *Comptes des bâtiments du roi* (t. II, p. 356), cite à la date de 1538, un « *Pierre Foullon, painctre de M. de Boisy, natif d'Envers* »,

Si l'on veut bien prendre la peine de songer que les recueils analogues à celui de Madame de Boisy furent à la mode en France pendant plus de cent ans, on comprendra que la facilité avec laquelle on attribue aux Clouet, aux Quesnel, aux Dumonstier les portraits de leurs contemporains a quelque chose d'excessif : les dessins d'une époque ne sont pas tous des dessins de maîtres et l'exposition de la Bibliothèque fournira pour les portraits dessinés du xvie siècle d'excellents éléments de comparaison. On pourra y faire d'autre part une intéressante constatation : la mode des crayons, a-t-on dit, est tombée parce qu'on en a fait beaucoup, et qu'on en a fait trop de médiocres ; c'est exact, mais cette médiocrité et ce discrédit tiennent peut-être en partie à ce qu'on a progressivement demandé au procédé plus qu'il ne devait donner et qu'en voulant forcer les qualités du genre on l'a rendu déplaisant.

Les dessins de l'époque de Jean Clouet sont des modèles de sobriété, ceux de François Clouet expriment la maîtrise complète d'un procédé appliqué dans la plénitude de ses ressources, ceux de Daniel Dumonstier sont quelquefois d'une facture surchargée, ceux de Lagneau arrivent souvent à la lourdeur, et leur exécution, d'une facilité désagréable, empêche au premier abord de rendre justice aux qualités du physionomiste.

C'est une évolution qu'il sera facile d'observer en étudiant les dessins de la Bibliothèque qui sont présentés dans l'ordre suivant :

1° Débuts du xvie siècle. Epoque de Jean Clouet, 1500-1540 environ.

2° Epoque de François Clouet, 1540-1572 environ.
    a) Dessins attribués à François Clouet.
    b) Dessins d'artistes divers contemporains de François Clouet.

3° De 1570 aux premières années du xviie siècle.
    a) Dessins d'artistes divers, groupés autour de Nicolas Quesnel.
    b) Dessins attribués à Jean de Court.
    c) Dessins attribués à Benjamin Foulon.
    d) Dessins d'artistes divers groupés autour de Pierre Dumonstier.

---

dans lequel M. de Fréville (*Archives de l'art français*, III, p. 102) croit voir le beau-frère de Jean Clouet. Il est peut-être intéressant de le rappeler ici.

4° Époque de Daniel Dumonstier, allant jusqu'en 1646.
   a) Dessins attribués à Lagneau.
   b) Dessins de Daniel Dumonstier.

Tel est le plan de ce catalogue : en tête des pages consacrées à chaque groupe, on trouvera les indications chronologiques nécessaires et l'exposé des particularités qui ont pu influer sur cet essai de classement ; l'indication de chaque groupe est répétée en titre courant en haut des pages qui s'y rapportent.

Le fonds des crayons de la Bibliothèque comprend soit en albums réliés, soit en pièces montées isolément sur bristol et conservées en boîtes, environ 800 dessins qui sont entrés au Cabinet des Estampes par acquisitions successives de 1667 à 1904. Bien que le classement de ce fonds ait été remanié plusieurs fois, suivant des goûts divers, on peut encore en reconnaître les différentes parties.

1667. — 71 crayons de Lagneau entrés avec le cabinet de Marolles ; ce recueil, qui constituait en 1667 le volume 264 du fonds de Marolles, figure dans l'*Inventaire des pièces trouvées à la Bibliothèque du Roi*, en 1684, et dans le *Bref état* de 1735. Il reçut de Joly, dans l'inventaire de 1752, la cote L.1., dans l'inventaire de 1779, la cote 1360, et il forma à ce moment le tome 3 d'une série de trois volumes dont les deux premiers provenaient de chez Gaignières. Actuellement, les dessins de Lagneau, venant du fonds de Marolles, constituent le volume coté Na. 21.b [1].

1. L'abbé de Marolles céda au roi 71 crayons de Lagneau en 1667, mais son *Catalogue de livres d'Estampes fait en 1666* (Paris, chez Frédéric Léonard) annonce qu'il possédait : *192 dessins de Lancau* ; il avait en outre (*ibid.*, p. 154) un volume de 50 crayons, presque tous de Dumonstier, qui ne furent pas non plus cédés au roi.

Après 1667, l'abbé de Marolles avait recommencé une seconde collection ; le *Catalogue de livres d'Estampes fait à Paris en 1672* par M. de Marolles (Paris, J. Langlois), annonce qu'il possédait, outre un très grand nombre d'estampes, plus de 10.000 pièces dessinées et, dit-il, des portraits dont « quelques-uns sont mesme en huile sur de la toile ; mais il y a peu de ceux-là, et *beaucoup au crayon de la vieille cour et particulièrement des règnes de Henri II et de ses enfants, de la main de François Jannet, ce peintre si fameux qu'a tant célébré dans ses vers le poète Ronsard...»*

1717. — La deuxième collection de crayons, entrée au Cabinet des Estampes en 1717, est celle du cabinet de Gaignières.

Outre ses autres collections, Gaignières possédait cinq portefeuilles reliés de crayons. M. de Grandmaison a publié dans la *Bibliothèque de l'École des Chartes* [1], d'après le manuscrit Clairambault 1040, les listes des crayons des cinq albums, mais ces volumes ne furent pas conservés dans leur intégrité, les femmes furent mises à part, les hommes disséminés ; en 1752, les hommes furent réunis à leur tour et le tout forma deux recueils cotés : L. 57 (Portraits d'hommes), L. 58 (Portraits de femmes). Ces deux volumes portaient la note : « Ces portraits peints au pastel ou dessinés au crayon proviennent du cabinet de M. de Gaignières qui les avait eus de M. de la Noue et de M. de Villeflix. En 1779, ces deux volumes portent les nᵒˢ 1358-1359. En 1822, les deux volumes furent reliés après un nouveau classement, mêlant les portraits d'hommes et de femmes ; ils sont actuellement cotés Na, 21.-Na. 21. a.

Michel de Marolles a pu acheter ses dessins de Dumonstier à l'auteur même dont il était le contemporain ; quant aux dessins attribués à Clouet, il a pu les acquérir à la vente du P. Henry de Harlay, de l'Oratoire, mort en 1667, auquel il a consacré dans son *Livre des peintres et des graveurs* une pièce de vers où il dit, parlant de la collection vendue par les Pères de l'Oratoire :

> Il en fit héritiers des pères, ses enfants,
> Qui d'un tas si nombreux ont cherché la défaite,
> . . . .
> Ils se passent à moins et leur sage conduite
> Ne se conserve rien que ce qui peut servir,
> Les *crayons*, les bijoux, ne les peuvent ravir,
> Mais les livres choisis qui trouvent de la suite.

Dans sa traduction de Virgile en 1673, l'abbé de Marolles parle de sa 2ᵉ collection composée à grands frais et pour la plus grande partie avec les fonds du P. Henri de Harlay et du sieur de Lorme, et il s'adresse à Brisacier, secrétaire des Commandements de la reine, pour le prier de favoriser « un dessein » qu'il lui a communiqué. Brisacier fut lui-même un collectionneur de crayons, son cabinet fut vendu vers 1677, à peu près au moment où le secrétaire des Commandements de la Reine sombra dans une intrigue que l'abbé de Choisy a racontée tout au long, et il est peu probable qu'il ait acheté ou fait acheter le fonds de dessins de Marolles, mort seulement en 1681.

1. Bibliothèque de l'École des Chartes, 1890, p. 573-617.
       —   1891, p. 181-219.
       —   1892, p. 1-76.

Entre 1770 et 1778. Le Cabinet des Estampes s'enrichit du petit album de crayons qui furent, on ne sait pourquoi, attribués à Charles IX ; le volume reçut le n° 1361, il est actuellement coté Na, 27. (Son attribution à Charles IX, acceptée de confiance, l'avait fait classer aux amateurs.)

Ces recueils, plus quelques crayons répartis dans les collections Lallemant de Betz et Clairambault, sont tout ce que possédait la Bibliothèque au XVIIIe siècle.

En 1825. Acquisition du volume cité au commencement de cette préface. 57 dessins payés 500 fr. par Jean-Adrien Joly. Coté anciennement Na, 22 (actuellement réparti dans les boîtes).

En 1861. Un recueil de 50 crayons, provenant de la Bibliothèque de la Sorbonne, après avoir appartenu aux Carmes déchaussés de Saint-Joseph de Paris. (Type de l'album à bon marché exécuté entre 1530 et 1570.) Coté Na, 26. Plus 146 crayons provenant en grande partie de la Bibliothèque Sainte-Geneviève, répartis actuellement dans les boîtes et les volumes. Na, 23 et Na, 24.

En 1901. Don d'un recueil de 14 portraits aux crayons de couleur exécutés de 1580 à 1590. Cote Na, 26,a.

En 1904. Acquisition d'un recueil de 46 crayons. (Type de l'album ordinaire.) Coté Na, 26 +.

En résumé, la série des crayons au Cabinet des Estampes comprend actuellement 800 pièces environ, réparties en 8 boîtes qui contiennent les plus beaux dessins classés alphabétiquement (140), et 15 volumes.

Na. 21. (fonds de Gaignières.)

Na. 21, a. (—   )

Na. 21, b. (fonds de Marolles, dessins de Lagneau.)

(Na. 22 a été démonté et réparti dans les boîtes.)

Na. 23. Dessins anonymes du XVIe s. (hommes).

Na. 23, a.   —   (femmes).

Na. 23, b. Personnages connus classés alphabétiquement I.

Na. 23, c.   —   II

Na. 24. Dessins des Dumonstier I.

Na. 24, a.   —   II.

Na. 24, b.   –   III.

Na. 25. Recueil de 42 dessins, têtes grotesques, provenant de l'abbaye
       de Saint-Germain-des-Prés.

Na. 26. Recueil de 50 portraits de personnages du xviᵉ s., provenant
       de la Sorbonne.

Na. 26, a. Recueil de 14 portraits au crayon exécutés à la fin du xviᵉ s.

Na. 26 +. Recueil de 46 portraits au crayon, dessins du xviᵉ s.

Na. 27. Recueil de dessins attribués autrefois à Charles IX.

L'Exposition ne devait primitivement comprendre que des portraits
faisant partie de manuscrits enluminés, et des portraits dessinés.
M. Henry Marcel a eu l'heureuse idée d'y ajouter de petits portraits
peints, contemporains des portraits dessinés, qui sont là à leur place
logique et constituent entre les manuscrits et les crayons du xviᵉ siècle
une transition savoureuse. C'est aux aimables démarches de M. Gustave Dreyfus, à ses précieuses indications, que les visiteurs de l'exposition devront le plaisir d'étudier la plupart de ces petites merveilles,
pour le classement desquelles MM. Jean Guiffrey et Carle Dreyfus ont
apporté à la Bibliothèque une amicale collaboration.

Il eut été merveilleux d'exposer parallèlement aux dessins français du
xviᵉ siècle, les portraits dessinés des grands maîtres italiens, allemands
ou flamands contemporains ; ne pouvant réaliser ce projet séduisant,
les organisateurs de l'Exposition ont du moins constitué un choix de
très beaux portraits de Dürer, Holbein, Lucas de Cranach, Beham, etc.
qui fourniront aux amateurs un élément de comparaison du plus haut
intérêt.

Cet ensemble a pu être réalisé avec la coopération bienveillante
d'amateurs qui ont largement ouvert aux organisateurs de l'Exposition
les trésors de leurs collections, avec une libéralité et une bonne grâce
que nous avons l'agréable devoir de signaler à la reconnaissance du
public en citant les noms de Mᵐᵉ la marquise Arconati-Visconti,
MM. Édouard Aynard, le baron Hugo de Bethmann, Alfred Beurdeley,
Léon Bonnat, M. et Mᵐᵉ Atherton Curtis, MM. Deligand, Doistau, François Flameng, Anatole France, Mᵐᵉ la marquise douairière de Ganay,
Mᵐᵉ la marquise Jean de Ganay, MM. Walter Gay, Heugel, Klein-
berger, le général Magon de la Giclais, Jean Masson, Peytel, Eugène
Rodrigues, le baron Edmond de Rothschild, Henri Rouart, le baron de

Schickler, Schloss, Mme Thomson, MM. le baron Vitta, Wildenstein.

Qu'il nous soit également permis de rappeler que l'exposition des dessins du xvie siècle s'ouvre juste six mois après la fermeture de l'exposition des miniatures et gravures du xviiie siècle, installée en 1906 dans les mêmes salles. Le 10 octobre, quelques heures avant la fermeture, Henri Bouchot, qui avait été l'âme de cette exposition, succombait, emporté en quelques minutes, et le personnel du Cabinet des Estampes, déjà réduit au minimum d'effectif, était cruellement éprouvé par la mort d'un chef qui ne comptait que des amis parmi ses collaborateurs.

C'est dans ces conditions et en si peu de temps que, sans cesser un instant leur service, MM. Guibert, Lemoisne, Bruel, du Cabinet des Estampes, avec la collaboration gracieuse de M. Jean Laran, sont arrivés à constituer l'Exposition des portraits dessinés du xvie siècle et à en dresser le catalogue.

Ce résultat n'a pu être obtenu qu'au prix d'un effort considérable de travail et de bonne volonté sur lequel il est juste d'attirer l'attention et, nous osons l'espérer, la reconnaissance des lecteurs de ce catalogue.

FRANÇOIS COURBOIN,
Conservateur-adjoint du Cabinet des Estampes.

LISTE DES OUVRAGES CITÉS EN ABRÉGÉ
AU COURS DE CE CATALOGUE

Niel, *Portraits des personnages illustres du XVI* siècle*. Paris, 1848-56
[Niel].

Comte L. de Laborde, *La Renaissance des Arts à la cour de France*. Paris,
1850 et suiv. [L. de Laborde].

Rouard, *François I*er *chez M*me *de Boisy. Notice d'un recueil de crayons
appartenant à la bibliothèque Méjanes d'Aix*. Paris, 1863 [Rouard,
Notice].

H. Bouchot, *Les Portraits au crayon du XVI*e *et XVII*e *siècle, conservés à
la Bibliothèque nationale*. Paris, 1884 [Bouchot, *Portraits*].

Le même, *Quelques dames du XVI*e *siècle et leurs peintres*. Paris, 1880 [Bou-
chot, *Quelques dames*].

Le même, *Les Femmes de Brantôme*. Paris, 1890 [Bouchot, *Brantôme*].

Le même, *Les Clouet et Corneille de Lyon*. Paris, 1892 [Bouchot, *les
Clouet*].

G. Riat, *Une Exposition de dessins au Cabinet des Estampes* (*Gazette des
Beaux-Arts*, août 1899) [Riat, *Gazette*].

E. Moreau-Nélaton, *Les Le Mannier peintres officiels de la cour des Valois*.
Paris, 1901 [Moreau-Nélaton].

L. Dimier, *Un Portrait méconnu de Henri III et le peintre Jean Decourt*
(*Gazette des Beaux-Arts*, nov. 1902) [Dimier, *Gazette*].

Le même, *Notes sur les Portraits du XVI*e *siècle exposés aux Primitifs fran-*

çais (*Chronique des arts*, 1904, pp. 162, 171, 181, 188, 197, 263) [Dimier, *Chronique*].

Jules Guiffrey, *Les Dumonstier* (*Revue de l'art*, juillet, août, novembre et décembre 1905, janvier et novembre 1906 [J. Guiffrey].

Alph. Germain. *Les Clouet*. Paris, 1906 [Alph. Germain].

CABINET DES ESTAMPES

PORTRAITS DESSINÉS

DU COMMENCEMENT DU XVIᵉ SIÈCLE A 1540 ENVIRON

C'est l'époque de Jean Clouet, et nous aurions mis son nom en tête de cette série s'il n'était impossible de lui attribuer formellement un seul des dix-huit dessins qui la composent. Son influence n'en est certainement pas absente cependant. Parmi les crayons exposés ici, si nous mettons à part telle réplique d'originaux plus anciens, comme la tête d'Agnès Sorel, il ne nous reste guère que des répétitions, d'ailleurs charmantes, des dessins qu'on attribue communément à ce peintre. C'est à Chantilly avant tout qu'il faut étudier l'art dit de Jean Clouet, mais nous pouvons en retrouver ici même le reflet à peine effacé.

Jean Clouet, né vers la fin du xvᵉ siècle, est venu de bonne heure en France. Il est peut-être fils d'un certain Jean Cloët qui travaillait à Bruxelles en 1475. Sa situation auprès du roi Louis XII est d'abord très modeste. Il prend rang après des peintres de second ordre, comme Nicolas Belin et Barthélemy Guéty, dit Guyot. Sous François Iᵉʳ, il jouit d'une faveur croissante. Quand meurt le célèbre Bourdichon, en 1522, il le remplace comme valet de garde-robe extraordinaire. Il devient enfin, à la mort de l'universel Jean Perréal, en 1528, peintre et valet de chambre du roi, titre qu'il conservera jusqu'à sa propre mort, en 1540. Ses gages annuels dépassent alors cent livres ; ils sont souvent plus que doublés par les indemnités qu'on lui accorde pour des travaux supplémentaires. Comme tous les peintres de ce temps, il est occupé aux besognes les plus diverses : coloriage de meubles, de harnais, d'oriflammes, composition de chiffres et de devises. Mais c'est son talent de portraitiste qui lui a certainement valu sa réputation. « En dilligence et sur chevaux de poste », les courriers à qui l'on confie les « effigies au vif » que Clouet vient d'exécuter, les portent au roi, de Blois à Paris ou de Paris à Fontainebleau, et les gratifications qu'ils reçoivent pour ce service témoignent de l'impatience avec laquelle les portraits étaient attendus. L'admiration des contemporains allait même parfois un peu loin, puisque Marot, dans ses vers, cite Janet de pair avec Michel-Ange.

Malheureusement, il n'y a pas un seul des portraits de cette époque, parmi ceux qui nous sont parvenus, qui puisse être attribué à Clouet avec certitude. Le François Ier et le Montmorency du Louvre, le Montmorency de Lyon, les miniatures de la *Guerre gallique*, si justement rapprochées par H. Bouchot de certains crayons de Chantilly, ces crayons eux-mêmes semblent être des œuvres de notre peintre, mais les discussions restent encore ouvertes à ce sujet.

Nous n'en sommes plus, en effet, au temps où le nom d'un seul Clouet avait fait oublier tous les peintres de son époque. Outre ceux que nous avons signalés plus haut, outre le propre fils de Clouet, François, que nous retrouverons plus loin, outre le frère de Jean, ce Clouet de Navarre qui était peintre de Marie d'Angoulême en 1529, les comptes ont rendu aux historiens les noms de maître Ambroise, François Besnard, Nicolas Boterie, Claude de Bruyères, Petit-Jean Champion, Josse van Cleef d'Anvers, Jean Courtois, J.-B. Darly de Tours, Nicolas Denisot, dit comte d'Alsinois, Étienne des Salles, Pierre Didier, Geoffroy Dumonstier, Pierre Foullon d'Anvers, Jean Schoorel, Jean Seuclat, Robinet Testard et autres artistes dont nous ne savons rien, ou peu s'en faut, sinon qu'ils ont travaillé à la cour de Louis XII ou de François Ier. C'est trop peu pour qu'on leur attribue un rôle actif dans l'art du portrait au début du xvie siècle; c'est assez pour commander la plus grande réserve dans les attributions.

156. Agnès Sorel. — Née en 1409, à Fromenteau en Touraine, fille d'un conseiller du comte de Clermont. Remarquée par le roi Charles VII, elle devint sa maîtresse et eut une très grande influence sur ce prince de 1430 à 1450. Ses contemporains sont unanimes à vanter sa très grande beauté. Olivier de la Marche, qui appartenait pourtant au parti des ennemis de Charles VII, a écrit d'elle : « elle estoit une des plus belles femmes que je vis oncques ». Ce portrait a pour nous le grand intérêt de nous donner une idée du type de beauté à la mode à cette époque.

En buste de 3/4 à gauche; elle porte sur le front le petit bandeau de front particulier à cette époque.

Le Cabinet des Estampes possède deux répliques de ce dessin dans les recueils Na 21 et Na 26. Une troisième réplique est au Louvre.

Il est intéressant de comparer ce portrait d'Agnès Sorel à la Vierge du Musée d'Anvers, de Jean Fouquet, ainsi qu'au portrait du début du xviie s., appartenant au duc de Mouchy.

Bouchot, *Portraits*, p. 130.

Dessin aux crayons.

157. Anne de France, dame de Beaujeu. — Fille de Louis XI et de Charlotte de Savoie. Elle épousa en 1474 Pierre de Bourbon, seigneur

Nᵒ 160

LA COMTESSE DE CHATEAUBRIANT
époque de JEAN CLOUET

de Beaujeu. Elle fut régente du royaume pendant la minorité de son frère Charles VIII et mourut au château de Chantelle, le 14 novembre 1522.

> En buste de 3/4 à gauche ; elle est coiffée du chaperon à la mode du temps d'Anne de Bretagne.
>
> *Dessin aux crayons.*

158. Le cardinal Georges d'Amboise. — Archevêque de Rouen et premier ministre de Louis XII, il mourut à Lyon, le 25 mai 1510. Ce prélat, grand amateur d'art, avait fait construire le château de Gaillon, un des plus beaux de la Renaissance, dont le portique orne actuellement la cour de l'École des Beaux-Arts. Le magnifique tombeau du cardinal par Roland Leroux se trouve dans la chapelle de la Vierge de la cathédrale de Rouen.

> En buste de 3/4 à gauche ; coiffé d'une barrette, portant un camail.
> Une réplique de ce portrait est conservé au Cabinet des Estampes (N a 21).
>
> Bouchot, *Portraits*, p. 132.
>
> *Dessin aux crayons.*

159. Artus Gouffier, seigneur de Boisy. — Né en 1475, il prit part aux guerres d'Italie sous Charles VIII et Louis XII et succéda au maréchal de Gié comme gouverneur du comte d'Angoulême, le futur François Ier. Il devint grand maître en janvier 1515. Envoyé à Montpellier comme plénipotentiaire, pour traiter avec M. de Chievre qui représentait le roi d'Espagne, il mourut dans cette ville pendant les négociations. Un des albums de crayons du XVIe s., aujourd'hui au Cabinet des Estampes, a passé pendant un certain temps pour avoir appartenu à Madame de Boisy. Plusieurs écrivains ont voulu aussi attribuer à cette dame les portraits du recueil de la bibliothèque Méjanes à Aix.

> En buste de 3/4 à gauche ; il est coiffé d'un chapeau à bords relevés.
> Voir un autre crayon, représentant le même personnage au Cabinet des Estampes (Ne 31).
>
> Bouchot, *Portraits*, p. 142. Publié par Niel, t. II. Voir Rouard, *Notice*, p. 55.
>
> *Dessin aux crayons.*

160. Françoise de Foix, comtesse de Chateaubriant. — Sœur du comte de Lautrec et du maréchal de Foix. Elle devint la maîtresse de

François Ier et fut toute-puissante dans la faveur du roi jusqu'à la défaite de Pavie, époque à laquelle elle fut supplantée par Madame d'Étampes. Brantôme raconte que François Ier ayant envoyé, sur le désir de la duchesse d'Étampes, un gentilhomme réclamer à la comtesse de Chateaubriant les joyaux ornés de dessins qu'il lui avait donnés, la comtesse les rendit transformés en lingots d'or pour que sa rivale ne pût les porter.

En buste de 3/4 à gauche ; elle est coiffée du chaperon à templette orné de perles.

Bouchot, *Portraits*, p. 158. Publié par Niel, par Bouchot, *Brantôme*.

Dessin aux crayons.

161. Diane de Poitiers. — Née en 1499, elle fut mariée à l'âge de treize ans à Louis de Brezé, grand sénéchal de Normandie, petit-fils par sa mère de Charles VII et d'Agnès Sorel. En 1524, le père de Diane, Saint-Vallier, qui s'était fait complice du connétable de Bourbon, fut condamné à mort et grâcié sur l'intervention de son gendre. Il est moins que certain, malgré la tradition, que Diane soit personnellement intervenue en cette affaire et qu'elle ait été depuis la maîtresse de François Ier. C'est longtemps après son veuvage qu'elle prit un grand empire sur le dauphin, le futur Henri II, de vingt ans plus jeune qu'elle. On sait quel fut son pouvoir sous le règne de celui-ci. Elle fut nommée duchesse de Valentinois en 1548, et consacra la plus grande partie des libéralités qu'elle avait obtenues du roi à embellir le célèbre château d'Anet. C'est là qu'elle se retira après la mort de Henri II et qu'elle termina paisiblement sa vie en 1566.

En buste de 3/4 à gauche ; elle est coiffée d'un chaperon à templette, orné de perles.
En capitales du XVIe siècle [LA GRANT SENECHALLE].
Le Cabinet des Estampes possède deux autres crayons représentant le même personnage.

Bouchot, *Portraits*, p. 247. Publié par Niel, par Bouchot, *Brantôme, et Quelques dames.*

Dessin aux crayons.

162. Mme de Canaples. — Judith d'Acigné avait épousé le sire de Cré-

N° 161

DIANE DE POITIERS
époque de Jean Clouet

qui et de Canaples, qui se distingua dans la plupart des guerres de la
première moitié du XVIᵉ siècle.

En buste de 3/4 à droite ; coiffée du chaperon à templette.

Bouchot, *Portraits*, p. 151. Publié par Bouchot, *Brantôme*.

Dessin aux crayons.

163. Louis de Lorraine, comte de Vaudémont. — Fils de René II
duc de Lorraine, et de Philippine de Gueldre, mort en 1528 au siège de
Naples, où il fut enterré dans l'église Sainte-Claire. Brantôme parle
de ce prince « dont, dit-il, j'ai veu le pourtrait en Lorraine et peux dire
avoir esté le plus beau prince que je vis jamais ».

En buste de 3/4 à gauche ; coiffé d'une toque à plumes rouges.
A rapprocher notamment un dessin du Louvre représentant le même personnage et deux crayons du Cabinet des Estampes (Na 21 et Na 26.)

Bouchot, *Portraits*, p. 250.

Dessin aux crayons.

164. Thomas de Foix, seigneur de Lescun. — Frère puîné de Lautrec,
il fut d'abord destiné aux ordres et étudia à Pavie, où il était connu
sous le nom de protonotaire de Foix. Son frère le prit plus tard comme
lieutenant, et Lescun devint, en 1520, maréchal de France quand Lautrec eut été nommé lieutenant général du roi par delà les monts. Il contribua par ses rigueurs et ses exactions, tandis qu'il remplaçait son
frère comme gouverneur du Milanais, à provoquer la révolte de 1521.
Il fut excommunié par Léon X, le 17 juillet de cette année, pour avoir
pris la ville de Reggio ; assiégé l'année suivante à Crémone, il capi-
tula, faisant ainsi perdre l'Italie aux Français. A Pavie, en 1525, il fut
blessé grièvement et transporté chez son ancienne maîtresse, la comtesse
d'Escaldasor, qu'il avait connue du temps qu'il était protonotaire, et
mourut chez elle neuf jours après, le 3 mars 1525.

En buste de 3/4 à droite ; coiffé d'une toque, vêtu d'un pourpoint décolleté
sur une chemise à garniture froncée et d'un manteau à col de fourrure.
Rapprocher de ce crayon, outre le n° suivant, des dessins très voisins de
Chantilly et du Louvre.

Bouchot, *Portraits*, p. 203.

Dessin aux crayons.

165. Le même.

En buste de 3/4 à gauche ; coiffé d'un chapeau à bords relevés. Ses cheveux tombants cachent les oreilles ; un collier retient le manteau sur le pourpoint décolleté.

Voir Riat, *Gazette*, avril 1899.

Dessin aux crayons.

166. Odet, seigneur de Lautrec, comte de Foix, de Rethel et de Beaufort (?) — Gouverneur et amiral de Guyenne, maréchal de France en 1515 et lieutenant général des armées de François Ier en Italie en 1520, il devint gouverneur du Milanais qu'il dut abandonner en 1522, à la suite de la défaite qu'il essuya à la Bicocque. Disgrâcié, puis rappelé sur l'intervention de sa sœur, Françoise de Châteaubriant, maîtresse du roi, il reçut la lieutenance générale des troupes de la grande ligue formée en Italie contre Charles-Quint à l'instigation de Clément VII. Après avoir emporté Pavie d'assaut, il fut mettre le siège devant Naples le 1er mai 1528 et y mourut le 15 août suivant de la contagion qui s'était mise dans son armée. Ferdinand de Cordoue lui fit élever en 1566 un superbe mausolée qui se voit à Naples dans l'église de Santa Maria la Nuova.

En buste de 3/4 à gauche ; coiffé d'un chaperon à bords relevés, vêtu d'un pourpoint décolleté sur une chemise à garniture froncée.
Il est représenté dans un autre crayon du Cabinet des Estampes (Na 21).

Bouchot, *Portraits*, p. 200. Publié par Niel.

Dessin aux crayons.

167. Madame du Vigean. — Louise de Polignac du Fléac, dame des cours de Louis XII et François Ier, avait épousé François du Fou, seigneur du Vigean, né en 1476, qui servit en Italie sous Charles VIII, Louis XII et François Ier et mourut en 1536.

En buste de 3/4 à gauche ; coiffée d'un chaperon et largement décolletée.
Ce crayon est à rapprocher de ceux qui représentent le même personnage à Chantilly, au Louvre et au Cabinet des Estampes (Na 21 et Na 26).

Bouchot, *Portraits*, p. 172.

Dessin aux crayons.

168. François de Valois, dauphin de France. — Né en 1517, il fut accordé à l'âge de huit mois à Marie, fille de Henri VIII, roi d'Angleterre. Avec son frère, le futur Henri II, plus jeune que lui d'un an, il resta en Espagne après Pavie, de 1526 jusqu'à 1530, comme otage du traité de Madrid. Il mourut en 1536, au cours d'une partie de paume, après avoir bu une tasse d'eau fraîche, empoisonnée, prétendit-on, par le comte de Montecuculli.

A été confondu parfois avec François II.

En buste de 3/4 à droite ; il porte un béguin d'enfant sur une toque à bords relevés.

Comparer un crayon presque identique de Chantilly et le portrait peint d'Anvers, publiés par Moreau-Nélaton, p. 43-45. Deux autres répliques sont au Cabinet des Estampes. M. L. Dimier en a signalé d'autres encore dans des collections françaises et étrangères (*Chronique des Arts*, 1904).

Bouchot, *Portraits*, p 180.

Dessin aux crayons.

169. Henri II, enfant. — Né en 1519. On sait qu'il devint dauphin de France en 1536 seulement.

Ce portrait était considéré autrefois comme celui de Charles de Valois Angoulême, duc d'Orléans, qui fut le 3ᵉ fils de François Iᵉʳ.

En buste de 3/4 à gauche ; portant sur un béguin d'enfant une toque à bords relevés en chapeau.

Cf. peinture et crayon de Chantilly reproduits dans Moreau-Nélaton, p. 45-47. *Appendice.*

Bouchot, *Portraits*, p. 222.

Dessin aux crayons.

170. Marguerite de France, duchesse de Berry et de Savoie. — Fille de François Iᵉʳ et de Claude de France, née à Saint-Germain-en-Laye le 5 juin 1523, mariée le 9 juillet 1559 à Philibert-Emmanuel duc de Savoie, morte à Turin le 14 septembre 1574. Le mariage de Marguerite, sœur de Henri II, conclu à la paix de Cateau-Cambrésis, « cousta bon à la France, dit Brantôme, car de tout ce qu'on avait « conquis et gardé en Piedmont et Savoie, l'espace de trente ans, fal- « lust qu'il se rendist en une heure : tant le roy Henry désirait la « paix et aymait sa sœur, qui ne vouleut rien épargner pour la bien « colloquer : mais pourtant la plus grand' part de la France et de Pied- « mont en murmuroient et disoyent que c'estoit ung peu trop. » Brantôme a dû recourir à sa langue la plus colorée pour noter les mur-

mures provoqués par le mariage tardif de la « Pallas Françoise », anno-
tatrice des œuvres de Cicéron.

> En buste, de 3/4 à gauche ; portant un chaperon à templette. Enfant de 5 à
> 6 ans.

> Bouchot, *Portraits*, p. 236.

Dessin aux crayons.

171. Marguerite de Valois, reine de Navarre. — Sœur de François Ier, fille de Charles d'Orléans et de Louise de Savoie, elle
naquit à Angoulême, le 11 avril 1492. Mariée le 1er décembre 1509
à Charles III, duc d'Alençon, elle épousa en secondes noces, en janvier 1527, Henri d'Albret, roi de Navarre, et n'en eut qu'une fille,
Jeanne d'Albret, mère de Henri IV. Versée dans la connaissance du
latin, du grec et de l'hébreu, ce fut une des femmes les plus illustres
du XVIe siècle ; auteur de poésies religieuses et de moralités, elle est
surtout connue par son Heptaméron, imité du Décaméron de Boccace.
Elle mourut à Odes (Bigorre), le 21 décembre 1549.

> En buste de 3/4 à gauche, portant un chaperon et un collet de fourrure et
> tenant un petit chien épagneul.
> L'original et une réplique de ce crayon sont à Chantilly.
> Un portrait peint, tout à fait voisin de ces deux crayons, a appartenu au
> Cabinet de Gaignières. C'est vraisemblablement celui qui est à Chantilly.
> Une copie en est conservée au Cabinet des Estampes dans la collection
> Gaignières. On y trouve en outre quatre autres crayons représentant la reine
> (Na 21, Na 26, Ne 30 et Coll. Lallemant de Betz).

> Bouchot, *Portraits*, p. 209. Publié par Niel, t. I, et par Bouchot, *Bran-
> tôme.*

Dessin aux crayons.

172. François Ier, roi de France. — Fils de Charles d'Orléans et de
Louise de Savoie. François, d'abord comte d'Angoulême, puis duc de
Valois, devint roi de France, à la mort de Louis XII, qui était son
cousin et dont il avait épousé la fille, la reine Claude. Ce prince qui
mourut en 1547, protégea beaucoup les arts ; la construction des châteaux de Saint-Germain, de Chambord, de Fontainebleau, attira de
nombreux artistes en France. Parmi les artistes de ce règne, à qui
pouvaient être attribués les portraits dessinés aux crayons, nous rele-

N° 172

FRANÇOIS Iᵉʳ, roi de France
époque de JEAN CLOUET

vons les noms de Jean Clouet, Pierre Foulon, Petit Jean Champion, etc.

> En buste de 3/4 à gauche, la barbe grise. Il porte un chaperon à plumes blanches. Le haut du corps est très sommairement indiqué.
> Grande analogie entre ce portrait et celui qui a appartenu à M. de Biencourt (Niel, Bouchot) ce serait ici une copie postérieure à la mort du roi. On peut en rapprocher aussi un dessin au carreau, très agrandi, conservé au Louvre.

H. Bouchot, *Portraits*, p. 180.

Dessin aux crayons.

173. Le duc d'Albany (?). — Il n'est pas possible de reconnaître dans ce portrait Jean Stuart, duc d'Albany, comme cela avait été fait précédemment par suite d'une erreur matérielle. Jean Stuart, qui s'était employé à faire aboutir le mariage de Catherine de Médicis avec Henri II, est mort en 1536. Le personnage représenté ici porte un costume à la mode de 1560 environ. Ce beau portrait devrait donc être classé dans l'époque de François Clouet. Par son exécution, il ne rappelle d'ailleurs aucun des crayons contemporains connus.

> En buste de 3/4 à gauche. Il est coiffé d'une toque.

Bouchot, *Portraits*, p. 130.

Dessin aux crayons.

ÉPOQUE DE FRANÇOIS CLOUET

DE 1540 A 1572 ENVIRON

1° DESSINS ATTRIBUÉS A FRANÇOIS CLOUET

En 1825, la Bibliothèque royale acquit pour une somme insignifiante un album de cinquante-sept dessins du xvie siècle. Presque tous ces dessins portent, à la sanguine, le nom du personnage représenté. Sur l'un d'eux, en outre, on lit une signature à la sanguine, qui a paru être de la même main : *Fulonius fecit*. Ce Foulon, que nous retrouverons plus loin, à sa place chronologique, a donc été vraisemblablement le possesseur de l'album, mais sa manière, très caractéristique, se reconnaît seulement sur une quinzaine de dessins. Tous les autres (à l'exception de quatre ou cinq numéros) forment une série parfaitement homogène, composée aux environs de 1560-72, d'une exécution hors de pair. Quand on remarque, comme l'a fait H. Bouchot, que Foulon est le propre neveu de François Clouet et que sa mère n'a pas été oubliée dans le testament de celui-ci, il est parfaitement légitime de se demander si l'album en question n'a pas été commencé par François Clouet, légué par lui à son neveu Foulon et continué par ce dernier.

François Clouet, dit Janet, fils de Jean Clouet, était de son temps, comme il est de nos jours, le plus illustre des peintres français du xvie siècle : « honneur de nostre France », dit Ronsard ; « homme sans controverse, le premier en son art,... peintre très excellent qui pour représenter vivement la nature, a passé tous ceux de nostre aage en son art, ajoute Muret, commentateur de Ronsard ; « le plus excellent ouvrier de ce temps-là », dit le sire de Vieilleville.

Né à Tours vers 1516, il remplaça son père en 1540 dans les fonctions de premier peintre du roi. Il resta attaché à ce titre, jusqu'à sa mort, en 1572, aux rois de France qui se succédèrent sur le trône. Ses gages s'augmentaient des bénéfices d'une charge de commissaire au Châtelet depuis 1551, de contrôleur général des effigies de la monnaie, depuis 1559. Comme son père, nous le voyons employé à des travaux de toutes sortes : il peint des bannières, il applique des armes et devises sur un « charriot branslant ». A la mort de François Ier et de Henri II, c'est à lui qu'on confie le soin de

N° 173

LE DUC D'ALBANY
époque de François Clouet

prendre à la cire l'empreinte du visage du feu roi, de disposer le mannequin royal, d'organiser les obsèques et pompes funèbres. Mais nous avons les témoignages écrits les plus formels de son activité comme peintre de portraits. Aussi pendant plus de deux siècles a-t-on attribué à Janet tous les portraits peints entre 1500 et 1620. Aujourd'hui, par une réaction peut-être excessive contre cette tendance, tous les Janet se sont évanouis, ou du moins on n'en trouve plus qui soient entièrement incontestés.

Nous considérons cependant comme lui ayant été attribués avec de très fortes raisons, les portraits peints de Charles IX à Vienne ainsi que l'Élisabeth d'Autriche du Louvre, et nous en tirons argument pour remonter à l'auteur de nos crayons.

Dans la série de dessins qui va suivre, on a joint à 35 crayons de l'album dit de Foulon 15 dessins, ayant appartenu autrefois à la bibliothèque Sainte-Geneviève, qui en étaient inséparables comme caractère. Nous espérons présenter ainsi un ensemble d'une incontestable unité. Non que tous ces dessins aient été faits dans des conditions identiques : on pourra y deviner en effet tantôt des croquis lestement enlevés d'après nature (comme la petite Marguerite de Valois), tantôt des dessins soigneusement repris à l'atelier (comme le du Guast ou le baron de Chateauneuf), peut-être maladroitement terminés par un aide dans les parties accessoires (comparer le costume du Coligny d'Andelot à celui de Jean Léaumont de Puygaillard et de Mme de Villeroy), tantôt de consciencieuses répétitions (voir les deux Charles IX), des calques même (comme Mme de Montrevel, du n° 177). Nous avons renvoyé dans un autre groupe les dessins contemporains qui se distinguaient de ceux-ci par des variantes plus importantes. Les cinquante et un crayons que nous avons retenus supposent une même façon de voir, de mêmes procédés d'exécution : nous y voyons l'œuvre ou l'influence directe d'un même artiste. Or parmi les dessins provenant de Sainte-Geneviève sont des portraits d'Élisabeth d'Autriche et de Charles IX qui répètent ou que répètent les portraits peints attribués à Clouet. Celui-ci n'est-il pas le seul artiste qui ait pu entre 1560 et 1572 (ce sont les dates extrêmes des crayons exposés ici) représenter d'après le vif, avec un tel bonheur, Charles IX, Élisabeth d'Autriche, les plus grandes princesses et les plus hauts seigneurs de la cour de France ? C'est ce qu'on ne peut évidemment affirmer de façon formelle, mais c'est ce qu'il paraît actuellement beaucoup plus difficile de nier.

174. Guy Chabot, baron de Jarnac, seigneur de Montlieu. — Fils de Charles Chabot et de Jeanne de Saint-Gelais, gentilhomme de la chambre du roi Charles IX et du duc d'Orléans, gouverneur et lieutenant général du roi en la ville de la Rochelle, maire perpétuel de Bordeaux, il avait hérité des fonctions de son père, après avoir été le favori de Henri II, à la suite de son fameux duel avec la Chateigneraie. On sait que ce duel, qui eut lieu le 10 juillet 1547, sur lettres de Henri II du 11 juin l'autorisant, avait eu pour motif des propos tenus par la Chateigneraie sur les relations de Jarnac avec sa belle-mère, Madeleine de Puy Guyon, seconde femme de son père, qui vivait encore à cette époque. Jarnac mourut en 1575.

En buste de 3/4 à droite ; petite toque à plumes, col très haut emboîtant le cou, ornements du plastron inachevés.

Bouchot, *Portraits*, p. 191. Publié par Bouchot, *Brantôme* et par Alph. Germain.

Dessin aux crayons

175. Jean de la Burte ou de Barta, sieur d'Aujac.

En buste de 3/4 à gauche, la tête découverte. Il porte un col très haut, une courte fraise et un manteau de jurisconsulte sur un vêtement ajusté.
A la sanguine, de la main dite de Foulon : [*M. de la Burte, chancellier de navarre*].

Bouchot, *Portraits*, p. 136.

Dessin aux crayons.

176. La comtesse de Montrevel. — Hélène de Tournon, dame de Vassalieu, fut mariée en 1536 à Jean de la Baume, comte de Montrevel, déjà deux fois veuf ; elle se trouva veuve à son tour en 1552. Elle fut choisie en 1563 comme gouvernante du prince de Piémont et mourut après 1570.

En buste de 3/4 à gauche ; elle porte un chaperon de veuve. A son oreille, une tête de mort en pendant ; sur la poitrine, un ruban à liseré.
A la sanguine : de la main dite de Foulon, [*la comtesse de Montravel*].

Bouchot, *Portraits*, p. 217. Publié par Bouchot, *Brantôme*.

Dessin aux crayons.

177. La même.

En buste de 3/4 à gauche. Le chaperon est en partie inachevé et le corsage très sommairement indiqué.
Ce crayon est un calque médiocre du précédent.

Bouchot, *Portraits*, p. 218.

Dessin aux crayons.

178. Louis Dubois, sieur des Arpentis. — Il fut maître de la garde-robe du roi et gouverneur de Touraine.

En buste de 3/4 à gauche ; coiffé d'une petite toque à plumes, portant un vêtement ajusté et une courte fraise.

A la sanguine, de la main dite de Foulon : [*M. d'Arpantie*].

Bouchot, *Portraits*, p. 166.

Dessin aux crayons.

179. Jeune homme anonyme. — A quelque ressemblance avec le précédent, mais il est sensiblement plus jeune, malgré un costume contemporain.

En buste de 3/4 à gauche ; il porte un vêtement ajusté, une courte fraise et une petite toque sans plumes.

Bouchot, *Portraits*, p. 254.

Dessin aux crayons.

180. Jeune homme anonyme.

En buste de 3/4 à gauche, coiffé d'une toque, l'habit très ajusté, le col très haut terminé par une courte fraise.

Bouchot, *Portraits*, p. 255.

Dessin aux crayons.

181. François de Coligny, seigneur d'Andelot. — Colonel général de l'Infanterie, frère de l'amiral de Coligny et neveu du connétable de Montmorency, il mourut en 1569. Le seigneur d'Andelot prit part à presque toutes les guerres de son temps ; il se montra toujours, dit Brantôme, « haut à la main et peu endurant ».

En buste de 3/4 à gauche ; il est coiffé d'une toque et vêtu d'un manteau dont le col est relevé.

A la sanguine, de la main dite de Foulon : [*Dandelot Coligny*].

Un autre portrait dessiné du même personnage est conservé au Cabinet des Estampes.

Bouchot, *Portraits*, p. 133. Publié par Alph. Germain.

Dessin aux crayons.

182. Gaspard II de Coligny, seigneur de Chatillon-sur-Loing. — Fils de Gaspard de Coligny et de Louise de Montmorency, sœur du connétable Anne de Montmorency. Henry II, qui le tenait en très grande estime, l'avait fait chevalier de son ordre et l'avait créé colonel général de l'infanterie française, qu'il réorganisa entièrement. En 1552, le roi le nomma amiral de France. A la mort d'Henry II, l'amiral de Coligny se mit à la tête des protestants et devint leur véritable chef ; il fut tué en 1572, le jour de la Saint-Barthélemy.

En buste de 3/4 à gauche ; coiffé d'une toque ornée de pierreries, il porte l'ordre de Saint-Michel sur la poitrine et a le col de son pourpoint relevé.

Bouchot, *Portraits*, p. 161. Publié par Niel, par Alph. Germain.

Dessin aux crayons.

183. Le même.

En buste de 3/4 à droite ; coiffé d'une toque. Les habits ne sont qu'indiqués.

Bouchot, *Portraits*, p. 161. Publié par Niel, t. II.

Dessin aux crayons.

184. Le même.

Tête de 3/4 à gauche. La figure seule terminée, la toque est à peine indiquée.

L'exécution de ce portrait, ainsi que de quelques autres signalés plus bas, est un peu différente de celle des portraits voisins.

Bouchot, *Portraits*, p. 161.

Dessin aux crayons.

185. Élisabeth de Valois, reine d'Espagne (?). — Née en 1545, d'Henri II et de Catherine de Médicis, elle épousa en 1559 Philippe II d'Espagne, qui avait plus du double de son âge. Elle avait eu auparavant, entre autres prétendants, le propre fils de Philippe, don Carlos. On sait comment Schiller, dans une pièce célèbre, a dramatisé ce fait. La vie d'Élisabeth paraît avoir été fort triste à la cour d'Espagne. Elle ne fit en France qu'un court séjour en 1565, et mourut à vingt-trois ans. On ne manqua pas de dire qu'elle avait été empoisonnée. Brantôme proclame Élisabeth « fort belle et d'un courage fort constant,... princesse la meilleure qui ait été de son temps et autant aimée de tout le monde ». Les cheveux blonds que lui prêtent ses portraits sont une concession faite à la mode par le peintre

N° 183

GASPARD DE COLIGNY

époque de François Clouet

ou par le modèle, car elle avait naturellement les cheveux du plus
beau noir.

> En buste de 3/4 à 'gauche. Les cheveux, coiffés en arcelets, sont enfermés
> dans un escoffion orné de pierreries. La guimpe transparente, serrée au cou
> par un collier, se termine en courte fraise. Une perle pend à l'oreille et une
> chaîne retombe sur la poitrine.
> Catherine-Charlotte de La Trémouille, princesse de Condé, qu'on a cru recon-
> naître dans ce portrait, n'avait que cinq ans environ à la date indiquée par le
> costume.
> A rapprocher de divers crayons d'Arras et de Chantilly, d'un portrait peint
> de Versailles et de la statue agenouillée de l'Escurial. Voir aussi le n° suivant
> ainsi qu'un autre crayon conservé au Cabinet des Estampes.
>
> Bouchot, *Portraits*, p. 173.
>
> *Dessin aux crayons.*

186. La même.

> Par son exécution, ce portrait est un peu différent de ceux qui l'entourent.
> En (buste de 3/4 à gauche ; coiffée en arcelets, portant l'escoffion et une
> guimpe transparente terminée en courte fraise et serrée au cou par un collier.
>
> Bouchot, *Portraits*, p. 173. Publié dans Bouchot, *Quelques dames*,
> p. 127.
>
> *Dessin aux crayons.*

187. Frédéric de Gonzague. — Fils du duc de Mantoue, né en 1540,
créé à 23 ans cardinal puis évêque de Mantoue, malgré les murmures
des Pères assemblés au concile de Trente, mort le 21 février 1565.
— Sans doute avait-il accompagé son frère Louis de Gonzague (né en
1539), qui était allé chercher fortune en France et qui y fit souche des
ducs de Nevers.

> En buste de 3/4 à gauche ; la tête découverte, portant un manteau ecclé-
> siastique, paraissant environ dix-sept ans d'âge.
> A la sanguine, de la main dite de Foulon : [*M. de Mantoue*].
>
> Bouchot, *Portraits*, p. 184.
>
> *Dessin aux crayons.*

188. Jean de Léaumont, sieur de Puygaillard. — Grand maréchal
des camps et armées du roi, conseiller au Conseil d'État et privé,

lieutenant pour Sa Majesté en son armée de Picardie, gouverneur d'Anjou, mort en 1584.

En buste de 3/4 à gauche; la tête découverte. Il porte un justaucorps et et une courte fraise.

A la sanguine, de la main de Foulon : [M^r DE PUYGAILLARD].

Bouchot, *Portraits*, p. 225. Publié par Alph. Germain.

Dessin aux crayons.

189. Marguerite de Valois, reine de Navarre (?). — Sœur des rois Charles IX et Henri III. Fille de Henri II et de Catherine de Médicis, la célèbre reine Margot naquit à Saint-Germain-en-Laye le 14 mai 1553. D'abord duchesse de Valentinois, et maîtresse du duc de Guise, elle dut épouser le 18 août 1572 le futur Henri IV qui répugnait autant qu'elle à cette alliance. Après qu'elle eût mené une existence assez légère qui la brouilla aussi bien avec son frère Henri III qu'avec son mari, ce dernier la fit interner en 1583 à Usson; elle en séduisit le gouverneur, Canillac, avec lequel elle vécut en bon accord plusieurs années. Elle consentit à divorcer avec Henri IV en faveur de Marie de Médicis, après avoir longtemps refusé de le faire en faveur de Gabrielle d'Estrées. Elle est connue par des poésies et des mémoires. Elle mourut le 27 mars 1615.

Buste d'enfant de 3/4 à gauche ; coiffée en arcelets et portant un escoffion. Corsage décolleté en carré, manches bouillonnées; au cóu, ruban laissant pendre sur la poitrine une médaille ou un bijou seulement indiqué.

Comparer l'exécution de ce dessin à celle du n° 186.

Le cabinet des Estampes possède un autre crayon représentant Marguerite enfant (Na 21).

Bouchot, *Portraits*, p. 209. Publié par Bouchot, *Brantôme*, par Alph. Germain et par J. Guiffrey, *Rev. de l'Art*, 1905.

Dessin aux crayons.

190. La même.

En buste de 3/4 à gauche ; coiffée de cheveux frisottés sur les tempes et dont les tresses sont maintenues en sorte de chignon par des bijoux. La partie inférieure du corsage est seulement esquissée, le haut en est formé par une guimpe bouillonnée à collerette montante serrée au cou par un mince collier de perles fines.

N° 189

MARGUERITE DE VALOIS, reine de Navarre (?)
attribué a François Clouet

A rapprocher d'une peinture et d'un crayon de Chantilly.

Voir aussi le n° 239. Le cabinet des Estampes possède encore deux autres crayons représentant Marguerite (Na 21 a).

Bouchot, *Portraits*, p. 210. Publié par Bouchot, *Quelques dames* et par Alph. Germain.

Dessin aux crayons.

191. Robert IV de la Marck, duc de Bouillon. — Il était chevalier de l'ordre du roi, capitaine des Suisses de la Garde et maréchal de France. En 1550, le roi Henri II l'envoya en ambassade au pape Jules III. Il mourut en 1556, empoisonné, dit-on, par les Espagnols dont il avait été prisonnier.

Il est représenté de 3/4 à gauche ; la tête découverte, il porte un collier à trois rangs.

Il est représenté dans un autre crayon du cabinet des Estampes (Na 21 a).

H. Bouchot, *Portraits*, p. 144. Publié par Alph. Germain.

Dessin aux crayons.

192. Henri Robert de la Marck, duc de Bouillon et prince de Sedan. — Fils du précédent, il était, par sa mère, petit-fils de Diane de Poitiers et, par son père, de Florenges l'aventureux. Il mourut en 1574.

Il est représenté en buste de 3/4 à gauche, coiffé d'un chapeau et porte le collier de l'ordre de Saint-Michel.

H. Bouchot, *Portraits*, p. 144.

Dessin aux crayons.

193. Mme Liébault. — On ignore ce que fut cette jeune bourgeoise, dont le mari n'est pas plus qu'elle-même mentionné dans les Mémoires du temps.

En buste de 3/4 à gauche ; portant le chaperon, tombant à plat sur le front, des dames de la bourgeoisie.

II. Bouchot, *Portraits*, p. 285.

Dessin aux crayons.

194. Denise de Fleury. — Née peu après 1544, fille de Nicolas de Neuville de Villeroy. Ce nom a été porté pendant quatre générations par de bons serviteurs des rois de France, tous secrétaires du roi et des finances, depuis Louis XII, jusqu'à Louis XIII. Le quatrième des

Nicolas de Villeroy, frère de Denise, mentionné ici par une inscription de Foulon, avait la réputation d'être l'un des plus sages et des plus habiles courtisans du siècle. Denise de Neuville épousa en 1568 Clausse de Fleury, grand-maître des eaux et forêts.

> En buste de 3/4 à gauche ; coiffée en arcelets et portant l'escoffion. Le corsage et le col seulement indiqués.
>
> A la sanguine, de la main dite de Foulon : [*Mad⁰ de Fleury sœur de M. de Villeroy.*]
>
> Bouchot, *Portraits*, p. 179.
>
> *Dessin aux crayons.*

195. Françoise d'Orléans, princesse de Condé. — Fille posthume de

François d'Orléans, marquis de Rothelin ; elle devint en 1565 la deuxième femme du célèbre Louis de Bourbon, premier prince de Condé, malgré l'attachement que celui-ci avait alors pour la belle Mlle de Limeuil. La victoire de la princesse fut si complète qu'elle décida son mari à se faire renvoyer les bijoux qu'il avait autrefois offerts à sa maîtresse. Il serait difficile de transcrire ici la réponse qui, selon Brantôme, accompagna cette restitution. Françoise de Condé, quoique légèrement boîteuse, était, paraît-il, « extrême en beauté ». Quand elle se trouva veuve, quelques années après, Henri III lui demanda, malgré son deuil, de danser en habit de drap d'or aux fêtes du sacre. Ce n'était point alors contraire aux usages. Elle refusa dans la suite tous les mariages qui lui furent proposés, et mourut en 1601.

> En buste de 3/4 à gauche ; coiffée d'une petite toque à plumes et d'une résille en escoffion. Sur la poitrine un double collier.
>
> A la sanguine, de la main de Foulon : [*Mad⁰ la princesse de Condé qui regentoit à Tours*].
>
> Bouchot, *Portraits*, p. 162.
>
> *Dessin aux crayons.*

196. Jeanne d'Albret.

> En buste de 3/4 à gauche ; elle porte un chaperon de deuil. Un double collier de perles lui entoure le cou et tombe sur la poitrine ; les pans du chaperon sont ramenés par devant.
>
> A la sanguine, de la main dite de Foulon : [*Jehanne d'Albret*]. Au crayon : [*mère de Henri 4⁰*].
>
> Elle est représentée dans plusieurs autres crayons conservés au Cabinet des Estampes.
>
> Bouchot, *Portraits*, p. 192.
>
> *Dessin aux crayons.*

N° 194

DENISE DE VILLEROY, DAME DE FLEURY
attribué à François Clouet

197. Gui du Faur, sieur de Pybrac. — 1529-1584; chancelier du duc d'Alençon, puis du roi de Navarre, président au parlement de Paris. Accusé de duplicité en 1581 par Marguerite de Valois, dont il était le confident et le conseiller, il se défendit en des lettres d'une grande dignité. Son esprit était aussi apprécié que sa sagesse, et ses quatrains étaient très admirés des contemporains.

> En buste de 3/4 à droite ; la tête coiffée d'une barrette et portant un manteau.
> A la sanguine, de la main dite de Foulon : [Mʳ DE PIBRAC].
> Il est représenté dans trois autres crayons du Cabinet des Estampes (Na 21 et Coll. Lallemant de Betz).
>
> Bouchot, *Portraits*, p. 226. Publié par Alph. Germain.
>
> *Dessin aux crayons.*

198. Diane de France, duchesse d'Angoulême. — Elle était fille naturelle du roi Henri II et d'une Piémontaise, Philippe Duc ; Diane de Poitiers était sa marraine. Le 13 février 1552, elle avait épousé Horace Farnèse, duc de Castro, qui fut tué en 1554. Mariée en secondes noces à François de Montmorency, en 1557, elle devint veuve pour la deuxième fois en 1579 ; elle avait à peine quarante ans. Brantôme raconte qu'elle ressemblait beaucoup à son père et partageait ses goûts pour les exercices du corps : jamais, dit-il, « dame n'avait été mieux à cheval ni de meilleure grâce ». Cette princesse se montra toujours très dévouée à ses frères, Charles IX et Henri III ; Henri IV appréciait beaucoup son bon jugement et sa droiture de caractère, il la tint toujours en haute estime. Elle mourut en 1619 âgée de quatre-vingts ans, à Paris, et fut enterrée dans la chapelle d'Angoulême au couvent des Minimes.

> En buste de 3/4 à gauche ; elle est coiffée d'un chaperon et porte une collerette sur laquelle est un collier.
> La collection Gaignières, du Cabinet des Estampes, renferme une aquarelle représentant son tombeau ; la même collection renferme un portrait de cette princesse. (Oa 18). Le musée du Louvre possède un portrait d'elle.
>
> H. Bouchot, *Portraits*, p. 134.
>
> *Dessin aux crayons.*

199. Albert de Gondi, duc de Retz (?). — Né à Florence en 1522, il vint en France avec Catherine de Médicis. Son talent pour l'intrigue, son esprit d'aventures, son peu de scrupules, la faveur de la reine et

la généalogie fantaisiste dont il se para lui permirent d'arriver rapidement. La baronnie de Retz, que lui apporta sa femme Catherine de
Clermont (voir le n° suivant), fut érigée pour lui en duché. Il fut
nommé pair, maréchal de France et général des galères du roi. Il
mourut en 1602.

> En buste de 3/4 à gauche ; la tête découverte. Il porte un vêtement ajusté
> et une courte fraise.
>
> Bouchot, *Portraits*, p. 228.
>
> *Dessin aux crayons.*

200. Claude-Catherine de Clermont, duchesse de Retz. — Cousine de Brantôme, elle épousa de bonne heure Jean d'Annebaut, baron
de Retz et maréchal de France, qui fut tué en 1562 à la bataille de
Dreux. La jeune veuve n'eut pas de peine, dit-on, à accueillir avec
courage la nouvelle de cette mort. En 1565, elle épousa l'italien Albert
de Gondi, autre maréchal de France, dont elle devait faire un duc de
Retz (voir le n° précédent). L'épitaphe qui célèbre ses vertus et ses
talents rappelle qu'elle fut chargée de répondre en latin aux ambassadeurs polonais ; il faut chercher ailleurs le souvenir d'autres circonstances moins austères de sa vie, comme ce repas de Chenonceaux
où elle fit le service de la table royale dans le costume d'une nymphe
surprise au bain.

> En buste de 3|4 à gauche ; coiffée en arcelets et portant l'escoffion. Un
> bijou est attaché au cou par un double rang de perles ; un double collier
> retombe sur la poitrine.
> A la sanguine, de la main dite de Foulon : [*Mad^e de Retz*].
> N° 195 de l'exposition des primitifs.
> Le portrait peint de la coll. Czartoricky a été fait d'après ce crayon.
> La duchesse de Retz est représentée dans deux autres crayons du Cabinet
> des Estampes (Na 21a et Boîtes alphabétiques).
>
> Bouchot, *Portraits*, p. 228 ; publié par le même, *Quelques dames*, et
> *Brantôme.*
>
> *Dessin aux crayons.*

201. François, duc d'Alençon, enfant. — Frère de Henri III, cin-
quième fils d'Henri II et de Catherine de Médicis, né en 1554. Il fit ses
premières armes en 1573 au siège de la Rochelle, mais ce prince, envieux
de sa nature, ne tarda pas à comploter contre son père Henri III et à
se mettre à la tête du parti des politiques. L'histoire de sa vie est celle

d'un éternel mécontent ; après avoir rêvé du trône de France, après avoir failli devenir roi d'Angleterre en épousant la reine Elisabeth, il conquit difficilement une principauté dans les Pays-Bas et ne sut pas la garder. François d'Alençon mourut à Château-Thierry, le 10 juin 1583.

Nous remarquons dans ce crayon ce nez proéminent et très fort, caractéristique de sa physionomie, que nous retrouvons dans ses autres portraits, soit dans le livre d'heures de Catherine de Médicis, au Louvre, soit dans son propre livre d'heures conservé au Cabinet des manuscrits à la Bibliothèque Nationale.

C'est à propos de ce nez du duc d'Alençon que les vers suivants furent faits :

> François ne soyez étonnès
> Si à François voyez deux nez
> Car par droit, raison et usage
> Faut deux nez à double visage.

En buste de 3/4 à gauche ; coiffé d'une toque ornée de plumes ; son habit est garni de fourrures. Il est âgé de cinq à dix ans.

Bouchot, *Portraits*, p. 131.

Dessin aux crayons.

202. Madame Zamet. — C'est à la cour de Catherine que Madeleine Leclerc du Tremblay, connut le fameux Zamet. Il était né à Lucques en 1549 et fils d'un cordonnier. A son arrivée en France, il fut attaché à la personne d'Henri III, sut se rendre indispensable et acquit en peu de temps une fortune colossale. Naturalisé Français en 1581, il se qualifiait de baron de Murat et Billy, conseiller du roi, capitaine et surintendant des bâtiments du château de Fontainebleau, lorsqu'il se décida à épouser Madeleine Leclerc, dont il avait déjà deux enfants. Plus tard, il devint surintendant de la maison de la reine, s'enrôla dans la Ligue, fut intime de Mayenne, ce qui ne l'empêcha pas de devenir le confident d'Henri IV à qui il rendait des services de toutes natures. C'est en son magnifique hôtel de la rue de la Cerisaie près de l'Arsenal, que Gabrielle d'Estrées se sentit brusquement atteinte de la maladie qui devait l'emporter. D'Aubigné seul se fait l'écho des soupçons qui tombèrent alors sur Zamet. Il conserva la confiance de Henri IV, logea dans son hôtel Marie de Médicis en attendant que les appartements de la reine au Louvre fussent aménagés, fut en bons rapports avec Concini et mourut en 1614. Sa femme lui survécut d'un an.

> En buste de 3/4 à gauche ; coiffée en arcelets et portant l'escoffion. De nombreux bijoux distribués autour du cou, sur la poitrine et sur les manches.
> A la sanguine, de la main dite de Foulon : [*Madame Zamet*].
> Elle est représentée dans un autre crayon du Cabinet des Estampes.

> Bouchot, *Portraits*, p. 218.

Dessin aux crayons.

203. Claude II de l'Aubespine, baron de Chateauneuf. — Secrétaire d'État pour les finances en 1543. Il fut chargé de plusieurs missions diplomatiques, entre autres de négociations avec la cour d'Angleterre en 1544, en compagnie du cardinal du Bellay. Il représenta aussi le roi aux traités de Calais et de Cateau-Cambrésis. Ce fut un des plus fidèles serviteurs de la reine Catherine de Médicis, qui le tenait en très haute estime.

> En buste de 3/4 à gauche. Il est coiffé d'une toque, le collet de son pourpoint se termine par une fraise de petite dimension.
> Bouchot, *Portraits*, p. 158.

Dessin aux crayons.

204. Madeleine de Villeroy. — Fille du précédent, Madeleine de l'Aubespine, née en 1546, épousa en 1562 Nicolas de Neuville-Villeroy que Brantôme qualifie de « très grand et nompareil de la chrestienté pour les affaires d'estat » ; elle fut célébrée par Ronsard pour son esprit et sa beauté, et mourut en 1596.

> En buste de 3/4 à gauche ; coiffée en arcelets, et portant l'escoffion.
> A la sanguine, de la main dite de Foulon : [*Madame de Villeroy*].
> Au crayon : [*femme du secrétaire d'Estat*].

> Bouchot, *Portraits*, p. 253. Publié par Alph. Germain, p. 253.

Dessin aux crayons.

205. Françoise de Laval, princesse de Guéménée. — Fille de René de Laval, seigneur de Boisdauphin, elle fut mariée d'abord au marquis Henri de Lenoncourt, qui était en 1570 gentilhomme de la chambre du

Nº 203

CLAUDE DE L'AUBESPINE, baron de Châteauneuf
attribué à FRANÇOIS CLOUET

duc d'Alençon. Après sa mort en 1584, elle épousa Louis VI de Rohan, prince de Guéménée, et mourut en 1615.

En buste de 3/4 à gauche ; coiffée en arcelets et portant l'escoffion. Corsage brodé et orné de bijoux. A l'oreille, un pendant portant le monogramme de Catherine de Médicis.

A la sanguine, de l'écriture dite de Foulon : [*Mad^e de Lenoncourt*].

Bouchot, *Portraits*, p. 185. Publié par Alph. Germain.

Dessin aux crayons.

206. Renée de Rieux, demoiselle de Chateauneuf, dite la belle Chateauneuf (?). — Fille de Jean de Rieux et de Béatrix de Jonchères. Fille d'honneur de Catherine de Médicis, elle sut plaire à Henri II, alors duc d'Anjou et devint sa maîtresse ; mais ce roi, peu constant de sa nature, ne tarda pas à l'abandonner, pour Marie de Clèves, princesse de Condé. Il eut même la cruauté de donner à cette dernière tous les bijoux que Renée de Rieux lui avait offerts, afin, dit Brantôme, de bien montrer à sa nouvelle maîtresse qu'il avait rompu avec sa rivale. Renée de Rieux épousa d'abord le florentin Antinotti, qu'elle tua en 1577 ; elle se remaria plus tard, à Philippe Altoviti, baron de Castellane.

En buste de 3/4 à gauche ; coiffée d'une toque à plumes : elle porte au cou un collier de perles et sur la poitrine un autre collier à trois rangs.

Ce crayon présente un intérêt particulier à cause des notes manuscrites de l'auteur, indiquant les couleurs, qui se lisent dans les plumes et sur le toquet.

Un sonnet de Desportes, cité par L. de Laborde, nous apprend qu'un portrait de la belle Chateauneuf a été exécuté par Jean de Court, vraisemblablement vers 1574.

Bouchot, *Portraits*, p. 266. Publié par Bouchot, *Brantôme*.

Dessin aux crayons.

207. Louis de Béranger Du Guast. — Né vers 1545. C'est le « grand ami » de Brantôme qui ne se lasse pas de raconter ses prouesses et ses bons mots. Très en faveur auprès de Henri III, il le conseillait bien, dit-on, mais lui coûtait fort cher. Son caractère et son influence lui firent de nombreux ennemis. Marguerite de Valois ne lui pardonna jamais les mauvais propos qu'il avait tenus au roi sur son compte. C'est peut-être à l'instigation de la reine de Navarre que le baron de Viteaux, en 1575, pénétra une nuit chez du Guast et l'assassina. Vitteaux, qui avait déjà sur la conscience le meurtre d'Antoine d'Alègre fut tué à son tour par le fils de ce dernier (cf. le n° 272).

> En buste de 3/4 à gauche ; il porte les cheveux relevés et la barbe en pointe ; une courte fraise ornée de broderies et un vêtement ajusté.
> A la sanguine, de la main de Foulon : [*Monsr le Guast*].
> Au crayon, [*quy fut tué par le baron de Viteaux*].
>
> Bouchot, *Portraits*, p. 169. Publié par Bouchot, *Quelques dames*, et par Alph. Germain.

Dessin aux crayons.

208. Mme de Schomberg. — Jeanne Chastaignier de la Roche Posay, née en 1539, femme : 1° de Henri Clutin, seigneur de Villeparisis ; 2° de Gaspard de Schomberg, comte de Nanteuil, qu'elle épousa le 15 juillet 1573, morte à Nanteuil-le-Haudouin le 23 décembre 1622.

> En buste de 3/4 à gauche ; elle est coiffée d'un chaperon de deuil et porte une collerette avec un collier de perles.
> A la sanguine, de la main dite de Foulon : [*Mme de Schonberg, la mère*].
> Au crayon, de la main de D. Dumonstier(?) : [*grand'mère de Madame de Lyancourt*].
> Elle est représentée dans un autre crayon conservé au Cabinet des Estampes (Ne 31).
>
> Bouchot, *Portraits*, p. 237.

Dessin aux crayons.

209. Philippe Strozzi. — IIIe du nom, seigneur d'Épernay et de Bressuire, colonel général de l'Infanterie française. Né à Venise en 1541, prit part aux combats de Saint-Denis, de Jarnac, de Moncontour et fut tué dans l'expédition des Açores le 26 juillet 1582. Brantôme, son ami, trouve que « son visage quasi barbare, reffroigné et noi- « raud, n'estoit guière remply de cruauté » mais que cependant il en fit une qui dépassa toutes celles de Brissac quand, aux Ponts-de-Cé, trouvant ses compagnies embarrassées par trop de femmes de mœurs légères, il en fit jeter d'un coup huit cents à l'eau « qui, piteusement, « crians à l'ayde, furent toutes noyées par trop grande cruauté, « laquelle ne fut jamais trouvée belle de nobles cœurs, et mesmes des « dames de la court, qui l'en abhorarent estrangement et l'advisarent « longtemps de travers. »

> En buste de 3/4 à gauche ; une perle à l'oreille. Daté, à la sanguine [1567].
> Voir la gravure de *Rabel*.
>
> Bouchot, *Portraits*, p. 240.

Dessin aux crayons.

N° 207

LOUIS DE BÉRANGER DU GUAST
attribué à François Clouet

210. Charles IX, roi de France. — Né en 1550, règne de 1560 à 1574.

En buste de 3/4 à gauche ; il porte une toque à plumes et une collerette emboîtant le cou. Une perle à l'oreille en pendant. Agé d'environ 25 ans.
Au crayon [*Charles 9*].
Comparer aux portraits peints de Vienne et du Louvre.

Bouchot, *Portraits*, p. 157.

Dessin aux crayons.

211. Charles IX, roi de France.

Réplique du précédent.
A été exposé aux Primitifs français.

Bouchot, *Portraits*, p. 156. Publié par Alph. Germain.

Dessin aux crayons.

212. Élisabeth d'Autriche, reine de France. — Fille de l'empereur Maximilien II et petite-fille de Charles-Quint, elle n'avait que dix-sept ans quand elle fit son entrée solennelle à Paris, en 1571, après son mariage avec Charles IX. Timide et effacée, parlant mal le français, ne s'accommodant guère des modes et des mœurs de la cour, elle fut bientôt délaissée par le roi et resta une étrangère dans son milieu. La résignation muette avec laquelle elle supporta son abandon, l'horreur que lui causèrent les violences des partis politiques sont dépeintes d'une façon touchante par des contemporains cependant enclins à la médisance et à la raillerie. Après la mort de Charles IX, elle refusa les brillants mariages qui lui étaient proposés, quitta la France en 1575, laissant son unique fille aux mains de Catherine de Médicis, se retira à Vienne, dans le couvent de Sainte-Claire qu'elle avait fondé, et y mourut, âgée de trente-huit ans à peine, en 1592.

En buste de 3/4 à gauche ; coiffée en arcelets, portant un escoffion et une courte fraise. Des perles et des joyaux couvrent sa coiffure, son col, son corsage à épaulières et sa guimpe bouillonnée.
A comparer, au point de vue de l'exécution, avec les nᵒˢ 186 et 189.
D'après ce crayon ont été peints les portraits de Chantilly et du Louvre. Cf. aussi les portraits peints de Versailles et d'Azay-le-Rideau.

Bouchot, *Portraits*, p. 172. *Primit. fr.*, nᵒ 199. Publié par Niel ; par Bouchot, *Quelques dames.*

Dessin aux crayons.

213. La même.

En buste de 3/4 à gauche ; les cheveux relevés sur les tempes et couverts d'un béguin de deuil. Elle porte une courte fraise et un corsage uni.

Si cette œuvre doit être attribuée à Fr. Clouet, il faut admettre qu'Elisabeth porte ici un deuil autre que celui de son mari, car elle fut veuve seulement deux ans après la mort de Fr. Clouet.

Bouchot, *Portraits*, p. 172. Publié par Bouchot, *Quelques dames*.

Dessin aux crayons.

214. Henri III, alors duc d'Anjou (?). — Né en 1551, roi de France de 1574 à 1589.

Ce crayon, très voisin d'un portrait peint de Chantilly, était considéré comme représentant le duc d'Alençon (voir les nᵒˢ 201 et 250). M. L. Dimier, en le rapprochant notamment d'une miniature du livre d'Heures de Catherine de Médicis au Louvre, paraît avoir démontré qu'il s'agit bien ici d'Henri III. Comme Henri III a été peint par Jean de Court avant 1574, M. Dimier se demande en outre si notre crayon ne doit pas être attribué à Jean de Court (*Gazette*, nov. 1902.)

En buste de 3/4 à droite ; coiffé d'une toque ornée de plumes, il porte une chaîne de joaillerie sur la poitrine.

Bouchot, *Portraits*, p. 131. Publié par Niel, t. II, et par L. Dimier.
Dessin aux crayons.

215. Françoise Babou de la Bourdaisière, dame d'Estrées. —

Mariée en 1559, à Antoine d'Estrées, marquis de Cœuvres qui fut plus tard grand-maître de l'artillerie de France, elle en eut trois filles, dont la célèbre Gabrielle d'Estrées (voir le nᵒ 291) et Diane de Balagny (voir le nᵒ 265) qui firent leur apparition, sous sa conduite, à la cour de Catherine de Médicis. Elle-même, après avoir fait deux ou trois passions parmi les compagnons immédiats de Brantôme, abandonna son mari pour s'attacher à la fortune d'Ives d'Alègre, baron de Milhau, colonel d'infanterie légère, homme fort laid mais aventurier renommé (voir le nᵒ 272). Elle était âgée de cinquante ans quand il l'emmena dans son gouvernement d'Issoire en 1592. Exaspérés par les exactions du gouverneur, les habitants firent sauter une nuit les portes de sa maison et le tuèrent. Françoise, poursuivie en chemise jusque dans la ruelle des servantes, s'écriait : « Voulez-vous donc tuer aussi les

Nº 209

PHILIPPE STROZZI
attribué à FRANÇOIS CLOUET

femmes ? » — « La chienne avec le chien ! » lui aurait répondu l'un des conjurés en la frappant d'un coup de couteau.

En buste de 3/4 à gauche. Les cheveux, relevés sur les tempes, sont enfermés dans un chapeau de deuil. La guimpe transparente, serrée au cou par un collier, se termine en courte fraise.

A la sanguine, de la main dite de Foulon: [Mᵉ DESTREE].]

A été dite à tort Catherine de Bourbon.

Bouchot, *Portraits*, p. 177. Publié par Alph. Germain ; par Bouchot, *Quelques dames*.

Dessin aux crayons.

216. Jacqueline de Longwy-Givry, comtesse de Bar-sur-Seine, duchesse de Montpensier . — Mariée en 1538 à Louis de Bourbon, duc de Montpensier ; morte en 1561. Brantôme et de Thou s'accordent à dire que par son grand esprit, sa prudence au-dessus de son sexe, elle avait pris à la cour d'Henri II et de François II un grand ascendant.

En buste de 3/4 à gauche. Elle porte un chapeau et une fraise. Le corsage est ouvert sur la poitrine.

A rapprocher d'un crayon de Chantilly.

Bouchot, *Portraits*, p. 217. Publié par Bouchot, *Brantôme.*

Dessin aux crayons.

217. Léonore Breton, dame Du Goguier.

En buste de 3/4 à gauche ; coiffée d'un chapeau à voile et portant une courte fraise.

A la sanguine, de la main dite de Foulon : [MADAME DU GOGUIER].

Bouchot, *Portraits*, p. 168.

Dessin aux crayons

218. Pierre IV d'Espinac. — Devint vers la fin du xviᵉ siècle archevêque de Lyon. Ligueur opiniâtre, il mourut de douleur, dit-on, en 1599, à la nouvelle des succès d'Henri IV.

En buste de 3/4 à gauche ; la tête découverte. Il porte une barbe en pointe ; ses épaules sont couvertes d'un camail.

xviiiᵉ s., à l'encre [*François Despinac archevêqᵉ de Lyon*],

xviiᵉ s., à la sanguine, de la main dite de Foulon : [*Mʳ de Morvilliers*].

Bouchot, *Portraits*, p. 176.

Dessin aux crayons.

219. Elisabeth Duval (?) — Fille de Marc Duval, et de Catherine Le Jolly, elle appartenait à une famille d'artistes et fut elle-même peintre de crayons dans la seconde moitié du xvie siècle. Un passage de la *Bibliothèque* de La Croix du Maine, signalé par L. de Laborde, nous donne quelques renseignements sur son père et sur elle-même : Marc Duval, surnommé Bertin, du nom de son beau-père, « nasquit es faubourgs de Saint-Vincent, près la ville du Mans, et c'estoit l'un des plus excellents de nostre temps pour le crayon et pour le burin, en gravure en taille douce, et encores pour la peinture en huille... Il a fait imprimer plusieurs visages de rois et roines, princes, princesses et grands seigneurs de France, lesquels il avoit lui mesmes gravez... » Nous avons de lui quelques gravures datées de 1579. Il mourut en 1581. « Il a laissé, après sa mort, une sienne fille nommée Élisabeth du Val, parisienne, fort excellente pour le crayon, et encores pour autres choses requises à la pourtraicture. »

En buste de 3/4 à gauche ; la physionomie souriante, elle est coiffée en arcelets et porte l'escoffion. La collerette festonnée, en étoffe transparente, est entr'ouverte sur la poitrine.

xvie s., crayon : [*Madam*^{lle} *du Val le Grand*].

Voir le n° 257.

Bouchot, *Portraits*, p. 171. Publié par Bouchot, *Quelques dames.*

Dessin aux crayons.

220. Philippe de Montespedon, princesse de La Roche-sur-Yon. — Veuve du maréchal de Montejeau, elle épousa Charles de Bourbon, prince de La Roche-sur-Yon. Elle accepta malgré les reproches du prince de Condé, qui l'accusait d'avilir son rang de princesse du sang, les fonctions de dame d'honneur de Catherine de Médicis et de surintendante de sa maison. Elle était donc comme la surveillante de cette cour un peu légère. Elle mourut le 12 avril 1578 et fut ensevelie dans le tombeau où reposaient déjà son mari et ses enfants au milieu du chœur de l'église de Beaupréau.

En buste de 3/4 à gauche ; coiffée d'un chaperon.

A la sanguine [*Mad. la princesse de la Roche-sur-Yon.*]

Cf. deux crayons (Ne 31 et Na 26) ainsi que la collection des tombeaux de Gaignières aux Estampes de la B. N.

Bouchot, *Portraits*, p. 198.

Dessin aux crayons.

N° 213

ÉLISABETH D'AUTRICHE, reine de France
attribué à François Clouet

221. Louise de Lorraine, reine de France (?). — Née le 30 avril 1553 à Nomény, Louise, fille de Nicolas de Lorraine, comte de Vaudémont. et de Marguerite d'Egmont, épousa Henri III le 15 février 1575.

Tenue à l'écart par Catherine de Médicis, et rapidement délaissée par Henri III, elle mena une vie de dévotion et de charité. Après l'assassinat de son mari, elle vécut alternativement dans ses châteaux de Chenonceaux et de Moulins, et mourut dans ce dernier le 29 janvier 1601. On l'enterra aux Capucins de la rue Saint-Jacques.

> En buste de 3/4 à gauche; coiffure relevée aux tempes avec atifet, fraise et corsage seulement esquissés.
>
> Pour attribuer à Fr. Clouet un portrait de Louise de Lorraine, il faudrait supposer le portrait exécuté avant 1572, et par conséquent avant le mariage de la reine.
>
> Comparer au n° 246 de la présente exposition, et à un portrait gravé de Rabel.
>
> Bouchot, *Portraits*, p. 207.

Dessin aux crayons.

222. Odet de Coligny, cardinal de Chatillon. — Évêque de Beauvais, pair de France, né en 1517. Mort en 1571. Neveu du connétable de Montmorency, frère aîné de l'amiral de Coligny et du seigneur d'Andelot, ce grand seigneur est une des plus curieuses figures du xvi⁰ siècle. Après avoir occupé les plus hautes dignités de l'Église, Odet de Coligny embrasse ouvertement la cause des réformés dont ses deux frères étaient les chefs. Excommunié par une bulle de Pie IV, le 31 mars 1563, il parut cependant en habit de cardinal au lit de justice tenu par Charles IX, le 16 août de la même année. Il devint bientôt le représentant attitré des protestants auprès de la reine Élisabeth. Le cardinal de Chatillon profita de sa rupture avec l'Église, pour épouser sa maîtresse Élisabeth de Hauteville.

Les contemporains sont unanimes à célébrer les belles qualités de son caractère… « C'était, dit Brantôme, un très sage et advisé homme de bien de prélat. Il fut faict cardinal fort jeune, à l'âge de dix-sept ans, à Marseille, par le pape Clément. Tant qu'il a porté ce vénérable habit rouge, il a fort paru à la cour et au conseil du roy, dont il en estoit et donnoit de très sages avis, car il avoit un bon savoir et aymoit fort ceux qui en avoient et en estoit le Mecenas de plusieurs. Il faisait plaisir à tout le monde et jamais n'en reffusa homme à lui en faire et jamais ne les abusa ny vendit des fumées de la court ».

Il mourut empoisonné à Hampton par son valet de chambre le 14 février 1571 et fut enterré à Canterbury.

En buste de 3/4 à gauche; la tête découverte, chauve, l'habit à peine indiqué.

A la sanguine: [*M^r le cardinal de Chastillon Colligny.*]

Le musée Calvet d'Avignon possède un portrait du cardinal, attribué à Corneille de Lyon.

Bouchot, *Portraits*, p. 159.

Dessin aux crayons.

223. Elisabeth de Hauteville, dame de Loré. — Femme du cardinal de Chatillon (Voir le portrait précédent). « C'était, dit Brantôme, une fort belle et honneste damoiselle de la maison de Madame de Savoie ». Après la mort du cardinal de Chatillon, elle porta le nom de comtesse de Beauvais ; elle mourut après 1611.

En buste de 3/4 à gauche; coiffée d'un béguin, les habits ne sont qu'indiqués.

A la sanguine : [*Mme de Chastillon.*]

Bouchot, *Portraits*, p. 158. Publié par Alph. Germain.

Dessin aux crayons.

224. Jeanne de Laval-Loué, dame de Senneterre La Ferté. — Jeanne de Laval, né le 3 septembre 1549, à Maillé, fille de Gilles II de Laval et de Louise de Sainte-Maure, épousa François, seigneur et comtour de Saint-Nectaire et de la Ferté Nabert, dite depuis la Ferté S.-Nectaire, ou Senneterre, bailli des montagnes d'Auvergne et lieutenant général au gouvernement de Metz en 1556. Il mourut vers 1595.

En buste de 3/4 à gauche ; elle est coiffée en arcelets et porte un escoffion et une fraise ; les dentelles et broderies du corsage sont inachevées.

XVIIe s. [*Mad^elle de Senneterre*].

Bouchot, *Portraits*, p. 194.

Dessin aux crayons.

N° 221

LOUISE DE LORRAINE, reine de France (?)
attribué à François Clouet

2º DESSINS D'ARTISTES DIVERS CONTEMPORAINS
DE FRANÇOIS CLOUET

Cette série comprend des crayons exécutés entre 1540 et 1575, c'est-à-dire, à deux ou trois ans près, pendant la maturité et la vieillesse de François Clouet. Il faudrait répéter à propos de chacun d'eux qu'il a été attribué autrefois à ce peintre, mais qu'il nous paraît se distinguer d'une façon plus ou moins nette des cinquante et un crayons énumérés plus haut et supposés de François Clouet.

Les portraits qui vont suivre se répartissent pour la plupart en quelques groupes bien tranchés.

C'est ainsi que les quatre premiers, le duc d'Orléans, Henri II, le jeune homme anonyme et le roi de Navarre, rappellent de très près divers portraits de Chantilly attribués par M. Moreau-Nélaton à Germain Le Mannier, peintre des enfants de Henri II, qui travaillait de 1537 à 1559 environ (Voir notamment les planches IX et X de son étude sur les Le Mannier). L'artiste que caractérise cette manière est celui que H. Bouchot désigne dans ses *Portraits* par l'abréviation Ga, et que M. L. Dimier appelle « l'Anonyme de 1550. » Comme les nᵒˢ 225, 226 et 228 ont appartenu à l'album dit de Foulon, on a pu d'autre part se demander si nous n'avions pas là des œuvres de la première manière de François Clouet.

Le portrait de Catherine de Médicis jeune (nᵒ 230) les deux portraits de Marie Stuart (nᵒˢ 234 et 235), celui de Marguerite de Valois (nᵒ 239) se rapprochent plus encore des œuvres attribuées à Clouet. Leur exécution plus pauvre et plus gênée fait cependant penser bien plutôt à des répliques exécutés par un élève assez ordinaire.

Plus voisins encore sont les portraits de Louise de Lorraine, la comtesse de Maulevrier, Madame de Kernevenoy et Diane de France (nᵒˢ 246 à 249). Mais l'âge des personnages représentés, leur costume, nous font supposer qu'ils ont été exécutés un peu après 1572, c'est-à-dire après la mort de Clouet. On peut, à titre d'hypothèse, les considérer comme l'œuvre d'un de ses collaborateurs immédiats.

Un autre groupement s'impose encore, celui des portraits de l'empereur et de l'impératrice d'Allemagne, du comte de Randan, de la comtesse d'Aremberg (nᵒˢ 242 à 245). L'auteur manie le crayon avec une certaine monotonie mais avec une honnêteté et une sûreté qui lui font une manière très caractéristique.

Signalons enfin dans dans les portraits de Catherine de Médicis âgée et de Charles IX (nᵒˢ 232 et 237) de François d'Alençon (nᵒ 250) une façon d'utiliser l'estompe, des procédés de coloration, qui annoncent déjà les crayons de la fin du xviᵉ siècle.

Il ne faut pas s'étonner de trouver dans une période relativement assez brève les traces de l'activité d'artistes assez nombreux. Même en faisant un choix parmi les noms de peintres qui travaillaient à la cour entre 1540 et 1572, nous trouvons les éléments d'une assez longue liste : Guillaume Bellin, Nicolas Belliart, peintre anglais et officier de François duc d'Alençon, Gentien Bourdonnois, qui avait travaillé avec Jean Clouet, Guillaume Boutelou, de Blois, qui fut adjoint en sous-ordre, à François Clouet sous Henri II et ses fils, Scipion Bruisbal, qui fut témoin au testament de François Clouet, Antoine Caron, déjà connu en 1540, le fameux Corneille de Lyon, attaché, dès la même date, à la maison du Dauphin, qui eut un fils et une fille peintres, Jean de Court, peintre du roi dès 1560, qui succédera plus tard à Clouet, Nicolas Denisot, Louis Desmazures, Étienne Ier et Cosme Dumonstier, tous deux fils de Geoffroy, Marc Duval, déjà signalé à propos du portrait de sa fille Élisabeth, Jean de Gourmont, Denys Gueserart, Nicolas et Christophe Labbé, Germain le Mannier, cité plus haut, et son frère Éloy, le célèbre émailleur Léonard Limosin, adjoint à Clouet depuis 1546, Pyramus Lucas, Roger de Rogery, René Tibergeau, le lorrain Pierre Woériot, etc... Ces peintres ne sont pas tous signalés expressément comme auteurs de portraits, mais quand on se souvient de la diversité des services que l'on exige alors d'un artiste, on peut penser qu'ils ont dû pour la plupart s'essayer dans un genre alors si fort en honneur.

225. Charles de Valois, duc d'Orléans. — Troisième fils de François Ier, il naquit en 1522, quatre ans après Henri II. Il eut, en 1542, le commandement de l'armée envoyée dans le Luxembourg contre l'empereur. Il mourut d'une pleurésie en 1545.

En buste de 3/4 à droite ; portant une petite toque à plumes et le collier de l'ordre.

A l'encre, xvie s. : [*M^r d'Orléans*].

Un autre exemplaire de ce portrait est à Chantilly.

Charles d'Orléans est encore représenté dans un dessin de la collection Lallemant de Betz, au Cabinet des Estampes.

Bouchot, *Portraits*, p. 222.

Dessin aux crayons.

226. Henri II. — Né en 1518, roi de France de 1547 à 1559.

En buste de 3/4 à gauche ; il est coiffé d'une toque et porte une perle en pendant d'oreille. Le petit col rabattu, le collier et le manteau sont à peine indiqués.

A l'encre, xvie s. et à la sanguine : [*le Roy henri 2*].

Henri II est représenté dans un autre dessin du Cabinet des Estampes (Na 21).

Bouchot, *Portraits*, p. 188.

Dessin aux crayons.

N° 228

ANTOINE DE BOURBON, roi de Navarre
époque de François Clouet

227. Jeune homme anonyme. — A passé pour Charles IX.

En buste de 3/4 à gauche ; coiffé d'une petite toque à plumes, le cou serré dans une courte fraise.

Bouchot, *Portraits*, p. 156.

Dessin aux crayons.

228. Antoine de Bourbon, roi de Navarre. — Fils de Charles de Vendôme et de Françoise d'Alençon. Il avait épousé Jeanne d'Albret, héritière du royaume de Navarre ; de leur mariage naquit Henri IV. Antoine de Bourbon mourut le 17 novembre 1562 d'une blessure reçue au siège de Rouen.

A mi-corps, de 3/4 à gauche ; il porte le collier de l'ordre et est coiffé d'une toque.

Bouchot, *Portraits*, p. 135.

Dessin aux crayons.

229. Jeanne d'Albret, reine de Navarre (?). — Née à Pau en 1528 ; fille unique de Marguerite de Navarre, sœur de François Ier et d'Henri d'Albret ; elle épousa en premières noces, à treize ans, le 13 juillet 1541, Guillaume, duc de Clèves, à Châtellerault, et en secondes noces, en 1548, Antoine de Bourbon, alors duc de Vendôme, dont elle eut le futur Henri IV. En 1540 elle succéda à son père comme reine de Navarre, et ayant embrassé le calvinisme en 1556, elle fit de ses États le refuge du protestantisme. Elle mourut le 4 juin 1572, empoisonnée, a-t-on dit, par Catherine de Médicis.

En buste de 3/4 à droite ; chaperon et collerette montante.
Bouchot, *Portraits*, p. 191. Publié par Niel, t. II.

Dessin aux crayons.

230. Catherine de Médicis, reine de France. — Née à Florence en 1519, fille de Laurent de Médicis, duc d'Urbin et nièce du pape Clément VII. Elle n'avait que treize ans lorsqu'elle vint en France pour épouser le futur Henri II. Son rôle à la cour de son beau-père et de son mari est des plus effacés. Quand elle eut enfin des enfants, après dix ans de mariage, leur faible santé obligea de les éloigner de la cour ; mais un peintre était attaché à leur personne, et de 1546 à 1552, Catherine ne cessait de lui réclamer de nouveaux portraits, « painctures » ou « créons », pour suppléer à cet éloignement. Il n'est pas nécessaire de rappeler comment, après la mort de Henri II, la reine prit le pouvoir et remplit la cour de ses intrigues sous le règne de ses trois fils, jusqu'à sa propre mort, en 1589.

En buste de 3/4 à gauche; elle a les cheveux moutonnés aux tempes et porte un chaperon à voile et une collerette montante continuée par un transparent jusqu'au haut du corsage décolleté. La reine est représentée sous les traits d'une jeune femme.

Bouchot, *Portraits*, p. 153.

Dessin aux crayons.

231. La même.

En buste de 3/4 à gauche; dans son costume de veuve. Une courte fraise surmonte le col. Les cheveux, châtains, moutonnés sur les tempes.
xvie s. [*la reine mère du roi*].
Catal. Exp. *Primit. fr.*, n° 380 [On voyait à la même exposition, sous les n°s 216 et 217, deux portraits peints d'après ce crayon].

Bouchot, *Portraits*, pp. 64 et 153. Publié par Niel, t. I.

Dessin aux crayons.

232. La même.

En buste de 3/4 à gauche. Les cheveux gris couverts d'un chaperon de deuil. Elle porte une collerette montante.

Bouchot, *Portraits*, p. 153. Publié par Bouchot, *Brantôme*.

Dessin aux crayons.

233. François II, roi de France. — Né en 1543, il règne de 1559 à 1560.

En buste de 3/4 à gauche; coiffé d'une toque à plumes et portant un collet de fourrure.

A rapprocher de deux autres crayons conservés au Cabinet des Estampes (Na 21).

Bouchot, *Portraits*, p. 181. Publié par Niel, t. I; par Moreau-Nélaton, pl. VIII.

Dessin aux crayons.

234. Marie Stuart, reine de France et d'Écosse. — Fille de Jacques V, roi d'Écosse, et de Marie de Croix; elle naquit à Linlithgow, le 8 décembre 1542. Quand elle fut promise en mariage au futur François II,

fils de Henri II, à l'âge de 6 ans, son fiancé était plus jeune qu'elle encore, Elle fut élevée à Saint-Germain, à la cour de France. La mort de François II, survenue le 5 décembre 1560, la contraignit, après un an de règne en France, à retourner en Écosse où l'attendaient on sait quelles tragiques aventures. Emprisonnée sur l'ordre de son ennemie mortelle, Élisabeth, le 18 mai 1568, Marie Stuart ne sortit de prison que dix-neuf ans après, et pour monter sur l'échafaud, le 7 février 1587.

En buste de 3/4 à droite ; ses cheveux roux sont maintenus par une coiffure de perles à l'italienne ; collerette montante avec collier de perles, chaîne de perles au corsage.

Bouchot, *Portraits*, p. 211. Publié par Niel.

Dessin aux crayons.

235. La même.

En buste de 3/4 à droite ; coiffée du béguin de veuve, jabot plissé.
A rapprocher d'un autre crayon conservé au Cabinet des Estampes (Na 21).

Bouchot, *Portraits*, p. 211. Publié par Niel, par Bouchot, *Quelques dames*, et Bouchot, *Brantôme*.

Dessin aux crayons.

236. Charles IX, enfant.

En buste de 3/4 à gauche ; il porte une petite toque à plumes et des fourrures au col.
A l'encre [*1561*.]
A rapprocher de plusieurs crayons conservés au Cabinet des Estampes (Na 21).

Bouchot, *Portraits*, p. 156.

Dessin aux crayons.

237. Le même.

En buste de 3/4 à droite ; il porte une petite toque à plumes et une courte fraise serrée au cou.
Sur le passe-partout : [*Charles neufiesme estan jeune, Roy de France.*]

Bouchot, *Portraits*, p. 156. Publié par Niel, t. I.

Dessin aux crayons.

238. Charles IX, jeune homme.

En buste de 3/4 à gauche ; il porte une petite toque à plumes et une courte fraise serrée au cou. Moustache et barbe naissantes.

Bouchot, *Portraits*, p. 157. Publié par Niel, t. I.

Dessin aux crayons.

239. Marguerite de Valois, reine de Navarre. — (Voir le n° 189).

En buste de 3/4 à gauche ; cheveux frisottés et retenus par un escoffion orné de brillants et de grosses perles. Corsage décolleté muni d'une guimpe transparente à collerette montante fermée par un collier semblable à l'escoffion. Sur la poitrine autre collier exclusivement de perles.

Bouchot, *Portraits*, p. 210. Publié par Niel.

Dessin aux crayons.

240. Marie de Clèves, princesse de Condé. — Fille de François de Clèves, duc de Nevers et de Marguerite de Bourbon-Vendôme, elle épousa en 1572 Henri de Bourbon, le deuxième des princes de Condé. C'était, dit-on, une beauté accomplie, et Henri III, qui l'aurait eu comme maîtresse avant qu'elle se mariât, aurait voulu l'obliger ensuite à divorcer. Elle mourut en couches en 1574.

En buste de 3/4 à gauche ; elle porte les cheveux légèrement bouffants aux tempes et une sorte de chaperon à voilette blanche seulement indiqué.

Ce crayon est évidemment le calque d'un original disparu. Il est très voisin d'un autre crayon du Cabinet des estampes qui est lui-même en tous points semblable à un portrait du Louvre, jusqu'à maintenant anonyme (N° 1027 du catal. des peintures. Coll. Sauvageot).

Bouchot, *Portraits*, p. 163.

Dessin aux crayons.

241. Melchior des Prés, seigneur de Montpezat. — Parent de Brantôme, vivait sous Henri II et ses fils. Il fut maître des Eaux-et-Forêts et sénéchal de Poitou, lieutenant du roi en Guyenne. Il eut l'honneur, alors très apprécié, d'être lieutenant dans la compagnie de gens d'armes du duc de Guise.

En buste de 3/4 à gauche ; portant une petite toque à plumes, un collet serré et une petite fraise emboîtant le cou.

Bouchot, *Portraits*, p. 217.

Dessin aux crayons.

242. Jean-Louis de la Rochefoucauld, comte de Randan. — Il s'affilia à la Ligue et fut tué en 1590, en voulant recouvrer la ville d'Issoire que la noblesse du parti du roi avait surprise.

En buste de 3/4 à gauche ; il porte une petite toque à plumes et une courte fraise.

Bouchot, *Portraits*, p. 227.

Dessin aux crayons.

243. Maximilien II, empereur d'Allemagne. — C'est le père d'Élisabeth d'Autriche. Né en 1527, il régna de 1564 à 1576.

En buste de 3/4 à droite ; il porte une petite toque Henri II et une courte fraise.

Publié par Niel, t. I (Le portrait est mis au nom de Henri II, par suite d'une erreur que signale le texte).

Bouchot, *Portraits*, p. 212.

Dessin aux crayons.

244. Marie, impératrice d'Allemagne. — Fille de Charles-Quint, elle avait épousé en 1548 l'empereur Maximilien II (voir le n° précédent). Elle mourut en 1603.

En buste de 3/4 à gauche, cheveux relevés ; elle porte une fraise, un escoffion, et un devant de corsage orné de plis.

Bouchot, *Portraits*, p. 211.

Dessin aux crayons.

245. La marquise de la Marck, comtesse d'Aremberg. — Fille de Robert, comte de la Marck et de Walpurge d'Egmont, mariée en 1547 à Jean de Ligne, baron de Barbançon, qui entra en France à la tête des troupes espagnoles appelées par Charles IX contre les Huguenots. Après la mort de son mari, elle vint à la cour en 1570 accompagner Elisabeth d'Autriche, lors du mariage de celle-ci avec Charles IX, et repartit presque aussitôt. « Il la faisait très beau voir, dit Brantôme, qui regrette ce départ,... c'était une très belle dame sage et vertueuse. »

En buste de 3/4 à gauche ; portant un serre-tête en escoffion, sur lequel est placée une toque à plumes. Sur les tempes, deux touffes de cheveux blonds en boules.

Cf. Arras, ms. 266, fol. 188.

Bouchot, *Portraits*, p. 135.

Dessin aux crayons.

246. Louise de Lorraine, reine de France (Voir le n° 221).

En buste de 3/4 à droite, coiffure en arcelets avec un escoffion à voile, prolongé sur le front par un bijou d'où pendent trois perles ; collerette tuyautée montante, double collier et chaîne de perles ; corsage orné d'une garniture de rubans, de brillants et de perles.

Bouchot, *Portraits*, p. 207. Publié par Niel.

Dessin aux crayons.

247. Françoise de Brezé, comtesse de Maulévrier (?). — Femme de Robert IV de la Marck, duc de Bouillon (n° 191). Elle était fille de Diane de Poitiers et du grand sénéchal Louis de Brezé. Elle mourut en 1575 et fut enterrée à Saint Yved de Braine. Son tombeau est figuré dans la collection Gaignières du département des manuscrits de la Bibliothèque Nationale, pièces originales, vol. 1841, fol. 126.

En buste de 3/4 à gauche ; elle est coiffée d'un escoffion et porte au cou un collier et une collerette plissée.

Bouchot, *Portraits*, p. 143.

Dessin aux crayons.

248. Françoise de la Baume, dame de Kernevenoy. — Fille d'Hélène Tournon, avait épousé en premières noces François de la Baume, baron de Saint-Sorlin. Elle était fille d'honneur de la reine Catherine et grande amie de Marguerite de Valois. Elle se remaria en 1566 à François de Kernevenoy qui était gouverneur d'Henri III ; ce fut un mariage de raison, car ce seigneur n'était plus très jeune ; en revanche il était fort riche. Veuve une seconde fois, elle acheta, en 1578, le fameux hôtel de Ligneris, construit par Ducerceau, situé rue de la Couture Sainte Catherine, hôtel qui prit son nom et devint l'hôtel Carnavalet qu'habita Madame de Sévigné ; c'est actuellement le musée de la ville de Paris. Très jalouse de son indépendance, elle refusa d'épouser le duc d'Epernon, mais se consola avec son cousin, Guillaume de Hautemer, seigneur de Fervacques, maréchal de France ; cette liaison excita la verve de D'Aubigné, ennnemi de Fervacques.

En buste de 3/4 à gauche ; elle est coiffée en arcelets.

Bouchot, *Portraits*, p. 151.

Dessin aux crayons.

249. Diane de France, duchesse d'Angoulême. — (Voir le n° 198).

En buste de 3/4 à gauche. Coiffée d'un chaperon de veuve, elle porte une collerette montante, entr'ouverte, et un collier de perles.

Bouchot, *Portraits*, p. 134. Publié par Niel, tome II.

Dessin aux crayons.

250. François d'Alençon. — (Voir le n° 201).

Tête de 3/4 à droite.

Bouchot, *Portraits*, p. 131.

Dessin aux crayons .

DE 1570 AUX PREMIÈRES ANNÉES DU XVIIᵉ SIÈCLE

« Après l'extinction des Janet, écrit L. de Laborde, il se fit un vide, un moment
de silence. Personne, dans ce moment solennel, n'était de force à suivre la route
tracée ou à ouvrir une nouvelle voie. Il faut qu'un Porbus nous rapporte de
Flandre des traditions analogues pour que nous retrouvions quelques-unes des
qualités du maître. »

Nous espérons montrer que l'admirable historien de notre Renaissance artistique a été cette fois injuste pour nos peintres français et que l'art du portrait ne
s'arrête pas à François Clouet. Son évolution se poursuit au contraire à cette
époque sans aucun ralentissement. Le modelé tend à s'accentuer, la couleur s'ac-
cuse parfois plus nettement et avec plus de variété, le format s'agrandit sans que
nous cessions de retrouver des exemples de cette grâce discrète, de cette traduction claire et sincère de la physionomie individuelle, de cette recherche de la vie
qui faisaient le prix des meilleurs crayons des deux premiers tiers du xvıᵉ siècle.

Ici encore les historiens nous ont retrouvé dans les comptes royaux plus de
noms de peintres qu'il n'est nécessaire pour témoigner de l'activité artistique à
cette époque : le décorateur Bunel et sa femme, Antoine Caron dont nous exposons le portrait (nᵒ 277), Guillaume Charles, Guillaume Cohu, Jean de Court, qui
nous occupera plus loin, et son fils Charles de Court, les émailleurs Martin et
Albert Diedier, les Dhoey ou Doué, les Dumonstier, les Duval, Jacques de Forna-
zeris, Benjamin Foulon, le célèbre Martin Fréminet, qui remplace Dumonstier
l'aîné en 1603 dans sa charge de peintre et valet de chambre, le verrier Pierre
Geoffroy, Simon et Pierre Gourdelle, l'enlumineur Robert Jullien, Nicolas
Leblond, Marin le Bourgeois, le graveur Thomas de Leu, Charles et Claude Martin, Jacques et Jean Patin, Louis Poisson, les Quesnel, Antoine de Recouvrance,
Serralier, auteur d'un portrait au crayon gravé en 1581, Pierre Vallet, peintre,
graveur et brodeur...

Quelques indications, qui nous avaient fait défaut jusqu'à présent, vont nous
permettre de placer sans aucune réserve un nom d'auteur en face de quelques-
unes des œuvres exposées. Nous commençons ici en effet à relever quelques
signatures : Nicolas Quesnel a signé et daté un crayon ; on croit reconnaître
ailleurs le monogramme de Jean de Court ; nous avons déjà signalé le nom de
Benjamin Foulon. Pierre Dumonstier enfin, dont deux ou trois portraits nous sont
connus par la gravure, a mis sa signature sur deux dessins et nous retrouverons
sur quelques autres son écriture particulièrement typique.

N° 251

PIERRE QUESNEL
par son fils, Nicolas Quesnel

En groupant en quatre séries, autour de ces œuvres, les crayons anonymes qui s'en rapprochaient plus ou moins, nous n'avons pas prétendu, cela va sans dire, qu'ils fussent tous de l'un de ces quatre artistes. Nous croyons distinguer au contraire dans cette période une dizaine de mains différentes. Nous avons simplement pensé qu'en désignant par les noms d'artistes qui nous sont connus quatre manières bien définies (quatre écoles, dirions-nous, si le mot n'était beaucoup trop ambitieux), nous pourrions aider à faire remarquer que la monotonie reprochée parfois à nos peintres du xvɪᵉ siècle est plus apparente que réelle et qu'ils conservent sous la modestie de l'exécution des qualités d'observateurs très personnels.

1° DESSINS DE NICOLAS QUESNEL ET D'ARTISTES VOISINS

Nous ne retrouverons qu'exceptionnellement dans cette série le travail précis et distingué du crayon de Clouet. Ces dessins ont une saveur plus provinciale ; leur aspect est plus gris, plus estompé, plus cotonneux, mais ils sont parfois d'une vérité incomparable. L'auteur des portraits de Pujols, de Beaune-Semblancay, du marquis de Ragny, sait de plus rendre avec beaucoup de variété la fermeté des contours, la mollesse des plis de chair, le vaporeux des cheveux et de la barbe. Ces qualités se rencontrent déjà dans le portrait signé de Nicolas Quesnel qui ouvre cette série. Attirons l'attention sur la date inscrite en gros chiffres carrés dans un des angles du dessin. Nous retrouverons des indications semblables sur de nombreux dessins de ce groupe et sur ceux-ci seulement. Ils sont d'époques trop éloignées (1571 à 1602), ils sont entrés au Cabinet des Estampes par des voies trop diverses, pour que nous puissions supposer ces dates notées après coup par un collectionneur. Nous supposons qu'elles ont été inscrites par l'artiste lui-même et nous proposons d'y voir une habitude propre à l'atelier de Nicolas Quesnel.

251. Pierre Quesnel. — Il descendait d'une vieille famille écossaise. C'est à Édimbourg qu'il eut en 1543, de sa femme Madeleine Digby, son fils aîné François. Pierre Quesnel était peintre et il composa pour l'église des Grands Augustins de Paris une Ascension où figuraient, sans doute en donateurs, Henri II et Catherine de Médicis.

François Quesnel qui fut, dit-on, disciple de F. Clouet, est le plus connu des membres de la famille. Nous pouvons, par l'intermédiaire du graveur Th. de Leu, nous faire une idée de son talent de portraitiste. On lui attribue aujourd'hui quelques peintures et quelques dessins, mais ces attributions paraissent bien discutables. Le Cabinet des Estampes possède deux mauvais crayons qui portent son nom, mais ces indications plus que suspectes ne suffisaient pas à les rendre dignes d'être exposés. François Quesnel mourut en 1619.

Outre Nicolas, Pierre Quesnel eut encore un fils, Jacques « spécialisé dans l'histoire », dit M. Alph. Germain.

> En buste de 3/4 à gauche; coiffé d'un chapeau de feutre à larges bords et portant une longue barbe.
> xvie s. [*1574. Pierre Quesnel, père de Nicolas à qui est ce livre, qui a fait ledit crayon*].
>
> Bouchot, *Portraits*, p. 227, Publié par Niel, t. I.

252. Nicolas Quesnel. — Fils du précédent, il est plus jeune que son frère François, et né, par conséquent, après 1543. Il paraît ici, en 1601, avoir dépassé la cinquantaine. Il était peintre d'armoiries en même temps que de portraits.

> En buste de 3/4 à droite; portant une longue barbe. On lit, au crayon [*Nicolas Quesnel, 2e fils de Pierre, 1601*].
> Au verso, un dessin analogue, portant la même date, représente François Quesnel.
>
> *Dessin à la plume.*

253. Homme anonyme. 1571. — A été pris pour Scévole de Sainte-Marthe.

> Tête de jeune homme de vingt à trente ans, portant un chapeau de soie bouffante avec une plume. Une collerette lui serre le cou.
> Daté au crayon [*1571*].
>
> Bouchot, *Portraits*, p. 255.
>
> *Dessin aux crayons.*

254. Anne de Nogaret, dame de Puigaillard. — Femme de Charles de Léaumont, seigneur de Puigaillard, et mère de Jean de Léaumont (Voir le n° 188).

> En buste de 3/4 à gauche; elle a les cheveux frisés, porte un chaperon et une collerette qui laisse le devant du cou à découvert.
> Au crayon [*1573*].
>
> Bouchot, *Portraits*, p. 225.

255. Augustin de Thou (?). — Conseiller au Parlement.

> En buste de 3/4 à gauche; coiffé d'une barrette.
> Bouchot, *Portraits*, p. 243.
>
> *Dessin aux crayons.*

256. Homme anonyme. — Vers 1575 ?

Homme de trente-cinq à quarante ans, la moustache et la barbe assez courtes. Il a le nez un peu écrasé et les yeux clairs. Il est coiffé d'un chapeau rond, porte une courte collerette et un manteau.

Bouchot, *Portraits*, p. 255.

Dessin aux crayons.

257. Élisabeth Duval. — Voir le n° 219.

En buste de 3/4 à gauche ; elle porte un chaperon retombant en pointe sur le front et une large collerette.

Le Cabinet des Estampes possède un autre portrait d'Elisabeth âgée. (Na 21).

Bouchot, *Portraits*, p. 171.

Dessin aux crayons.

258. Henri III, roi de France. — Né en 1551, régna de 1574 à 1589.

En buste de 3/4 à droite; il porte une petite toque à plumes ornée d'une étoile, et le collier de l'ordre créé par lui.

Bouchot, *Portraits*, p. 189. Publié par Niel, t. I.

Dessin aux crayons.

259. Anne, duc de Joyeuse. — Anne, duc de Joyeuse, né en 1561, fils de Guillaume, vicomte de Joyeuse, maréchal de France, et de Marie de Batarnay, fut d'abord connu sous le nom de seigneur d'Arques. Il fut l'un des mignons de Henri III, fit une rapide fortune, devint premier gentilhomme de la Chambre, duc et pair en 1581, amiral de France en 1582, gouverneur de Normandie, et propre beau-frère d'Henri III, ayant épousé Marguerite de Lorraine, sœur de Louise de Lorraine. Joyeuse, chargé du commandement d'une armée en Gascogne, périt à la bataille de Coutras en 1587.

En buste de 3/4 à droite ; la barbe taillée en pointe et les cheveux relevés. Autour du cou une large collerette. — A comparer aux tableaux du Louvre (Bal de Joyeuse) et de Versailles (réplique du précédent).

Bouchot, *Portraits*, p. 192. Publié par Niel, t. II.

Dessin aux crayons.

260. Madeleine Tiercelin de Brosse. — Abbesse de Maubuisson, 1576-1594.

En buste de 3/4 à droite ; elle porte un béguin de religieuse. Datée au crayon : [1586].

Bouchot, *Portraits*, p. 244.

Dessin aux crayons.

261. Le prince de Condé. — Henri de Bourbon Ier du nom, prince de Condé et duc d'Enghien, fils de Louis Ier de Bourbon et d'Éléonore de Roye, né en 1552. Il servit d'abord Charles IX au siège de la Rochelle en 1573, mais il ne tarda pas à devenir un des chefs des Réformés. C'est en cette qualité qu'il fut blessé à la bataille de Coutras en 1587. Il mourut l'année suivante à Saint-Jean-d'Angély.

En buste de 3/4 à gauche; la tête découverte, les cheveux relevés et la barbe en pointe. Il porte un petit col rabattu.

Bouchot, *Portraits*, p. 162. Gravé par Danguin pour l'*Histoire de la maison de Condé*, par le duc d'Aumale.

Dessin aux crayons.

262. Catherine-Charlotte de la Trémoille, princesse de Condé. — Seconde femme de Henri de Bourbon, marquis de Conti, puis prince de Condé. Sa réputation n'est pas des meilleures. Elle est assez clairement désignée dans une anecdote assez scabreuse de Brantôme : l'on y voit Henri III s'autoriser des griefs qu'il avait contre un prince de sa cour pour en tirer une vengeance dans laquelle la femme de ce prince jouait un rôle essentiel mais peu moral. Plus tard, à la mort de Condé, on accusa même la princesse de l'avoir empoisonné.

En buste de 3/4 à gauche; elle porte une coiffure relevée et une large collerette.

Elle est représentée dans deux autres crayons conservés au Cabinet des Estampes (Na 21 et Na 21 a.)

Bouchot, *Portraits*, p. 162. Publié par Niel, t. II, et par Bouchot, *Brantôme.*

Dessin aux crayons.

263. M. de Saint-Léger. — De nombreux personnages portent ce nom sous Henri III et Henri IV.

En buste de 3/4 à droite; la tête découverte; une courte barbe en pointe s'appuie sur une fraise assez large.

Bouchot, *Portraits*, p. 233.

Dessin aux crayons.

264. Madeleine de Sardini, dame de Marzac. — Fille de Scipion Sardini, baron de Chaumont-sur-Loire et d'Isabelle de La Tour, dame

N° 266

MARIE DE BEAUVILLIER DE SAINT-AIGNAN
attribué à Nicolas Quesnel

de Limeuil, maîtresse du prince de Condé (voir n° 261), Madeleine
de Sardini avait épousé un Marzac, sans doute de la famille des Marzac, seigneurs de Hardencourt.

> En buste de 3/4 à gauche ; coiffure relevée et surmontée d'une sorte de
> couronne ; très large collerette.

> Bouchot, *Portraits*, p. 208.

> *Dessin aux crayons.*

265. Diane d'Estrées, dame de Montluc-Balagny (?). — Plus âgée de
quelques années que sa sœur, Gabrielle d'Estrées, elle épouse en 1596
ou 1599 Jean de Montluc, seigneur de Balagny, maréchal de France,
gouverneur de Cambrai, fils naturel de Jean de Montluc, évêque de
Valence.

> En buste de 3/4 à gauche ; elle porte une coiffure relevée, avec un béguin
> de deuil terminé en pointe sur le front.

> Bouchot, *Portraits*, p. 137.

> *Dessin aux crayons.*

266. Marie de Beauvillier de Saint-Aignan. — Plus jeune d'un an
que sa sœur de Claude de Beauvillier (n° 294), elle fut religieuse à
Beaumont-lez-Tours, puis pendant 59 ans abbesse de Montmartre. Elle
mourut en 1656.

> Elle est représentée très jeune. En buste de 3/4 à gauche ; en costume
> religieux et mondain.

> Bouchot, *Portraits*, p. 233.

> *Dessin aux crayons de couleur.*

267. François Blanchard, sieur Descluseaux (?).

> En buste de 3/4 à gauche ; la tête découverte : il porte une longue barbe ;
> une courte fraise enferme son cou.
> Il est daté de [*1593*.]

> Bouchot, *Portraits*, p. 166.

> *Dessin aux crayons.*

268. Jeanne de Monestay de Forges. — 4e enfant de Jean de

Monestay, seigneur de Forges, gentilhomme ordinaire de la chambre du roi, qui est né lui-même après 1550.

> En buste de 3/4 à gauche ; avec une coiffure relevée, un collet monté et, autour du cou, un rang de perles où pendent de petits médaillons.
> Daté au crayon [*1592.*]

> Bouchot, *Portraits*, p. 179.

Dessin aux crayons.

269. La même. — Réplique du précédent avec quelques variantes dans le détail du costume et de la coiffure.

> Daté de [*1593.*]

> Bouchot, *Portraits*, p. 179.

Dessin aux crayons.

270. Judith d'Acigné, comtesse de Brissac. — Première femme de Charles de Cossé, qui fut duc de Brissac, pair, maréchal, grand pan-netier et grand fauconnier de France. Elle était citée parmi les beau-tés de la cour de Catherine de Médicis. Elle mourut en 1598.

> En buste de 3/4 à gauche ; portant une coiffure relevée et une large colle-rette. A l'oreille est indiquée une perle en pendant.
> Au crayon [*1593.*]
> Elle est représentée dans un autre crayon conservé au Cabinet des Estampes (Na 21a).

> Bouchot, *Portraits*, p. 148.

Dessin aux crayons.

271. Gabriel Foucault, seigneur de Saint-Germain Beaupré. — Se trouva au siège de Rouen, aux combats d'Arques, d'Aumale et d'Ivry, où il reçut diverses blessures. Il était en 1621 gouverneur de la Marche et de la ville et château d'Argenton. Il mourut après 1633.

> En buste de 3/4 à droite ; la tête découverte ; il porte une courte fraise.
> Daté [*1594.*]

> Bouchot, *Portraits*, p. 233.

Dessin aux crayons.

272. Yves, baron de Millau, puis marquis d'Alègre. — Lieutenant-colonel de la cavalerie légère et gouverneur d'Issoire. Il avait été envoyé en otage au prince Jean-Casimir, comte Palatin, et enfermé à Heidelberg jusqu'en 1581. Deux ans plus tard, il appela en duel le

Nº 275

ARNAUD DU FAUR, sieur de Pujols
attribué à Nicolas Quesnel

baron de Viteaux. Ce redoutable bretteur avait sur la conscience de nombreux meurtres, entre autres celui du propre père d'Yves d'Alègre, tué en 1571, et de son ami le chevalier du Guast, tué en 1575. Ils se battirent derrière les Chartreux. On ne vit jamais, paraît-il, « homme y aller plus bravement, ny plus resolument, ni de grâce plus assurée ny déterminée » que le marquis d'Alègre. Protégé, affirmèrent quelques-uns, par une cuirasse cachée sous la chemise et « peincte au naturel et au vif de la chair », il renversa son adversaire d'une grande estocade et l'acheva de trois ou quatre grands coups d'épée « sans luy user d'aucune courtoisie de vie ». Cet homme hardi séduisit, comme on l'a vu, la mère de Gabrielle d'Estrées, l'emmena avec lui dans son gouvernement d'Issoire et lui fit partager sa fin violente en 1592 (voir le n° 215).

> En buste de 3/4 à droite ; la tête découverte. Il porte une barbe naissante. Son cou est enfermé dans une large fraise.
>
> Bouchot, *Portraits*, p. 131.
>
> *Dessin aux crayons.*

273. Anne d'Alègre, dame de Coligny, comtesse de Laval. — Fille aînée de Christophe, marquis d'Alègre et de Saint-Just, et d'Antoinette du Prat Nantouillet, Anne d'Alègre épousa en premières noces, le 1er septembre 1583, Guy-Paul de Coligny (1555-1586), dit Guy XIX, comte de Laval et de Montfort, vicomte de Rennes, sire de Rieux. De ce mariage naquit un seul fils, Gui XX de Laval (1585-1605) dont la mort, en Hongrie, dans un combat contre les Turcs, fit passer aux La Trémouille tout le bien de la maison de Laval.

Anne d'Alègre épousa en secondes noces, en 1599, Guillaume IV de Hautemer (1538-1613), comte de Grancey, baron de Mauny, seigneur de Fervaques et maréchal de France en 1595.

> En buste de 3/4 à gauche ; cheveux relevés en raquettes, large collerette. Daté à l'encre : [*1595*].
>
> Bouchot, *Portraits*, p. 200.
>
> *Dessin aux crayons.*

274. M. Cornaro. — Ce nom est celui d'une des plus nobles familles vénitiennes.

> En buste de 3/4 à droite ; la barbe taillée en pointe et les cheveux relevés. Il porte un petit col rabattu.
>
> Au crayon, xviie s. [*A* ou *M. Cornaro*].
>
> Bouchot, *Portraits*, p. 164.
>
> *Dessin aux crayons.*

275. Arnaud du Faur, sieur de Pujols. — Frère de Guy du Faur de Pibrac (voir le n° 197), il fut premier gentilhomme de la chambre du roi de Navarre qui, devenu roi de France, le nomma gouverneur de Montpellier puis ambassadeur en Angleterre.

> Tête de 3/4 à droite. Un col uni rabattu.
>
> Bouchot, *Portraits*, p. 226.
>
> *Dessin aux crayons.*

276. Pierre Jeannin, seigneur de Chagny. — Né en 1540 ; il fut surintendant des finances, premier président et plénipotentiaire en 1608 et mourut en 1622.

> En buste de 3/4 à droite ; la tête découverte. Il porte une barbe blanche. Ce crayon est très voisin comme exécution du portrait de Caron.
>
> Bouchot, *Portraits*, p. 154.
>
> *Dessin aux crayons.*

277. Antoine Caron. — Peintre, naquit vers 1515 à Beauvais et mourut en 1593 au plus tard, c'est-à-dire peu après l'exécution de ce portrait. Il travailla de 1540 à 1550 à Fontainebleau et fut peintre de la reine-mère. « Les peintres, sculpteurs et graveurs en font si grand cas, dit son compatriote Antoine L'Oisel, et ses desseings se recueillent et vendent si chèrement, et sa peinture est de telle grâce que ses traits servent de patron, de loy ou de leçon aux autres. Il estoit un peu paresseux, qui a été cause qu'il n'a pas laissé grands moyens. » Il est surtout connu par des compositions décoratives dans le goût italien. On lui attribue la sépia exposée au n° 311. On lui attribue aussi trente-huit dessins ou cartons de tapisseries, conservés au Cabinet des Estampes et représentant d'une façon allégorique Catherine de Médicis, sous le nom d'Artémise.

> En buste de 3/4 à droite ; la tête découverte, la barbe blanche. Il est daté [*1592*].
>
> Ce portrait a été gravé plusieurs fois par le gendre de Caron, le célèbre graveur Thomas de Leu.
>
> Bouchot, *Portraits*, p. 152. Publié par Niel.
>
> *Dessin aux crayons.*

278. Renault de Beaune Semblançay. — Archevêque de Bourges et ensuite de Sens, mort en 1606. Il était le fils du fameux Jacques de

LÉONOR DE LA MAGDELEINE, marquis de Ragny
attribué à Nicolas Quesnel

Semblançay, la victime de Louise de Savoie. Ce fut lui qui reçut l'abjuration du roi Henri IV.

> En buste de 3/4 à droite ; coiffé d'une barette. Il porte l'ordre du Saint-Esprit.
>
> Bouchot, *Portraits*, p. 140.
>
> *Dessin aux crayons.*

279. Henri de Gondi, cardinal de Retz. — Né à Paris en 1572, il était fils du maréchal de Gondi, qui le fit entrer dans les ordres. Il devint, en 1592, coadjuteur du cardinal Pierre de Gondi, auquel il succéda comme évêque de Paris, en 1598. C'est lui qui présida aux funérailles d'Henri IV en 1610. Il fut un des principaux membres des États Généraux en 1614 et 1615, et reçut le chapeau de cardinal en 1618. Il mourut en 1622 devant Béziers.

> En buste de 3/4 à droite ; tête découverte, daté [*1596*].
>
> Bouchot, *Portraits*, p. 229.
>
> *Dessin aux crayons.*

280. Louis Ricard de Gourdon de Genouillac, comte de Vaillac. — Né vers 1550. Il servit au siège de la Rochelle, fut mestre-de-camp de la cavalerie en Poitou et gouverneur de Bordeaux. Il se maria trois fois et eut quinze enfants. Il mourut en 1615.

> En buste de 3/4 à droite ; la tête découverte. Il porte un petit col rabattu.
>
> Bouchot, *Portraits*, p. 247.
>
> *Dessin aux crayons.*

281. Daniel Go, sieur de Pouilly (?).

> En buste de 3/4 à droite ; la tête découverte. Il porte une longue barbe.
>
> Bouchot, *Portraits*, p. 225.
>
> *Dessin aux crayons.*

282. Léonor de la Magdeleine, marquis de Ragny. — Il épousa en 1607 Hippolyte de Gondi, fille d'Albert de Gondi, maréchal de France.

> En buste de 3/4 à droite ; il est coiffé d'un chapeau à haute forme à peine esquissé.
>
> Bouchot, *Portraits*, p. 227.
>
> *Dessin aux crayons.*

283. Mlle de Charron. — Fille de Jacques de Charron, sieur de Monceaux (?).

En buste de 3/4 à gauche ; coiffée en pointe. Elle porte un collier de perles et une perle à l'oreille.

Bouchot, *Crayons*, p. 157.

Dessin aux crayons.

284. Marguerite d'Orléans, dite Mlle d'Estouteville. — Fille de Léonor d'Orléans, duc de Longueville et d'Estouteville, née en 1566, morte sans alliance en 1615.

En buste de 3/4 à gauche ; coiffée en pointe et portant une large fraise à bords découpés.

Un portrait au crayon, presque identique, conservé au Cabinet des Estampes, est daté de 1602.

Dessin aux crayons.

2º DESSINS ATTRIBUÉS A JEAN DE COURT

La principale et presque la seule base de notre attribution est un monogramme formé par les lettres I.D.C. entrelacées et inscrit à l'angle gauche supérieur du dessin de femme exécuté vers 1580 et exposé au nº 289. L'encre et la forme des lettres ont permis de supposer que le monogramme est contemporain du dessin.

On avait lu d'abord I.D.G. et attribué le dessin à Jean de Gourmont peintre et graveur du milieu du xvıe siècle, qui a signé quelquefois d'une façon analogue. H. Bouchot, qui a fait remarquer avec raison que la dernière lettre est certainement un C, propose de lire Jean de Court et montre que cet artiste travaillait encore à la fin du xvıe siècle. C'est donc à lui qu'il faudrait plutôt attribuer ce crayon, ainsi que les œuvres où l'on retrouve le même art si sûr et si délicat.

Jean de Court a pu naître vers 1530. En 1555, il signait un émail représentant Marguerite de Savoie, sœur de Henri II, en costume de Minerve. Il est resté inscrit parmi les émailleurs de Limoges, de 1572 à 1601 ; il portait alors les initiales I.D.C., celles de notre monogramme. Cependant, à la mort de Clouet, il lui succéda dans la charge de peintre de Charles IX. Desportes célèbre son talent à cette époque, et le roi fait faire par lui un portrait de son frère, le futur Henri III, qu'il se fait apporter à son lit de mort. Henri III garde Jean de Court auprès de lui comme peintre et valet de chambre. En 1585,

Nº 287

MARIE TOUCHET
attribué à Jean de Court

nous le voyons exécuter le portrait de la duchesse de Guise, qui lui est payé 90 livres. Son propre fils, Charles de Court, était, depuis 1575, valet de chambre du roi.

285. Henri IV, roi de France. — Né en 1553, règne de 1589 à 1610.

Tête de 3|4 à droite. Il a les cheveux relevés et porte une courte fraise. C'est un des très rares portraits du roi jeune. Il a été identifié par Bouchot, d'après le livre d'heures de Catherine de Médicis au Louvre.

Bouchot, *Portraits*, p. 189. Publié dans Bouchot, *Quelques dames*.

Dessin aux crayons.

286. Le même.

Semblable au précédent, mais un peu plus chargé en couleur.

Bouchot, *Portraits*, p. 189.

Dessin aux crayons.

287. Marie Touchet (?). — Née en 1549, fille de Jean Touchet de Belleville, lieutenant particulier au présidial d'Orléans. On connaît sa liaison avec Charles IX, qui la remarqua, dit-on, sur son chemin, comme il allait de Blois à Paris. Quand le roi fut sur le point de se marier, elle se serait fait montrer le portrait de la future reine Elisabeth et l'aurait rendu en disant : « l'Allemagne ne me fait pas peur ». Charles IX lui revint bientôt en effet. Elle en eut deux fils, dont Charles, bâtard de Valois, duc d'Angoulême, né en 1573. Six ans après la mort du roi, elle épousa François de Balzac, seigneur d'Entragues, conseiller du roi et gouverneur d'Orléans. Une de leurs filles, Catherine-Henriette, eut d'Henri IV en 1601, le duc de Verneuil. La seconde vécut pendant dix ans avec Bassompierre. Marie Touchet vécut jusqu'en 1638 et fut enterrée, par les soins de son fils, dans le caveau des Valois, aux Minimes.

Tête de 3/4 à gauche ; les cheveux bouffant sur les tempes.

Si l'exécution de ce crayon est, comme il semble, postérieure à 1580, il est difficile de voir ici un portrait sur le vif de Marie Touchet, qui avait alors dépassé la trentaine, et était mère de trois ou quatre enfants.

Bouchot, *Portraits*, p. 174. Publié dans Bouchot, *Portraits Brantôme*, et *Quelques dames*. Exposé aux *Primitifs fr.* (n° 201).

Dessin aux crayons.

288. Léonore de Crevant, comtesse de Crissé. — C'est en 1573 qu'elle épouse Charles Turpin, comte de Crissé, baron de Vihers.

Tête de 3/4 à droite ; portant une coiffure relevée.

Bouchot, *Portraits*, p. 165.

Dessin aux crayons.

289. Anonyme femme vers 1580.

Femme de trente à quarante ans, châtaine, portant un chaperon plat ; à son cou un collier à peine indiqué.

Dans le coin gauche supérieur, le monogramme [DIC].

Bouchot, *Portraits*, p. 267.

Dessin aux crayons.

290. Mlle d'Urfé.

Tête de femme, de 3/4 à gauche ; portant une coiffure relevée.

Bouchot, *Portraits*, p. 246.

Dessin aux crayons.

291. Gabrielle d'Estrées. — Fille d'Antoine d'Estrées, marquis de Coeuvres, grand maître de l'artillerie, et de Françoise Babou de la Bourdaisière. Voir le n° 215. Henri IV, qui en avait entendu parler par le grand écuyer Roger de Saint-Lary, duc de Bellegarde, tandis qu'il tenait sa cour à Mantes en 1589, fut séduit par sa grande beauté et en devint vite très amoureux. Pour la forme il la maria à Nicolas d'Armeval, seigneur de Liancourt, mais bientôt elle divorça. Dès lors Gabrielle d'Estrées fut toute-puissante à la cour ; en juin 1594, elle accoucha d'un fils César de Vendôme qui fut légitimé quelques mois après. Son ascendant sur le roi s'accrut de jour en jour et Henri IV, qui négociait à Rome son divorce avec Marguerite de Valois, songeait à l'épouser et à la faire reine de France, quand Gabrielle d'Estrées fut, dirent quelques-uns, empoisonnée le 10 avril 1599 par Zamet. Elle fut enterrée à Montreuil-sous-Laon. La collection Fleury, du Cabinet des Estampes, donne une reproduction de son tombeau.

Tête de 3/4 à gauche ; cheveux relevés.

Bouchot, *Portraits*, p. 139.

Dessin aux crayons.

292. La même.

En buste de 3/4 à gauche. La tête seulement esquissée, les cheveux relevés ; les habits ne sont qu'indiqués.

Bouchot, *Portraits*, p. 139. Exposée aux *Primitif français* où elle a été attribuée à François Quesnel (n° 228).

Publiée dans Bouchot, *Brantôme* et le même, *Quelques dames.*

3° DESSINS DE BENJAMIN FOULON ET D'ARTISTES VOISINS

Benjamin Foulon descend peut-être de ce Pierre Foullon, flamand, qui travaillait en France sous François Ier. Il était lui-même peintre de Henri III en 1586, établi en Touraine en 1589. En 1591, il fait baptiser une fille et il accompagne Henri IV à l'armée. En 1604, il fait baptiser un fils.

Ce ne sont ni les particularités assez ordinaires de sa biographie, ni l'éclat, plus modeste encore, de son talent qui nous obligent à lui réserver une place spéciale. Mais il a pris la trop rare précaution de signer une de ses œuvres. La mention « *Fulonius fecit* » inscrite sur le portrait de César de Vendôme (n° 300), l'exécution très caractéristique de ce crayon, qui permet d'en rapprocher à coup sûr une quinzaine de portraits contemporains, nous permettent de proposer ici un nom d'auteur avec une certitude inaccoutumée. De plus Foulon est, comme on l'a vu, le neveu de François Clouet et les mentions à la sanguine que l'on suppose écrites de sa main, au xviie siècle, ont servi d'argument pour l'attribution à son oncle de trente-six crayons de l'album vendu par Lécurieux à la Bibliothèque royale.

C'était là une indication plutôt qu'une preuve. Nous avons trouvé la lettre à la sanguine dite de Foulon sur des dessins de 1550 environ, aussi bien que sur ceux que l'on suppose exécutés par Clouet entre 1560 et 1572. Nous rencontrons maintenant la même lettre sur une quinzaine de dessins exécutés par Foulon vers 1590-1610, mais aussi sur le portrait de Mme Forget-du-Fresne (vers 1580) et du César de Balzac d'Entragues (vers 1610), qui ne rappellent que de fort loin sa manière. Ajoutons qu'au Louvre cette même écriture se retrouve sur les portraits de Mme de Sardiny (marraine d'un fils de Foulon, comme l'a fait remarquer H. Bouchot) et de Mme de Fervacques, qui doivent être attribués à Foulon, mais aussi sur les portraits de Mme de Larchant, Mme d'Incavaille, la Douairière de Guise, et Mme de Thionville, qui sont certainement d'artistes différents.

La présence sur un dessin de l'écriture dite de Foulon autorise à rechercher si ce dessin est de Foulon lui-même ou de son oncle François Clouet, mais ne prouve nullement qu'il soit de l'un de ces deux artistes. Aussi n'avons-nous joint à cette série les n°ˢ 293, 309 et 310 que faute de pouvoir faire des rapprochements plus certains.

293. Anne de Beauvillier, dame Forget Du Fresne.— Née en 1564 au château de Saint-Aignan, elle était quatrième enfant de Claude de Beauvillier, comte de Saint-Aignan. (Voir ses sœurs Claude et Marie aux nᵒˢ 294, 266.) Elle épousa d'abord Claude du Châtelet, baron de Dueilly, tué au siège de Dieppe en 1589, puis Pierre Forget, seigneur du Fresne, secrétaire d'État et intendant général des bâtiments de la couronne, « grand homme d'État », dit Brantôme. Elle lui survécut vingt-six ans et mourut en 1636.

> En buste de 3/4 à gauche ; elle porte une chevelure et un chaperon en árce-lets avançant en pointe sur le front. Au cou une courte fraise.
> A la sanguine, de la main dite de Foulon (?) [*Madame de Fresne forget*].
> Ce dessin permettrait d'identifier un portrait au crayon de la même personne. qui est conservé au Louvre.
> Au sujet de l'attribution à Foulon, voir les réserves de la note ci-dessus.
> Bouchot, *Portraits*, p. 168.
>
> *Dessin aux crayons.*

294. Claude de Beauvillier de Saint-Aignan. — Sixième enfant de Claude de Beauvillier, comte de Saint-Aignan, elle naît en 1573, entre comme religieuse à Montmartre en 1587 et devient ensuite abbesse du Pont-aux-Dames, près Meaux.

> En buste de 3/4 à gauche ; coiffé d'un béguin de religieuse.
> A la sanguine, de la main dite de Foulon : [*Madᵉ labesse du pont*].
> Bouchot, *Portraits*, p. 232.
>
> *Dessin aux crayons.*

295. François de la Trémouille, marquis de Noirmoustier.— Il prit part aux guerres civiles, sous Henri III et Henri IV et combattit dans les rangs des troupes royales. Mort en 1608. Il avait épousé Mᵐᵉ de Sauves (voir le nᵒ suivant).

> En buste de 3/4 à droite ; la tête découverte, une perle en pendant d'oreille.
> Il porte un col rabattu et un justaucorps uni.
> A la sanguine, de la main dite de Foulon : [*Mʳ le marquis de Narmoutier*].
> Bouchot, *Portraits*, p. 221.
>
> *Dessin aux crayons.*

296. Mᵐᵉ de Sauves, plus tard marquise de Noirmoustier. — 1551-1617. Charlotte de Beaune-Semblançay, dame de la Ferté-Milon, épousa d'abord Simon de Fizes, seigneur de Sauves, secrétaire d'État,

Nº 293

ANNE DE BEAUVILLIER, dame Forget Du Fresne
attribué à Benjamin Foulon

puis, en 1584, François de la Trémouille, marquis de Noirmoustier. Elle conserva longtemps, comme dame d'atours de Catherine de Médicis, la confiance de la reine qu'elle renseignait très fidèlement, dit-on, sur les faits et gestes d'Henri de Navarre, du duc d'Alençon et autres seigneurs que les contemporains lui prêtent comme amants.

En buste de 3/4 à gauche ; un petit chaperon couronne ses cheveux très bouffants. Elle porte une large fraise, une perle en pendant d'oreille et un rang de perles autour du cou.

A la sanguine, de la main dite de Foulon : [*Made la marquise de Narmoutier*]. Elle est représentée dans la sépia exposée sous le nº 311, et dans divers dessins conservés au Cabinet des Estampes.

Bouchot, *Portraits*, p. 221.

Dessin aux crayons.

297. La marquise de Kerveno ou Querveno. — Marie de Lannoy la Boissière épousa François, marquis de Kerveno en Bretagne et eut une fille, Charlotte, mariée à Saint-Sulpice le 22 avril 1638 avec Louis de Bourbon, marquis de Malauze, et qui mourut vers 1647.

En buste de 3/4 à gauche ; cheveux relevés ; atifet et fraise très large.
A la sanguine, de la main dite de Foulon : [*Me de Querveno*].

Bouchot, *Portraits*, p. 192.

Dessin aux crayons.

298. Gabrielle d'Estrées. — Voir le nº 291.

En buste de 3/4 à gauche ; la tête découverte. Elle porte une large fraise et une perle à l'oreille.
A la sanguine et au crayon : [*La duchesse de Beaufort, msse de Henry 4e*].

Bouchot, *Portraits*, p. 139.

Dessin aux crayons.

299. La même.

En buste de 3/4 à gauche ; les cheveux moutonnés, elle porte une large fraise et un collier sur la poitrine ; à l'oreille, elle a une perle surmontée d'un cœur.
Ce dessin ne faisait pas partie de l'album dit de Foulon.

Bouchot, *Portraits*, p. 139.

Dessin aux crayons.

300. César, duc de Vendôme, enfant. — Fils naturel de Henri IV et de Gabriel d'Estrées, duchesse de Beaufort, né en juin 1594 au château de Coucy. Mis en possession du duché-pairie de Vendôme le 3 avril 1598 « par suite du très exprès commandement dudit Seigneur Roy », héritier du duché de Beaufort à la mort de sa mère (9 avril 1599), marié en 1609 à Françoise de Lorraine, fille de Philippe-Emmanuel, duc de Mercœur, et de Marie de Luxembourg. Après avoir passé la majeure partie de son existence à prendre part aux cabales dirigées contre le pouvoir royal et contre Richelieu, le duc de Vendôme mourut le 22 octobre 1665 et fut inhumé à Vendôme, chez les Pères de l'Oratoire, pour lesquels il avait fondé un collège.

> En buste de 3/4 à gauche ; il porte un petit bonnet rond et tient un hochet de la main droite. Enfant de trois à cinq ans.
> A la sanguine, [*M* *de Vendosme*]; et au bas, à gauche, de la même main, [*Fulonius fecit*].
>
> Bouchot, *Portraits*, p. 251.
>
> *Dessin aux crayons.*

301. Alexandre de Bourbon, chevalier de Vendôme, enfant. — Fils de Henri IV et de Gabrielle d'Estrées, né en avril 1598, chevalier de Malte en 1604, créé abbé de Marmoutier, grand-prieur de France et général des galères de Malte en 1610, ambassadeur extraordinaire auprès du pape Paul V en 1615, arrêté à Blois le 3 juin 1626 et mort — empoisonné, soupçonne-t-on — à Vincennes le 8 février 1629. Il fut inhumé dans l'église des Pères de l'Oratoire à Vendôme.

> Enfant de 3/4 à gauche ; coiffé d'une calotte à plumes et tenant dans la main gauche un hochet. On lit en haut : [*ÆT. 9 moes. 1598*].
> Ce crayon ne faisait pas partie de l'album dit de Foulon.
>
> Bouchot, *Portraits*, p. 250.
>
> *Dessin aux crayons.*

302. Philippe-Emmanuel de Lorraine, duc de Mercœur. — Nommé gouverneur de Bretagne par Henri III, il ne tarda pas à s'affilier à la Ligue et à soulever la province contre le roi. Il ne cessa dès lors de combattre à la tête des troupes catholiques. Lorsqu'il eut fait, le dernier des chefs de son parti, sa paix avec Henri IV, il partit en Hongrie lutter contre les Turcs. La gloire et les succès qu'il acquit dans cette campagne furent tels que les Allemands, à en croire Brantôme, l'auraient empoisonné par jalousie, comme il passait par Nuremberg. Michel de la Huguerye voit en lui « le premier capitaine

Nº 300

CÉSAR, duc de Vendôme
par Benjamin Foulon

de son temps », mais ce qui n'attire pas moins l'admiration de ses
contemporains, c'est que « seul de son rang et qualité », il mourut
sans laisser de dettes.

> En buste de 3/4 à gauche ; la tête découverte. Il porte une longue barbe
> Une courte fraise enferme son cou.
> A la sanguine, de la main dite de Foulon : [*M. de Mercœur, duc et pair de
> France*].
>
> Bouchot, *Portraits*, p. 213.
>
> *Dessin aux crayons.*

303. Françoise de Lorraine-Mercœur, princesse de Martigues. —
Née en 1592, de Philippe-Emmanuel, duc de Mercœur, et de Marie
de Luxembourg, mariée en 1609 à César, duc de Vendôme. Elle avait
été fiancée en 1598, mais quand il fallut procéder au mariage, sa mère
et sa grand'mère, toutes deux douairières de Mercœur, témoignèrent
qu'elles aimeraient mieux donner leur petite-fille et fille au prince de
Condé qu'à un fils légitimé du roi. Il fallut toute la diplomatie du
célèbre jésuite Cotton et les pieuses exhortations d'Eric de Vaudémont, évêque de Verdun, pour vaincre une résistance devant laquelle
les menaces mêmes du roi avaient échoué. Devenue veuve en 1665, la
duchesse Françoise de Vendôme mourut le 8 septembre 1669.

> En buste de 3/4 à gauche ; coiffée d'un bonnet. Enfant de six à sept ans.
> A la sanguine de la main dite de Foulon : [*Mad^lle de Mercœur à présent Mad^e
> de Vendosme*].
>
> Bouchot, *Portraits*, p. 251.
>
> *Dessin aux crayons.*

304. Maximilien de Béthune, 1er du nom, duc de Sully. — Pair,
grand-maître de l'artillerie et maréchal de France, né en 1559 au château de Rosny, mort au château de Villebon, près de Chartres, le
21 décembre 1641.

> En buste de 3/4 à droite ; la tête découverte.
> A la sanguine de la main dite de Foulon : [*M. de Sully, surintendant.*]
> Bouchot, *Portraits*, p. 240.
>
> *Dessin aux crayons.*

305. Rachel de Cochefilet, duchesse de Sully. — Veuve de François Hurault, seigneur de Chasteaupers, maître des requêtes, elle fut

mariée en secondes noces, par contrat du 18 mai 1592, à Maximilien de Béthune duc de Sully, veuf lui-même de sa première femme, Anne de Courtenay.

> En buste de 3/4 à gauche; portant le costume du premier quart du xviie siècle, en collet monté.
> A la sanguine de la main dite de Foulon : [*Mad^e de Sully*].
> Bouchot, *Portraits*, p. 240.

Dessin aux crayons.

306. Hercule de Rohan, duc de Montbazon, 1568-1654. — Gouverneur et lieutenant général de Paris et de l'Ile-de-France, pair et grand veneur de France. Tallemant et Mme de Sévigné n'en font point un homme d'esprit : c'est à son compte que les contemporains mettaient les réparties malheureuses et les naïvetés qui avaient couru chez les faiseurs d'historiettes.

(A été confondu avec Louïs de Rohan, comte de Montbazon, mort en 1589.)

> En buste de 3/4 à gauche; la tête découverte. Il porte deux anneaux à l'oreille gauche et un large col uni rabattu.
> A la sanguine, de la main dite de Foulon : [*Mr de Montbazon, duc et pair de France*].
> Bouchot, *Portraits*, p. 215.

Dessin aux crayons.

307. Jacqueline de Bueil, comtesse de Moret, puis marquise de Vardes. — Maîtresse de Henri IV dont elle eut en 1607 un fils, Antoine de Bourbon, comte de Moret, tué en 1632 à la bataille de Castelnaudary. Elle épousa en 1617, René du Bec, marquis de Vardes (Voir les n°s 372 et 373).

> En buste de 3/4 à droite ; elle porte une collerette en collet monté et un collier de perles.
> A la sanguine, de la main dite de Foulon : [*la contesse de Moret*] ; l'inscription suivante à la pierre noire, [*a present marquize de Vardes*], rappelle l'écriture de Daniel Dumonstier.
> Bouchot, *Portraits*, p. 248.

Dessin aux crayons.

308. François de Daillon, comte du Lude. — Né en 1570, sénéchal d'Anjou en 1585, il servit avec distinction sous Henri III, Henri IV et

Louis Xlll qui lui confièrent des charges importantes. Il mourut en 1619 gouverneur de Gaston d'Orléans et surintendant général de sa maison.

En buste de 3/4 à gauche ; les cheveux et la moustache relevés, une large collerette ornée de broderies encadre la barbe ; un double anneau à l'oreille.
À la sanguine, de la main dite de Foulon : [*M^c le comte du Lude*].

Bouchot, *Portraits*, p. 169.

Dessin aux crayons.

309. César de Balzac, seigneur d'Entragues. — D'abord seigneur de Gié, puis, à la mort de son frère, seigneur d'Entragues. Il est fils de François de Balzac, beau-fils de Marie Touchet et neveu du « bel Entraguet ». Colonel général des carabinois, conseiller du roi en ses conseils, lieutenant général en ses armées, il avait épousé en 1612 Catherine d'Assy, veuve du baron de Dunes.

Il ne faut pas le confondre avec son oncle, Charles de Balzac seigneur d'Entragues, dit « le bel Entraguet », qui, dans le duel des six mignons en 1568, était seul sorti à peu près indemne du combat.

En buste de 3/4 à gauche ; la tête découverte, la barbe en pointe. Il porte un large col Louis XIII.
XVIIe s., crayon [*Monsieur de Gyez Dunes*].
A la sanguine, de la main dite de Foulon : [*depuis M^r d'antragues*].
C'est à cause de cette inscription que nous joignons à cette série ce dessin et le suivant. Leur exécution, qui les en distingue assez nettement, les a fait attribuer parfois à Pierre et même à Daniel Dumonstier.

Bouchot, *Portraits*, p. 173.

Dessin aux crayons.

310. Marie Touchet, dame de Balzac d'Entragues (?) (Voir le n° 287).

En buste de 3/4 à gauche. Elle porte un béguin de deuil retombant en pointe sur le front, et une large collerette.
Crayon, XVIIe [*Mad. d'Antragues Marcoussis*].
Bouchot, *Portraits*, p. 174.

Dessin aux crayons.

4° DESSINS DE PIERRE DUMONSTIER ET D'ARTISTES VOISINS

M. J. Guiffrey (*Rev. de l'art*, 1905 et 1906, t. XVIII, p. 5, 136, 325 et 447 ; t. XIX, p. 51 ; t. XX, p. 321) a renouvelé et complété les renseignements donnés sur les Dumonstier par Tallemant, Mariette et Félibien, de Laborde, Jal, de Montaiglon, Reiset et Bouchot. Il a réuni de nombreux actes, fourni de nombreuses dates sur onze artistes de cette famille, échelonnés dans le xvi⁰ et le xvii⁰ siècle. Il reste cependant bien des points obscurs quand on veut préciser la généalogie de ces artistes et délimiter leur œuvre. Cela nous fera peut-être excuser d'entrer à ce sujet dans des explications un peu compliquées.

Nous avons placé en tête de cette série le nom de *Pierre Dumonstier*, parce qu'elle contient deux œuvres signées et datées de lui : le portrait d'Henri de Lavardin et un portrait de femme anonyme (n⁰ˢ 333 et 334) exécutés tous deux en 1618. Ces indications sont calligraphiées d'une écriture qu'il est impossible de confondre avec aucune autre. Nous la retrouvons sur un portrait d'homme anonyme exécuté en 1613 (n⁰ 332) avec la mention : *Ce portraict n'est point achevé*. Nous retrouvons cette même mention, de la même écriture, dans un portrait beaucoup plus ancien du duc de Mayenne, exécuté vers 1590 (n⁰ 318). Ce même portrait porte aussi des indications d'une écriture différente de la première, moins appliquée, mais qui peut être de la même main. Cette deuxième écriture se rencontre sur le portrait d'Anne de Danemark, vers 1590 (n⁰ 320); d'une femme anonyme, vers 1595 (n⁰ 325), avec la mention chère à Pierre Dumonstier : *Ce portraict n'a point esté achevé*; d'un homme anonyme, dessiné aux environs de 1600 (n⁰ 326), avec la mention : *Ce portraict n'est point achevé*. Ajoutons qu'un portrait de religieuse (n⁰ 327) a été reproduit à la pierre noire dans un petit dessin conservé au Cabinet des Estampes avec la mention : *1601, par P. Dumonstier*. Avec deux portraits gravés par Thomas de Leu d'après Pierre Dumonstier en 1594 et 1595, nous avons une dizaine d'œuvres qui peuvent servir de termes de comparaison pour les attributions.

Il y faut signaler cependant une difficulté. Grâce aux précieux travaux de M. Guiffrey, nous savons maintenant qu'il y a eu deux artistes du nom de Pierre Dumonstier ; quelle est leur part respective dans les œuvres rangées sous ce même nom ? M. Guiffrey propose d'attribuer au premier les œuvres antérieures à 1600, au second les œuvres du xvii⁰ siècle. Il y a à cela plusieurs objections à faire :

1° Nous trouvons l'aîné des deux Pierre (celui qui est né, comme nous le démontrerons, après 1545, aux environs de 1550) représenté dans une sépia exposée ici même, et dans un dessin conservé à Saint-Pétersbourg (voir la notice du n⁰ suivant). L'identité du personnage est établie, par la simple mention : *Pierre Dumonstier*, tracée précisément, dans les deux dessins, de cette écriture calligraphiée que nous avons rencontrée en 1613 et 1618. Il est peu vraisemblable que Pierre Dumonstier le jeune, parlant d'un parent plus âgé mais qui a vécu en même temps que lui, n'ait pas ajouté à son nom une indication permettant de distinguer de lui cet homonyme.

Si l'on suppose au contraire la mention écrite par le personnage représenté lui-même, il n'a point de raison d'avoir ce scrupule, à un moment où son neveu est encore un inconnu (si l'on admet toutefois qu'il soit déjà né).

2° Nous avons vu l'écriture calligraphiée de 1613 et 1618 sur un portrait de Mayenne que l'on peut dater de 1590 environ. A cette époque, Pierre Dumonstier le jeune avait 5 ans. Il faudrait donc supposer la mention : *Ce portraict n'est point achevé*, inscrite non par l'auteur, mais, beaucoup plus tard, par son neveu.

3° Dans le portrait de Jean de Beaugrand gravé par Thomas de Leu en 1595, c'est-à-dire quand Pierre II avait 10 ans, et publié par M. J. Guiffrey, se trouve, reproduite en *fac simile* par le graveur, la signature du peintre P. Dumonstier. Or cette signature, en caractères absolument exceptionnels dans l'œuvre de Th. de Leu, est au contraire de l'écriture de nos portraits signés de 1613 et 1618.

Nous avons donc admis que ceux-ci, aussi bien que les dessins antérieurs à 1600, pouvaient être de Pierre I Dumonstier. Il avait alors de 60 à 70 ans, il est vrai. Il devait signer encore en 1623 un fort mauvais dessin, fait à Rome et conservé au Cabinet des Estampes. Quant à Pierre II, qui devait vivre jusqu'en 1656, il nous semble qu'aucun indice ne permet d'affirmer que ce peintre se soit spécialisé comme son oncle dans les portraits aux crayons.

Si l'on désirait attribuer quelques-uns des dessins de cette série à un autre membre de la famille des Dumonstier, il serait très naturel de penser au frère aîné de Pierre, Étienne II (né en 1545, mort avant 1611), qui a été comme lui attaché à la reine-mère, et que nous allons trouver représenté à côté de lui dans deux dessins décrits ci-dessous.

311. Étienne et Pierre Dumonstier devant Catherine de Médicis et Mme de Sauves. — Dessin attribué à Antoine Caron (voir le n° 277).

Deux jeunes gens s'avancent vers la reine : le premier, Étienne, tient sa toque de la main gauche et tend de la main droite une plume à Catherine de Médicis assise devant une table. Pierre entre derrière son frère en soulevant une draperie. Devant Catherine sont debout un nain et une naine dont elle va signer le contrat de mariage ; à sa gauche est accroupie Mme de Sauves, caressant un épagneul.

Les noms des personnages ont été écrits par Pierre Dumonstier : [*La Royne mère du Roy, Madame de Sa[uve], Estienne Du Monstier l'aisné, Pierre Du Monstier*].

Grâce aux travaux de M. Jules Guiffrey, nous savons qu'il y a, au XVIe siècle, deux artistes du nom d'Étienne Dumonstier, comme il y a deux artistes du nom de Pierre Dumonstier. Il y a donc quelque difficulté à identifier les personnages représentés ici. Nous y parviendrons plus facilement en rapprochant notre sépia d'un dessin au crayon découvert dans les collections impériales de Saint-Pétersbourg par M. Jean Guiffrey et publié par M. Jules Guiffrey.

Il représente deux adolescents très semblables par le costume, le visage et l'âge aux deux artistes de notre sépia. Au-dessus du plus grand, on lit, de la main de Pierre Dumonstier : *Estienne Du Monstier l'aisné* ; au-dessus du plus jeune : *Pierre Du Monstier son frère*.

Les deux dessins s'accordent donc à nous faire savoir qu'à une date voisine de 1565-70 (si l'on en croit les costumes et si l'on tient compte de la présence de Mme de Sauves auprès de la reine) les deux frères Dumonstier étaient fort jeunes. Il faut donc renoncer à y voir Étienne I Du Monstier, né en 1520. Que Catherine ait été outrageusement rajeunie, cela s'explique assez bien et nous savons par Brantôme que Corneille de Lyon n'hésitait pas à la représenter aussi jeune que ses filles. Mais il serait incompréhensible qu'on ait figuré sous les traits d'un adolescent un homme qui approchait de la cinquantaine. Il s'agit évidemment ici d'Étienne II, né en 1545, qui fut peintre et valet de chambre du roi et de la reine mère, et la mention *Étienne Du Monstier l'aisné* indique seulement qu'il est l'aîné des deux frères ici représentés. Il semble que ce nom lui soit resté ; parlant de lui, Félibien dira plus tard : *Dumonstier l'aîné*. Dès lors, Pierre I, également peintre et valet de chambre, ne serait plus fils de Geoffroy et frère d'Étienne I et de Cosme, comme on l'avait supposé ; il serait frère d'Étienne II et né par conséquent après 1545, vers 1550, vraisemblablement. Quant à son neveu Pierre II, dont il vient d'être parlé dans la note ci-dessus, il ne peut être question de lui ici, puisqu'il est né seulement en 1585.

Voir Jal, p. 881, Reiset, t. II, p. 298. Publié par P. de Chennevières : *Portraits d'artistes français*, 1853-69, in-fol., par J. Guiffrey, *Rev. de l'Art*, t. XVIII, p. 15.

Bouchot, *Portraits*, p. 77.

Dessin lavé de sépia.

312. Mme de Saint-Corantin.

En buste de 3/4 à droite ; elle porte une coiffure relevée et une large fraise. Dans les cheveux et sur les boutons du costume quelques frottis de crayon jaune.

Bouchot, *Portraits*, p. 233.

Dessin aux crayons.

313. Catherine d'Espagne, duchesse de Savoie (?). — Fille de Philippe II et d'Élisabeth de France, épousa en 1586 Charles-Emmanuel Ier, duc de Savoie. C'est à l'occasion de ce mariage que Guarini présenta au prince son fameux « Pastor Fido ». Catherine de Savoie mourut à Turin le 6 novembre 1597.

En buste de 3/4 à gauche ; elle porte une large fraise et une coiffure relevée ; trois rangs de perles tombent sur la poitrine.

Bouchot, *Portraits*, p. 236.

Dessin aux crayons.

314. Mademoiselle de Lavernay. — Fille d'honneur à la cour de Catherine de Médicis.

En buste de 3/4 à gauche ; coiffure relevée, collet monté. Traces de crayon jaune sur les boutons du corsage.

Bouchot, *Portraits*, p. 202.

Dessin aux crayons.

315. Marie de Leviston, dite Mme Flamin (?). — Elle avait été la maîtresse de Henri II. Il est donc peu vraisemblable qu'elle puisse être représentée ici, vers 1580, sous les traits d'une jeune femme.

En buste de 3/4 à gauche ; les cheveux relevés. Elle est largement décolletée et porte une collerette en collet monté. Les boutons du corsage indiqués au crayon jaune.

Bouchot, *Portraits*, p. 178.

Dessin aux crayons.

316. Marguerite de Lorraine, duchesse de Joyeuse. — Née en 1564, belle-sœur de Henri III, sœur de Philippe-Emmanuel duc de Mercœur (voir le n° 302). Elle épousa en 1581 Anne duc de Joyeuse, qui fut tué à Coutras (voir le n° 259). La douleur que manifesta Marguerite lui vaut l'estime de Brantôme qui la déclare « bonne et sage princesse ». Elle se remaria en 1599 avec François de Luxembourg et mourut en 1625.

Tête de jeune fille de 3/4 à gauche ; portant une coiffure relevée et une toque à peine esquissée.

Bouchot, *Portraits*, p. 267 (anonyme.)

Dessin aux crayons.

317. Anonyme femme vers 1580.

Tête de jeune femme, portant une coiffure relevée, tournée de 3/4 à droite. On voit à gauche le bord de son escoffin à bandes grises et jaunes ; on devine une large fraise.

Bouchot, *Portraits*, p. 266.

Dessin aux crayons.

318. Charles de Lorraine, duc de Mayenne depuis 1573. — 2e fils de François de Guise et d'Anne d'Este ; Henri III l'avait nommé amiral et l'avait fait chevalier de son ordre en 1582. Mais après l'assinat à Blois de ses deux frères, le cardinal de Guise et le duc

Henri, Mayenne se révolta ouvertement contre le roi, se mit à la tête de la Ligue et se fit nommer par le Parlement lieutenant général de la couronne de France, en mars 1589. Après la mort d'Henri III, Mayenne continua la lutte contre Henri IV qui le battit à Arques et à Ivry. Après avoir été chercher des renforts en Flandre, Mayenne put faire lever les sièges de Paris et de Rouen, mais il fut défait à la bataille de Fontaine-Française en 1595 et fit sa paix avec Henri IV.

Le duc de Mayenne mourut en 1611 à Soissons.

En buste de 3/4 à droite. Ce dessin est quadrillé et a dû servir à un graveur, sans doute Le Blond.

Au crayon, d'une écriture que nous retrouverons sur certains portraits de la même série [*les cheveus chatains oscur.*] A la sanguine, de la même main [*la lèvre fort rouge.*] Enfin, de l'écriture de Pierre Dumonstier [*Ce portrait n'a point été achevé.*]

Bouchot, *Portraits*, p. 213.

Dessin aux crayons.

319. Gabrielle d'Estrées. — Voir le n° 291.

En buste de 3/4 à gauche ; la tête seulement esquissée, avec les cheveux relevés ; les habits ne sont qu'indiqués. Une grosse perle à l'oreille.

Bouchot, *Portraits*, p. 139.

Dessin aux crayons.

320. Anne de Danemark, reine d'Angleterre. — Née en 1574, fille de Frédéric III de Danemark, elle épouse le roi Jacques Ier en 1590.

Parmi les portraits assez différents que nous avons de cette reine, on pourrait comparer ce crayon aux portraits gravés par Pierre de Jode et Crispin de Passe en 1604.

Tête de jeune femme, de 3/4 à droite ; les cheveux blonds relevés.

Au crayon, d'une écriture que l'on retrouve sur divers dessins de cette série [*la femme de Jacques.*]

Bouchot, *Portraits*, p. 269.

Dessin aux crayons.

321. Anonyme homme, vers 1590 (?).

Tête d'homme de 3/4 à gauche. Le personnage paraît avoir de quarante à quarante-cinq ans et porte courts ses cheveux bruns.

La moustache châtain est rare et la barbe comme naissante. Dans les yeux, un strabisme convergent à peine sensible.

Bouchot, *Portraits*, p. 258.

Dessin aux crayons.

N° 331

FEMME ANONYME, début du XVIIIᵉ siecle
attribué à Pierre Dumonstier

322. Claude Du Bellay. — Fils de René du Bellay, baron de Lalande ; il fut abbé de Savigny et mourut en 1609.

En buste de 3/4 à gauche ; il porte les cheveux relevés, une barbe et une moustache naissantes, un petit col rabattu sur un camail ecclésiastique.

Bouchot, *Portraits*, p. 167. Publié par J. Guiffrey, 1905.

Dessin aux crayons.

323. Enfant anonyme, extrême fin du XVIe siècle.

En buste de 3/4 à gauche ; les cheveux relevés. Le vêtement est à peine indiqué.

Bouchot, *Portraits*, p. 259.

Dessin aux crayons.

324. Anonyme femme, extrême fin du XVIe siècle.

Il est impossible d'y voir, comme on l'a proposé, Françoise Hésèque, femme de D. Dumonstier, qui est presque aussi jeune dans le portrait n° 363 dessiné vingt-cinq ans plus tard.

Tête de jeune femme d'environ vingt à vingt-cinq ans, de 3/4 à gauche ; portant sur les cheveux bouffants le chaperon plat des bourgeoises. On devine une large collerette et un double collier.

Bouchot, *Portraits*, p. 269.

Dessin aux crayons.

325. La même.

Tête de jeune femme d'environ vingt à vingt-cinq ans, de 3/4 à gauche, portant les cheveux bouffants et un chignon élevé. On devine une large fraise.

Au crayon, de l'écriture signalée au n° 318 : [*Ce portrait n'a point esté achevé*].

Bouchot, *Portraits*, p. 270.

Dessin aux crayons.

326. Homme anonyme, vers 1600.

En buste de 3/4 à droite ; il porte la barbe ; les cheveux et la moustache sont relevés ; le vêtement est seulement esquissé.

Au crayon, de l'écriture signalée au n° 318 [*les cheve(u)s plus bruns. Ce portrait n'est point achevé.*]

Bouchot, *Portraits*, p. 260.

Dessin aux crayons.

327. Femme anonyme, vers 1600.

C'est une religieuse, âgée de soixante à soixante-dix ans, en buste de 3/4 à gauche.

Nous avons placé dans le même cadre une copie à la pierre noire de ce portrait dans un petit médaillon ovale, destinée vraisemblablement à la gravure. On y lit [*1601. par P. Dumonstier*].

Bouchot, *Portraits*, p. 267.

Dessin aux crayons.

328. Françoise Habert (?). — Abbesse de Fontevraud, où elle mourut, âgée de 50 ans, en 1636.

Religieuse, d'une quinzaine d'années, en buste de 3/4 à gauche.

Bouchot, *Portraits*, p. 268 (anonymes).

Dessin aux crayons.

329. Mme de Touville (?).

En buste de 3/4 à gauche ; portant la coiffure plate des bourgeoises du commencement du xviie siècle.

Bouchot, *Portraits*, p. 245.

Dessin aux crayons.

330. Maximilien de Béthune, duc de Sully. Voir le n° 304.

En buste de 3/4 à droite ; la barbe longue, une fraise autour du cou, les habits ne sont qu'indiqués.

Bouchot, *Portraits*, p. 240.

Dessin aux crayons.

331. Femme anonyme, début du XVIIe siècle.

En buste de 3/4 à droite ; coiffure relevée surmonté d'un escoffion, collet monté garni d'une broderie, collier à deux rangs de perles.

Bouchot, *Portraits*, p. 271.

Dessin aux crayons.

332. Homme anonyme, 1613.

En buste de 3/4 à gauche ; les cheveux relevés et la barbe en pointe. Il porte un col rabattu et un manteau.

A la sanguine, de la main de Pierre Dumonstier : [*En juillet 1613. — Ce portraict n'est point achevé.*]

Bouchot, *Portraits*, p. 262. Publié par J. Guiffrey, *Rev. de l'art*, nov. 1906.

Dessin aux crayons.

Nº 333

HENRY DE BAUMANOIR, marquis de Lavardin
par Pierre Dumonstier

333. Henry de Beaumanoir, marquis de Lavardin. — Fils de Jean III de Beaumanoir, maréchal de France, et de Catherine de Carmain, comtesse de Nègrepelisse. Il était seigneur de Malicorne et gouverneur des comtés du Maine et du Perche. Il mourut en mai 1633.

En buste de 3/4 à gauche ; la barbe en pointe, les moustaches relevées.

A l'encre, de la main de Pierre Dumonstier : [*ce dernier jour d'octobre 1618, par Pierre Dumonstier. Parisien*].

Bouchot, *Portraits*, p. 201.

Dessin aux crayons.

334. Femme anonyme, 1618.

En buste de 3/4 à gauche ; portant une coiffure relevée et une large collerette en collet monté. Des perles au cou, à l'oreille et dans les cheveux.

A la sanguine, de la main de Pierre Dumonstier : [*Ce 27 aoust 1618. — Par P. Du Monstier.*]

Bouchot, *Portraits*, p. 271. Publié par J. Guiffrey, *Rev. de l'Art*, nov. 1906.

Dessin aux crayons.

335. Armand de Bourbon, prince de Conti.
Voir le n° 381.

En buste de 3/4 à gauche. Un camée est attaché sur le béguin d'enfant orné de plumes, qui recouvre les cheveux. Agé d'environ trois ans.

Dessin aux crayons.

ÉPOQUE DE DANIEL DUMONSTIER

1º DESSINS DE DANIEL DUMONSTIER

Avec cet artiste, nous abandonnons enfin le domaine des hypothèses. Des dates et des signatures très nombreuses inscrites par Daniel Dumonstier sur ses crayons, des impressions notées par ses contemporains nous permettent de nous faire une idée assez précise de l'homme et de son œuvre.

Il était fils de Cosme Dumonstier et né en 1574. Il épousa d'abord, en 1602, Geneviève Baliffre qui lui donna deux fils et sept filles. Au moment de son second mariage, en 1630, il se qualifie de peintre du roi, de la reine régente et de monseigneur, frère du roi. Sa seconde femme, était une servante depuis longtemps à son service, Françoise Hésèque (voir le nº 351). Elle lui donna trois fils et une fille. Il mourut en 1646. « On lui fit, dit M. J. Guiffrey, un service pompeux, auquel assistaient trente prêtres, dans l'église de Saint-Germain-l'Auxerrois, paroisse de la galerie du Louvre, où il occupait un appartement ».

C'est qu'il était, autant par son caractère que par son talent, un personnage fort à la mode dans la bonne société. On se pressait dans son atelier autant pour écouter ses réparties salées et assister à ses charges de rapin, que pour obtenir un portrait d'une ressemblance certaine. « C'étoit, dit Tallemant, un petit homme qui avoit presque toujours une calotte à oreilles, naturellement enclin aux femmes, sale en propos, mais bon homme et qui avoit de la vertu ». Il est difficile de savoir ce qu'il faut entendre par la vertu de Dumonstier, car Malherbe, qui entretenait avec lui des relations assez suivies, ne cache pas qu'il était paresseux, bizarre et quelque peu menteur. Au reste, sachant de l'italien et de l'espagnol, rimant des vers, d'ailleurs assez plats, amoureux de musique, curieux de lecture et retenant avec une remarquable facilité tout ce qu'il avait lu, amateur de livres « dont il avoit un cabinet considérable » et sur lesquels il inscrivait, en guise *d'ex-libris* : « au diable les emprunteurs », collectionneur de curiosités de toutes sortes, depuis certains flacons « d'huille de scorpion » jusqu'à des bronzes antiques que convoitait le célèbre Peiresc. H. Bouchot a même cru reconnaître son écriture sur certains dessins de l'album, dit de Foulon, qui nous a fourni, on l'a vu, la meilleure part de cette exposition.

Son talent était très apprécié des contemporains. Il n'avait pas tardé, dit Mariette d'après Sauval, à se faire une réputation bien plus considérable que les autres membres de sa famille « par sa facilité de faire des portraits qui ne sortaient jamais de ses mains sans être ressemblants. Il les faisait

N° 336

GABRIELLE D'ESTRÉES
attribué à Daniel Dumonstier

aux trois crayons et au pastel. Il est étonnant le nombre qu'il en a fait. Il avait coutume d'en garder pour lui des copies, ce qui les a encore multipliés et ce qui fait que les Cabinets en sont remplis ».

Il est certain qu'aujourd'hui encore les œuvres de Daniel sont fort nombreuses, et nous avons pu nous montrer assez sévères en faisant un choix dans les quatre volumes que possède le Cabinet des Estampes. On distinguera aisément dans ces crayons deux séries différentes, d'ailleurs à peu près contemporaines. Ceux qui portent des titres en grandes majuscules du xvııe siècle sont jaunis, assez mal conservés, quelque peu grattés et salis, mais on devine qu'ils ont été très soignés et travaillés. Cette série, dont on trouverait d'autres exemplaires au Louvre et dans des collections particulières, était certainement destinée à la vente. D'autres dessins, d'une facture plus heurtée, portent quelquefois la mention : « *fait par et pour D. Dumonstier* ». Ils sont donc du nombre de ceux que Daniel conservait pour lui-même. Leur parfait état de conservation, leur couleur très fraîche, trop fraîche trouvera-t-on peut-être, permettraient mieux de juger Dumonstier à sa valeur.

Il était capable plus qu'on ne s'en doute de grâce et de distinction : voir les deux délicats pastels de jeunes filles des nᵒˢ 341 et 342. Mais ce n'est qu'une exception dans son œuvre et il s'est complu d'assez bonne heure à appuyer fortement son dessin, à forcer le format ordinaire des portraits aux crayons jusqu'à la grandeur naturelle, à distribuer la couleur avec une générosité excessive. Dans le portrait de l'opulente Mᵐᵉ de Champlitte (nᵒ 380), dans la splendide trogne épanouie du vieillard anonyme exposé au nᵒ 374, on dirait que ses crayons cherchent à lutter avec les pinceaux de Rubens. On ne peut nier qu'en exagérant les tendances *pointillistes*, pourrait-on dire, déjà indiquées dans certains dessins de Pierre Dumonstier, il ne soit parvenu à une grande vigueur et à un éclat assez remarquable. Les parties accessoires, le costume, paraissent avoir été confiées d'ordinaire à un aide assez peu intéressant, mais les visages ont parfois une intensité de vie et une hardiesse d'expression (voir le nᵒ 360) qui annoncent les pastels du xvıııe siècle. C'est sans doute d'un portrait semblable que Malherbe disait : « Je ne le vois jamais qu'il ne me semble qu'il veuille parler à moi. » Quelques œuvres de cette valeur font oublier sans peine les images médiocres et communes nées des crayons trop féconds du peintre le plus fidèle de la cour de Louis XIII.

336. Gabrielle d'Estrées. — (Voir le nᵒ 291).

En buste de 3/4 à gauche ; elle a un bijou en forme d'étoile sur ses cheveux relevés ; elle porte une collerette, et un collier qui retombe sur la poitrine.

C'est le moins certain des dessins attribués à D. Dumonstier, car nous n'avons, comme terme de comparaison, aucun crayon signé de lui avant 1600.

Bouchot, *Portraits*, p. 140. Publié par Niel.

Dessin aux crayons.

337. Femme anonyme, 1600.

En buste de 3/4 à droite ; elle porte un collet monté et une chaîne au cou. Daté du 4 avril 1600, de la main de Daniel Dumonstier.

Bouchot, *Portraits*, p. 270.

Dessin aux crayons.

338. Claude Boyvin de Savignies, dame du Biez. — Antoine de Biez, qu'elle épousa en 1605, fut gentilhomme de la Chambre du Roi en 1629 et mestre de camp d'un régiment de gens de pied en 1635.

En buste de 3/4 à gauche ; elle est coiffée en pointe et porte une assez large fraise, une grosse perle en pendant d'oreilles et un collier à gros grains tombant sur la poitrine.

Au crayon, xviiᵉ [*M. du Bic*].

Bouchot, *Portraits*, p. 167.

Dessin aux crayons.

339. Nicolas Brulart, marquis de Sillery. — Maître des Requêtes ; il fut envoyé en ambassade auprès des Grisons en 1589 et représenta la France comme plénipotentiaire au traité de Vervins. Ce fut lui qui négocia le mariage d'Henri IV avec Marie de Médicis. Henri IV, pour le récompenser de ses services, le nomma chancelier de France en 1607. Il mourut en 1624.

En buste de face, la barbe en éventail ; daté du 8 juin 1605.

Le Cabinet des Estampes possède une réplique de ce portrait. Le Louvre en possède un autre exemplaire daté de 1603.

Bouchot, *Portraits*, p. 238. Publié par J. Guiffrey.

Dessin aux crayons.

340. Jeanne de Bourbon-Montpensier, abbesse de Jouarre. — Elle était née en 1542 de Louis, duc de Montpensier, et de Jacqueline de Longwy (voir le nº 216). Elle fut d'abord abbesse de Sainte-Croix de Poitiers, de 1586 à 1624, succéda comme abbesse de Jouarre à deux de ses sœurs. La première, Charlotte, s'était enfuie du monastère avec quelques religieuses, en 1572, avait abjuré à Heidelberg la religion catholique et s'était mariée avec Guillaume de Nassau, prince d'Orange.

En buste de 3/4 à gauche, portant un voile noir de religieuse.

Ce dessin, en assez mauvais état, a été maladroitement découpé et collé sur une feuille blanche. Le titre, la date [1607], le nom de l'auteur ne paraissent pas de la main de Dumonstier.

Bouchot, *Portraits*, p. 146.

Dessin aux crayons.

341. Jeune fille anonyme, vers 1610.

Tête de 3/4 à droite ; coiffure en pointe.

Bouchot, *Portraits*, p. 270.

Dessin aux crayons.

342. Jeune fille anonyme, vers 1610.

Tête de 3/4 à gauche ; cheveux coiffés en pointe.

Bouchot, *Portraits*, p. 270.

Dessin aux crayons.

343. N..., prince de France. — C'est le second fils d'Henri IV et de Marie de Médicis. Il n'eut pas le temps de recevoir officiellement un nom : né à Fontainebleau en 1607, il mourut âgé de quatre ans à Saint-Germain-en-Laye d'une « fièvre léthargique ».

Tête d'enfant de 3/4 à gauche.
A l'encre, de la main de Dumonstier (?) : (*un des fils de France mort*].

Bouchot, *Portraits*, p. 180.

Dessin aux crayons.

344. Henri de Lorraine, comte de Chaligny. — 1596-1672. Il défendit Nancy en 1633 contre les Français et rendit la place par ordre du duc Charles de Lorraine dont il était le lieutenant général.

En buste de 3/4 à gauche : les cheveux relevés et la barbe en pointe, portant une fraise.
Daté à la sanguine par Dumonstier : [*Ce 26 de novembre 1612*].

Dessin aux crayons.

345. La maréchale d'Ancre. — Éléonora Dori, dite Galigaï, dame d'atours de Marie de Médicis, qui l'avait emmenée en France lors de son mariage avec Henri IV. Elle avait épousé le fameux Concino Concini, que la faveur de Marie de Médicis avait fait marquis d'Ancre et maréchal de France en 1614. Cette femme, remarquablement intelli-

gente et très énergique, contribua beaucoup à la faveur de son mari, d'abord par son intimité avec la reine et aussi par les conseils sages et avisés qu'elle sut donner au maréchal. Après avoir partagé les splendeurs de son mari, elle fut entraînée dans sa mauvaise fortune. Environ trois mois après la mort du maréchal, tué à sa sortie du Louvre, par Vitry, sur l'ordre du roi, elle fut décapitée en place de Grève, le 8 juillet 1617, montrant jusqu'au bout une grande fermeté de caractère.

En buste de 3/4 à gauche ; les cheveux frisés, elle a une collerette très montée et porte une parure de perles.

Daté de 1614.

Bouchot, *Portraits*, p. 132. Publié par J. Guiffrey.

Dessin aux crayons.

346. Louis de Bourbon, comte de Soissons. — Grand-maître de France. Ce prince du sang passa sa vie toute entière dans les intrigues de cour. D'abord du parti de la reine mère, il fit ensuite des avances aux protestants, mais, n'ayant pas réussi, il fit la paix avec le roi. Compromis dans l'affaire de Chalais contre Richelieu, il dut s'exiler. Louis XIII lui pardonna de nouveau et lui donna le gouvernement de Champagne. Mais le comte de Soissons était incorrigible : demeuré l'ennemi du cardinal, il complota avec Gaston d'Orléans contre Richelieu et dut s'enfuir à Sedan, chez le duc de Bouillon. Il fut tué au combat de la Marfé le 6 juillet 1641.

En buste de 3/4 à gauche.

Bouchot, *Portraits*, p. 239.

Dessin aux crayons.

347. Homme anonyme, vers 1615.

Tête de 3/4 à gauche.

Bouchot, *Portraits*, p. 262.

Dessin aux crayons.

348. Homme anonyme, vers 1615.

De 3/4 à droite ; la barbe et les cheveux gris, les habits à peine indiqués.

Bouchot, *Portraits*, p. 262.

Dessin aux crayons.

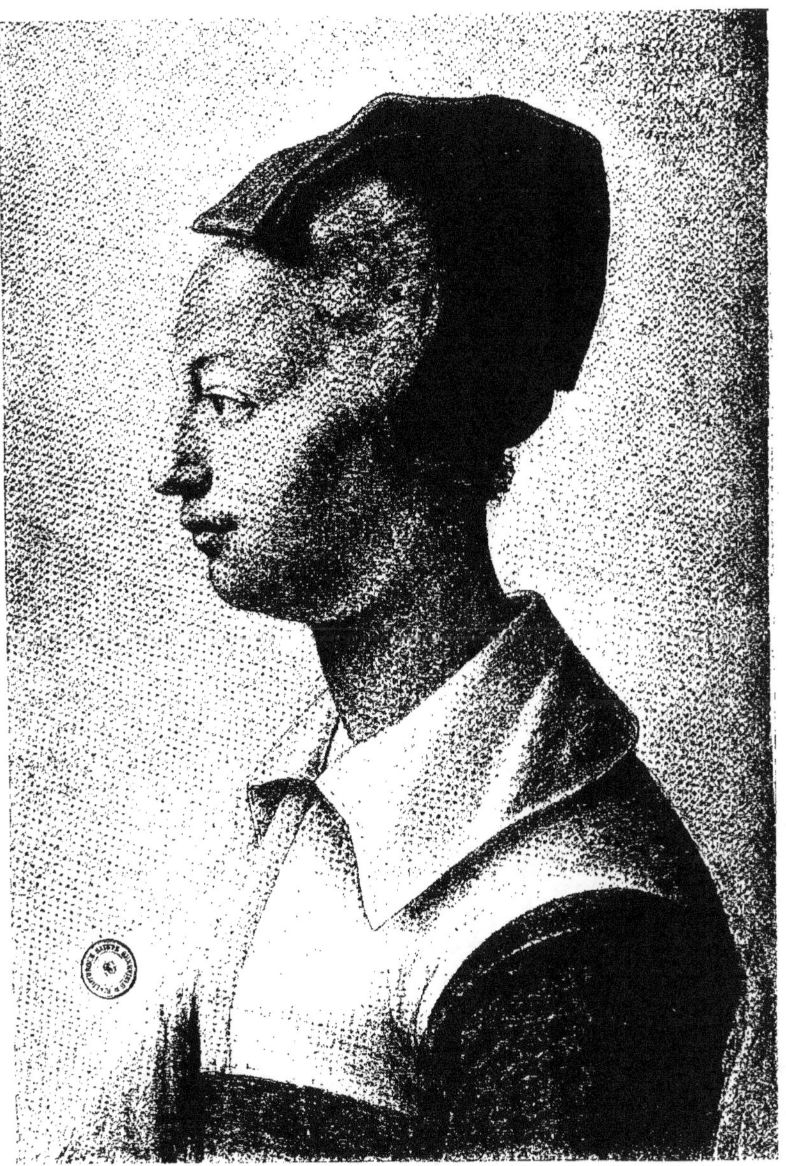

Nº 351

FRANÇOISE HÉSÈQUE
par Daniel et Etienne III Dumonstier

490. Enfant anonyme, vers 1620.

Tête de 3/4 à droite ; coiffée d'un bonnet.

Bouchot, *Portraits*, p. 271.

Dessin aux crayons.

350. M. de Villerasol (?)

En buste de 3/4 à droite ; courte barbe blanche en pointe.
Au crayon, de la main de Dumonstier [*ce 30 de janvier 1619*].

Bouchot, *Portraits*, p. 252.

Dessin aux crayons.

351. Françoise Hesèque. — Seconde femme de Daniel Dumonstier.

Françoise Hesèque était à son service ; quand l'artiste eut perdu sa première femme en 1628, il ne tarda pas à s'éprendre de cette servante qui était jolie fille, et malgré ses cinquante-six ans, il l'épousait le 3 février 1630. Dans ses historiettes, Tallemant rapporte une réponse assez piquante de Dumonstier à la reine à propos de ce mariage. Françoise Hesèque mourut le 5 octobre 1636. Le fils aîné de Daniel et de Geneviève Baliffre, Étienne III Dumonstier, né en 1604, n'est connu comme peintre que par la mention inscrite sur ce dessin par son père. Il ne faut pas le confondre avec son frère cadet Nicolas (1612-1667) qui jouit d'une certaine notoriété, occupa au Louvre le logement accordé à son père, et fut agréé de l'Académie de peinture et de sculpture.

En buste de profil à gauche ; coiffée d'un petit chaperon noir.
De la main de Daniel Dumonstier au crayon, [*Francoise hesèque, faicte ce 8 de may 1619, commencée par mon fils aîné, corrigée et finie par moy, D. Dumonstier. Depuis ma famme en second mariage du 5 de may 1630 et trespassée le 5 d'octobre 1636.*]

Bouchot, *Portraits*, p. 169. Publié par J. Guiffrey.

Dessin aux crayons.

352. Mme de Grandmare.

En buste de 3/4 à gauche ; les habits à peine indiqués.

Bouchot, *Portraits*, p. 184.

Dessin aux crayons.

353. Jacqueline de Harlay, dame de Neuville-Villeroy.

En buste de 3/4 à gauche ; les cheveux moutonnés, et ornés de rubans roses. Elle porte un col en éventail et un double rang de perles au cou.

Bouchot, *Portraits*, p. 252.

Dessin aux crayons.

354. Femme anonyme, vers 1620.

En buste de 3/4 à gauche, les cheveux bruns ; elle porte un col en éventail.

Bouchot, *Portraits*, p. 272.

Dessin aux crayons.

355. Madame du Breuil.

En buste de 3/4 à droite ; coiffée en bouffons et portant un col en éventail. Un double rang de perles autour du cou.

Bouchot, *Portraits*, p. 167.

Dessin aux crayons.

356. Mlle Le Songère.

En buste de 3/4 à gauche ; elle a des rubans bleus dans ses cheveux blonds et porte un col en éventail et un collier de perles à deux rangs.
Signé au crayon : [*Dumonstier*].

Bouchot, *Portraits*, p. 203.

Dessin aux crayons.

357. Jeune homme anonyme, vers 1620.

En buste de 3/4 à gauche ; les habits à peine indiqués.

Bouchot, *Portraits*, p. 262.

Dessin aux crayons.

358. Anne d'Autriche, reine de France, 1602-1666. — Fille de Philippe II, roi d'Espagne ; elle épousa Louis XIII, le 25 décembre 1615. Mme de Motteville fait ainsi son portrait, en 1639 : « Elle me parut aussi belle qu'aucune de celles qui composaient son cercle. Elle se coiffait, selon la mode, d'une coiffure ronde, frisée clair, et mettait beaucoup de poudre... Elle n'avait pas le teint délicat, ayant même le défaut d'avoir le nez gros, et de mettre à la mode d'Espagne trop de

N° 552

MADAME DE GRANDMARE
par DANIEL DUMONSTIER

rouge, mais elle était blanche, et jamais il n'y a eu aussi belle peau que la sienne. Les yeux étaient parfaitement beaux ; la douceur et la majesté s'y rencontraient ensemble ; la couleur, mêlée de vert, rendait leurs regards plus vifs..., sa bouche était petite, vermeille... Elle avait le tour du visage beau et le front bien fait. »

En buste de 3/4 à gauche ; portant un diadème et un collet en éventail festonné, échancrure en pointe sur la poitrine.

Bouchot, *Portraits*, p. 134.

Dessin aux crayons.

359. Bernard de Foix, de Nogaret, de la Valette, duc d'Epernon. — Né en 1592, il fut nommé en 1610 colonel général de l'infanterie française. Après l'échec du siège de Fontarabie, Richelieu le fit condamner à mort pour trahison en 1639. La Valette, qui s'était réfugié en Angleterre, reparut en France après la mort du cardinal et fut réhabilité par arrêt du Parlement. Il fut à plusieurs reprises gouverneur de Guyenne et s'y montra aussi mauvais administrateur que l'avait été son propre père. Il avait épousé en 1622 Gabrielle, fille d'Henri IV et de la marquise de Verneuil, petite-fille de Marie Touchet (Cf. le n° 287) ; avant même son mariage, il l'avait battue devant toute la cour ; en 1627, il l'empoisonna, dit-on. Il délaissa sa seconde femme Marie du Cambout, pour une bourgeoise d'Agen, Nanon de Lartigue, qu'il conduisait partout avec lui, même chez la reine. Il mourut en 1661 et fut inhumé à Cadillac, dans le célèbre tombeau des ducs d'Épernon, d'où provient la renommée de Pierre Biard au Louvre.

En buste de 3/4 à gauche. Une cadenette retombe sur le côté gauche du col festonné.

Il est représenté dans un autre crayon conservé au Cabinet des Estampes (Na 21).

Bouchot, *Portraits*, p. 175.

Dessin aux crayons.

360. Jeune homme anonyme, vers 1620.

Tête de 3/4 à droite ; une cadenette pend sur l'épaule droite.

Bouchot, *Portraits*, p. 162.

Dessin aux crayons.

361. Homme anonyme, vers 1620.

En buste de 3/4 à droite ; la barbe en pointe, les moustaches relevées, il porte les cheveux bouclés et une longue mèche retombant sur l'épaule gauche. Le col festonné est à peine indiqué.

Bouchot, *Portraits*, p. 263.

Dessin aux crayons.

362. Homme anonyme, vers 1620.

En buste de 3/4 à gauche ; les cheveux relevés et la barbiche en pointe, il porte un grand col festonné.

Bouchot, *Portraits*, p. 273.

Dessin aux crayons.

363. Georges Villiers, duc de Buckingham. — Lorsqu'il vint en France, en 1625, âgé de trente-trois ans, Buckingham était chargé par Charles Ier d'aller chercher la future reine d'Angleterre, Henriette de France. Cette ambassade fut entourée d'un éclat extraordinaire. Comblé de titres, d'argent et de dignités par le feu roi Jacques Ier, Buckingham avait triomphé des colères soulevées par les exactions de ses parents et de ses protégés, par son orgueil, par l'incohérence de sa politique étrangère. Il était alors un des hommes les plus puissants de l'Europe. Comme il passait aussi pour un des plus beaux, il eut l'impertinence de compromettre par ses hommages indiscrets la reine Anne d'Autriche. Les romanciers, qui ont beaucoup ajouté à cette maladresse, ont imaginé à ce sujet une jalousie de Richelieu que dément la correspondance du cardinal. C'est pour des raisons politiques que les deux hommes se trouvèrent plus tard en lutte. Buckingham allait à Portsmouth prendre le commandement d'une flotte formidable destinée à soutenir les protestants de la Rochelle, lorsqu'il fut assassiné par John Felton en 1628. Les manifestations de joie du peuple de Londres montrèrent combien le favori était devenu impopulaire.

En buste de 3/4 à gauche ; les cheveux frisottés, portant un large col festonné et le ruban bleu de l'ordre de la Jarretière.
Daté de 1625.

Bouchot, *Portraits*, p. 150.

Dessin aux crayons.

N° 360

JEUNE HOMME ANONYME, vers 1620
par Daniel Dumonstier

364. Homme anonyme, vers 1625.

Tête de 3/4 à gauche; les cheveux bruns relevés et la barbe blonde en pointe. Un grand col uni rabattu à peine indiqué.

Bouchot, *Portraits*, p. 263.

Dessin aux crayons.

365. Jeune homme anonyme, vers 1625.

De 3/4 à droite; la tête seule finie; la barbe en pointe.

Bouchot, *Portraits*, p. 263.

Dessin aux crayons.

366. Homme anonyme, vers 1626.

En buste de 3/4 à gauche : il porte un large col festonné.
Au crayon, de la main de Dumonstier: [*Ce 18 juillet 1626*].

Bouchot, *Portraits*, p. 263.

Dessin aux crayons.

367. Mme de Bretoncelles. — Françoise de Pommereuil, fille de Charles de Pommereuil et d'Anne de Vassy. Elle avait épousé Jean d'Angennes, seigneur de Bretoncelles, qui mourut en 1624.

En buste de 3/4 à droite ; les cheveux frisés en bouffons.
Au crayon, de la main de Dumonstier : [*Ce 26 d'août 1627*].

Bouchot, *Portraits*, p. 147. Publié par J. Guiffrey.

Dessin aux crayons.

368. Mme Du Buisson.

En buste de 3/4 à gauche; coiffée de bouffons et de garcettes. Le costume et les bijoux à peine indiqués.

Bouchot, *Portraits*, p. 167.

Dessin aux crayons.

369. François de la Grange, seigneur de Montigny. — Capitaine des cent gentilshommes de la maison du roi Henri III, puis gouverneur du Berry. Henri IV, qui appréciait ses services, le nomma chevalier de ses ordres et le fit gouverneur de Paris en 1603. Il devint maréchal de France en 1616 et mourut en 1617.

En buste de 3/4 à droite; il porte une collerette.

Bouchot, *Portraits*, p. 216.

Dessin aux crayons de couleur.

370. Madeleine de Créqui, demoiselle de Canaples. — Née vers 1625, elle mourut encore enfant. Son grand-père était le duc de Lesdiguières, maréchal de France ; son père, Charles de Créqui, était mestre-de-camp du régiment des gardes-françaises et fut tué au siège de Chambéry, en 1630.

> Enfant de 3/4 à droite ; décolletée en carré, les cheveux blond très clair, coiffés en bouffons.
> Daté au crayon par Dumonstier : [*Ce 22 de juin 1629*].

> Bouchot, *Portraits*.

> *Dessin aux crayons.*

371. Godfried Heinrich, comte de Pappenheim. — Un des plus célèbres généraux du parti catholique pendant la guerre de Trente Ans. Il s'était distingué à la bataille de Prague et fut nommé feld-maréchal en 1631 après la prise de Magdebourg, où il se fit remarquer par son grand courage. Il mourut à trente-huit ans, à la bataille de Lutzen en 1532 ; son adversaire, le roi Gustave-Adolphe, périt dans le même combat.

> En buste de 3/4 à droite ; la tête nue.
> Bouchot, *Portraits*, p. 223.

> *Dessin aux crayons.*

372. Antoine de Bourbon-Moret. — Fils naturel de Henri IV, qui l'avait eu de Jacqueline de Bueil, comtesse de Moret. Né en 1607, il fut légitimé par des lettres patentes données en 1608. Il avait reçu du roi les abbayes de Savigny, de Saint-Etienne de Caen, de Saint-Victor de Marseille et de Signy. Il fut tué d'un coup de mousquet au combat de Castelnaudary le 1er septembre 1632. Sa mère Jacqueline de Bueil, épousa René du Bec, marquis de Vardes. (Voir le n° 307.)

> Ce portrait est daté de 1630. Il est très voisin d'un crayon de la même collection, représentant Henri de Longueville en 1632, aujourd'hui conservé au Louvre. Les portraits du temps témoignent d'ailleurs de la très grande ressemblance qu'il y avait entre ces deux personnages.
> En buste de 3/4 à gauche ; les cheveux épars, il porte la moustache et la mouche, le col festonné est à peine indiqué.

> Bouchot, *Portraits*.

> *Dessin aux crayons.*

N° 371

VIEILLARD ANONYME, vers 1630
par Daniel Dumonstier

373. René du Bec, marquis de Vardes. — Il était gouverneur de la Capelle en 1636, quand cette place fut assiégée par les Espagnols. Réduit à capituler, il fut condamné à mort par défaut, et s'engagea dans le parti du comte de Soissons. Plus tard, il reçut de Louis XIII l'autorisation de servir en Allemagne sous les ordres de Guébriant, son beau-frère, et obtint ses lettres de grâce en 1643. Il avait épousé Jacqueline de Bueil, mère d'Antoine de Bourbon (voir le n° 307).

En buste de 3/4 à droite, la barbe en pointe ; une mèche de cheveux tombe sur le côté gauche de la collerette très large et festonnée.

Au crayon, de la main de Dumonstier : [*Ce 21 d'octobre 1630*].

Bouchot, *Portraits*, p. 249.

Dessin aux crayons.

374. Vieillard anonyme, vers 1630.

Tête de 3/4 à gauche ; les cheveux blancs tombant sur le côté gauche de la collerette à peine indiquée.

Bouchot, *Portraits*, p. 263.

Dessin aux crayons.

375. Homme anonyme, 1632.

En buste de 3/4 à droite ; une mèche de cheveux tombe sur le côté gauche de la collerette.

Au crayon, de la main de Dumonstier : [*fait par et pour Dumonstier, ce mercredy 19 de May 1632*].

Bouchot, *Portraits*, p. 264.

Dessin aux crayons.

376. Charlotte de la Rochefoucauld (?). Demoiselle de Roye, dame de Champagne, comtesse de la Suze.

En buste de 3/4 à droite ; coiffée de bouffons et de garcettes.

Au crayon, de la main de D. Dumonstier : [*fait ce vandredy 27 de mars par et pour D. Dumonstier 1633 — fait ce vandredy...de mars 1633 par D. Dumonstier*].

Bouchot, *Portraits*, p. 199.

Dessin aux crayons.

377. Maximilien II, de Béthune, marquis de Rosny. — Fils de Maximilien Ier de Béthune, duc de Sully (voir le n° 304), et d'Anne de

Courtenay. Il succéda à son père dans sa charge de grand-maître de l'artillerie et mourut en 1634.

> En buste de 3/4 à droite; tête nue.
> Daté de 1633.
>
> Bouchot, *Portraits*, p. 231. Publié par J. Guiffrey.
>
> *Dessin aux crayons.*

378. Éléonore Thomassin, comtesse de Champlitte. — Elle était veuve en 1602 de Claude de Vergy, comte de Champlitte et seigneur d'Autrey, qui était gouverneur de Bourgogne au nom du roi d'Espagne.

> En buste de 3/4 à droite. La pointe d'un béguin de deuil pend sur son front. Elle a été « recoiffée » après coup par l'auteur.
> Au crayon, de la main de Dumonstier : [*fait ce 13 de may 1633*].
>
> Bouchot, *Portraits*, p. 155.
>
> *Dessin aux crayons.*

379. Mme Cottereau Du Clos.

> En buste de 3/4 à gauche; coiffée de bouffons et garcettes.
> Au crayon, de la main de Dumonstier : [*fait ce lundy 27 de Mars par et pour D. Dumonstier 1634*].
>
> Bouchot, *Portraits*, p. 167.
>
> *Dessin aux crayons.*

380. Louis de Rohan, prince de Guéménée et duc de Montbazon. — Fils d'Hercule de Rohan et de Madeleine de Lenoncourt. Il avait été reçu chevalier des ordres du roi en 1619 et était grand veneur de France. Il mourut en 1667.

> En buste de 3/4 à gauche, tête nue, les cheveux ébouriffés.
> Au crayon et de la main de Dumonstier : [*fait ce 5 de janvier 1635*].
>
> Bouchot, *Portraits*, p. 82. Publié par J. Guiffrey.
>
> *Dessin aux crayons.*

381. Armand de Bourbon, prince de Conti, enfant. — C'est le chef de la maison de Conti, le frère du grand Condé et de la duchesse de Longueville, qu'il aima, disent les contemporains, d'une affection plus que fraternelle. Né en 1629, il a ici sept ans, s'il faut en croire la lettre du portrait (qui a été grattée et refaite ensuite). Peu vigoureux et contrefait, il fut destiné à l'église et pourvu de riches abbayes. On sait comment il abandonna cette vocation pour se jeter dans les aventures au moment de la Fronde. Il combat d'abord pour la cour, change de parti, est arrêté avec son frère au Palais-Royal, enfermé à Vincennes et au Havre, épouse une nièce de Mazarin, devient gouverneur de Guyenne, commande l'armée de Catalogne avec succès en 1655, conduit à un échec l'armée d'Italie, deux ans plus tard, se retire dans son gouvernement, où il compose des ouvrages moraux et théologiques, et meurt dans la plus grande dévotion en 1666.

En buste de 3/4 à droite ; coiffé d'un béguin d'enfant.
Au crayon, de la main de Dumonstier : [*fait ce 20 de juin 1636*].

Bouchot, *Portraits* p. 164.

Dessin aux crayons.

382. Homme anonyme, 1636.

Tête d'homme âgé, de 3/4 à gauche, portant la petite barbiche en pointe et les cheveux longs.
Au crayon, de la main de Dumonstier : [*ce samedy 2 d'Aoust 1636, par D. Dumonstier*].

Bouchot, *Portraits*, p. 264.

Dessin aux crayons.

383. Femme anonyme, 1638.

En buste de 3/4 à gauche ; les cheveux bouffants, elle porte un collier de perles au cou.
Au crayon, de la main de Daniel Dumonstier : [*fait ce vendredy 3 d'Aoust 1638*].

Dessin aux crayons.

384. Charles-Gustave, roi de Suède. — Né en 1622. Il succéda en 1654 à sa cousine Christine, fille de Gustave-Adolphe, qui fit en sa faveur une abdication volontaire. Il combattit les Polonais et les Danois en 1660.

En buste de 3/4 à gauche. Une boucle de cheveux attachée par un ruban pend sur le côté gauche de la collerette. On lit encore à demi-effacées les indications de Dumonstier sur les titres et la date de naissance du personnage, la date du portrait [*15 de May 1640*] et la signature [*Dumonstier*].

Bouchot, *Portraits*, p. 157.

385. Homme anonyme, vers 1640.

En buste de 3/4 à droite ; portant la moustache et la mouche. Ses cheveux bruns, longs, retombent sur le côté gauche du col à peine esquissé.

Bouchot, *Portraits*, p. 264.

Dessin aux crayons.

2º ARTISTES CONTEMPORAINS DE D. DUMONSTIER

Un dessinateur de cette époque, souvent représenté dans les collections, est Lagneau, dont la manière passe pour très caractéristique. On lui attribue cependant à la fois de lourdes caricatures et des études pittoresques et fortement charpentées qui font penser à tel de nos dessinateurs et lithographes modernes. On croira difficilement que les deux derniers crayons de cette série, attribués cependant tous deux à Lagneau, puissent sortir de la même main.

386. Homme anonyme, 1609.

En buste de face, le teint foncé, les habits seulement esquissés.
Daté [*anno 1609, aetatis 26, in. Lisb..*]

Bouchot, *Portraits*, p. 261.

Dessin aux crayons.

387. Vieillard anonyme.

En buste de 3/4 à droite. Il porte une calotte sur la tête et une longue barbe.
Attribué à Lagneau.
Voir Riat, *Gazette 1902*.

Dessin aux crayons.

388. Marguerite, duchesse d'Orléans (?).

En buste de profil à gauche. Elle est coiffée à la mode de 1640.
Attribué à Lagneau.

Bouchot, *Portraits*, p. 223.

Dessin aux crayons.

N° 387

VIEILLARD ANONYME
attribué à LAGNEAU

COLLECTIONS PARTICULIÈRES

COLLECTION
DE Mme LA MARQUISE ARCONATI VISCONTI

ÉCOLE DE FRANÇOIS CLOUET.

389. Portrait de Nicolas de Neuville, seigneur de Villeroy. Secrétaire du roi et chevalier de son ordre. Il mourut en 1589.

En buste de 3/4 à droite ; vêtu d'un pourpoint noir et coiffé d'une toque noire, il porte une fraise blanche autour du cou.

Peinture.

ÉCOLE DE FRANÇOIS CLOUET.

390. Portrait de Louis de Saint-Gelais, seigneur de Lansac, dit de Lesignem. Il était chevalier de l'ordre du roi, conseiller d'État, et surintendant de la maison de Catherine de Médicis. Il fut ambassadeur à Rome en 1554 et mourut en 1589.

En buste de 3/4 à droite ; il est vêtu d'un pourpoint noir, terminé au col par une fraise blanche, et porte une chaîne au cou.

Peinture.

ÉCOLE FRANÇAISE DU XVIe SIÈCLE.

391. Portrait de Charles IX, roi de France de 1560 à 1574.

De 3/4 à gauche ; il est vêtu d'un pourpoint noir, coiffé d'une toque noire ornée de pierreries et de plumes, il porte une chaîne de perles sur la poitrine ; le fond est vert foncé ; daté de 1574.

Il est intéressant de comparer ce portrait de Charles IX au portrait dessiné au crayon de couleur que possède le Cabinet des Estampes et qui est exposé sous le n° 211.

Cadre ancien. — Peinture.

ÉCOLE FRANÇAISE DU XVIe SIÈCLE.

392. Portrait de femme inconnue.

De 3/4 à gauche; les mains jointes, elle porte une robe noire brodée d'or très riche et un collier de joaillerie sur la poitrine. Ses cheveux sont ornés de bijoux.

Peinture.

LAGNEAU.

393. Portrait de Jean-Pierre Acarie, membre du Conseil des Seize pendant la Ligue.

Dessin aux crayons de couleur. — Vient de la collection Marmontel.

BIBLIOTHÈQUE D'ARRAS

394. Portrait du prince Djem ou Zizim, fils de Mahomet II et père de l'empereur Bajazet, † 1395.

On lit en bas : « *Le père du Turc nommé Zélin (Sélim ?) estant prins à Rhodes fut envoyé au pape Alexandre à Rome, lequel il donna à Charles roy de France pour en faire son plaisir : quand le roy alla à Naples ce mesme visaige fut envoyé au bon roy Philippes* ».

Ce recueil de crayons d'Arras renferme cent quarante-sept portraits à la mine de plomb et cent vingt-huit à la sanguine. Dans cet album nous trouvons des portraits de papes, de rois ou de reines et surtout des portraits de personnages des familles de Flandre et de Hainaut. Il a dû être formé et sans doute dessiné par Jacques Leboucq, héraut et roi d'armes de Charles-Quint, qui reçut en 1559 de Philippe II le titre de roi d'armes de la Toison d'or. Ce Jacques Leboucq, héraldiste et généalogiste, fut aussi un grand collectionneur. Sur ce recueil, voir l'Étude de M. L. Quarré-Reybourbon, Lille, Danel, 1900.

Dessin à la sanguine.

CONSERVATOIRE NATIONAL DES ARTS ET MÉTIERS

ANONYMES DU XVIe SIÈCLE.

395. Portrait de François Ier.

En buste de profil à gauche; il est coiffé d'une toque à plumes, il porte la barbe taillée en carré. Voir le n° 172.

395 *bis*. Portrait de femme.

On a souvent voulu voir dans ce portrait celui de Isabelle de Hauteville, femme du cardinal de Chatillon.

395 *ter*. Portrait d'Odet de Coligny, cardinal de Chatillon. — Voir le n° 222.

Ces trois portraits, dessinés aux crayons de couleur, font partie d'un recueil conservé à la Bibliothèque des Arts et Métiers qui renferme des portraits allant du règne de François Ier à celui de Henri IV.

COLLECTION DE M. ÉDOUARD AYNARD

DUMONSTIER (Daniel).

396. Portrait de la reine Anne d'Autriche (1602-1666). — Voir le n° 358.

En buste de 3/4 à gauche ; elle est décolletée et porte un collier de perles. Daté de la main de D. Dumonstier : [*ce 20 janvier 1622*].

Dessin aux crayons de couleur.

NANTEUIL.

397. Portrait d'homme.

De 3/4 à gauche ; il porte au cou un rabat de dentelles.

Dessin rehaussé. — Préparation pour une gravure.

COLLECTION DE M. LE BARON HUGO DE BETHMANN

ÉCOLE FRANÇAISE, DÉBUT DU XVIIe SIÉCLE

398. Portrait de François du Plessis, seigneur du Plessis-Chatillon, chevalier de l'ordre du roi, mort le 30 juin 1605.

En buste de 3/4 à gauche
Au-dessus de ce portrait nous lisons les vers suivants :

« Portraict d'un cavalier fort sage et valeureux
Qui n'espargna jamais sa vie pour la Foy
Il a tousiours servi fidelement son Roy.
Si qu'immortel en terre et au ciel bien heureux ».

Ce portrait se trouve en tête d'une généalogie de la famille du Plessis.

Dessin aux crayons de couleur.

ÉCOLE FRANÇAISE, DÉBUT DU XVIIᵉ SIÈCLE

399. Portrait de Nicole du Raynier, dame du Plessis-Châtillon, née à la Tour du Raynier en Touraine en 1551, morte en 1628. Elle avait épousé François du Plessis, le 17 décembre 1570 (Voir le nᵒ 398).

En buste de 3/4 à gauche ; les cheveux relevés et coiffée d'un béguin. Au-dessus les vers suivants :

« O portraict d'un trésor que l'honneur mesme honore
Car la seule vertu l'illumine et décore. »

Sur le côté : Portrait de *Mᵐᵉ Nicole du Raynier*, *Le Cler*, *Rayon Divin*. Ce portrait se trouve en tête d'une généalogie de la maison du Plessis.

COLLECTION DE M. A. BEURDELEY

ÉCOLE FRANÇAISE DU XVᵉ SIÈCLE.

400. Présentation à Louis XI du Valère Maxime, imprimé à Paris en 1475.

Cette miniature provient de la collection Niel et a été gravée par Méryon.

BARTHÉLEMY BEHAM (1531).

401. Ferdinand Iᵉʳ, empereur d'Allemagne (frère de Charles-Quint).

En buste de 3/4 à gauche. Se trouve dans l'œuvre gravé de Barthélemy Beham.

Dessin à la plume.

LAGNEAU.

402. Portrait d'homme.

De face, les cheveux hérissés.

Dessin aux crayons de couleur.

MUSÉE DE BLOIS

ÉCOLE DE CLOUET.

403. Portrait de Marguerite de Bourbon, fille de Charles de Bourbon, duc de Vendôme, et de Françoise d'Alençon ; mariée en 1528 avec François de Clèves, premier duc de Nivernais, pair de France.

Donné en 1854 au Musée de Blois, par M. Petit, commissaire dépar-
temental.

Elle est en buste, tournée de 3/4 à gauche ; coiffée d'un serre-tête blanc et
rose, garni d'or et de pierreries ; elle porte un voile noir, un corsage noir aux
manches fourrées d'hermine, une chaîne d'or et un collier formé de pierres et
de perles alternées. Fond vert d'eau.

Panneau peint à l'huile.

MUSÉE DE CHARTRES

ÉCOLE FLAMANDE.

404. Siège de Chartres en 1591. On remarque Henri IV, dans un
groupe de personnages de l'armée assiégeante. Le roi observe l'effet
des batteries qui bombardent la ville dont un quartier, celui de Saint-
Jean, est en flammes. Ce tableau vient de la collection de M. Gillard.

Peinture.

COLLECTION DE M. BONNAT

ALBERT DURER (1520).

405. Portrait d'Erasme.

Il est vu presque de face, un peu tourné vers la gauche, les yeux baissés
il porte un bonnet à oreillettes rabattues.
On lit dans le haut : *Erasmus von Rotterdam. 1520.*

Dessin au charbon.

ALBERT DURER (1520).

406. Portrait d'un jeune homme.

Vu de face, portant un chapeau relevé en arrière, il a un justaucorps tail-
ladé en lanières.
On lit en haut, le monogramme et la date : *1520.*

Dessin au charbon.

HANS HOLBEIN.

407. Portrait de Jorig Seld Goldschaud.

En buste, tourné de 3/4 à droite ; il est coiffé d'un chaperon à oreillettes
à demi-rabattues.
On lit sur le fond :
Jorig Seld Goldschaud. 1491. 43 Jar. alt.

Dessin à la pointe d'argent.

HANS HOLBEIN.

408. Portrait d'un homme jeune.

Tourné de 3/4 à droite; il porte un chapeau à bords rabattus, et a les cheveux plaqués et très foncés. L'habit est esquissé au trait.

Dessin rehaussé de pastel, sur papier rose.

HANS HOLBEIN.

409. Trois dessins dans un même cadre.

1° Tête de vieille femme portant un voile.
2° Portrait de femme coiffée d'un large chaperon, vue de 3/4 à gauche.
3° Étude d'après une vieille femme morte.

Dessins à la pointe d'argent.

CORNEILLE DE LYON.

410. Portrait d'homme barbu.

En buste, tourné de 3/4 à gauche; pourpoint et bonnet de velours noir.

Panneau peint à l'huile.

FRANCESCO MELZI.

411. Portrait d'homme.

Vu de face, coiffé d'un bonnet.

Crayon aquarellé.

ANONYME, ÉCOLE DU NORD DE L'ITALIE, xve siècle.

412. Portrait d'homme.

En buste, de profil à gauche; cheveux longs, coiffé d'un bonnet.

Dessin à la sépia.

ANONYME, ÉCOLE ITALIENNE.

413. Portrait d'homme.

De profil à gauche; coiffé d'un bonnet.

Dessin à la pointe d'argent, gouaché.

LUCAS DE CRANACH.

414. Portrait d'homme, à barbe pointue, frisée, coiffé d'une petite toque plate.

Il porte un habit à col rabattu sur lequel déborde le col de la chemise.

Dessin à la pierre noire et au pastel.

DUMONSTIER (Pierre).

415. Portrait de Charles (?), duc de Biron. Né en 1562, mort en 1602.

En buste de 3/4 à gauche ; portant une perle à l'oreille gauche.

On lit en haut et à gauche une inscription à la pointe d'argent, de la main de Daniel Dumonstier : *M. de Biron qui fust pris a Montauban* fait par Pierre Dumonstier pour D. Dumonstier.

Provient de la collection Niel.

Dessin aux crayons de couleur.

DUMONSTIER.

416. Portrait de Philippe Hurault de Cheverny, chancelier de France. Né en 1528, mort en 1599.

En buste de 3/4 à gauche ; portant une petite fraise autour du col, il a le cordon bleu.

Provient de la collection Niel.

Dessin aux crayons de couleur.

ANONYME.

417. Portrait de Philippe Strozzi.

En buste de 3/4 à gauche ; ayant une fraise autour du col. Voy. n° 209.

Provient de la collection Niel.

Dessin aux crayons de couleur.

ANONYME.

418. Portrait de Marguerite de Valois, première femme de Henri IV.

En buste de 3/4 à gauche ; portant un chaperon rose, orné de perles et d'une aigrette ; elle a autour du col une fraise dentelée.

Provient de la collection Niel.

Dessin aux crayons de couleur.

COLLECTION
DE M. ET DE Mme ATHERTON CURTIS

QUESNEL.

419. Portrait d'un jeune homme de la famille de Rosny.

Il est tourné de 3/4 à droite, a les cheveux en brosse. On lit, en bas, à gauche : *M. de Rosny.*

Dessin aux crayons de couleur.

DANIEL DUMONSTIER.

420. Portrait de femme.

Tournée de 3/4 à gauche et portant les cheveux crespelés, relevés en touffe. La tête seule est terminée.
Provenant de la vente Muhlbacher.

Dessin aux crayons de couleur.

COLLECTION DE M. DELIGAND

COLE DE FRANÇOIS CLOUET, VERS 1540.

421. Portrait de Madame de Brissac, femme du maréchal Charles de Cossé.

On lit sur ce dessin d'une écriture du temps : *Brassac*.
Dessin aux crayons de couleur.

COLLECTION DE M. DOISTAU

FRANÇOIS CLOUET, VERS 1560.

422. Portrait d'un seigneur, portant une toque noire à plume tombante, un pourpoint blanc tailladé, un manteau noir.

Il est presque de face, légèrement tourné à gauche et a la barbe en collier.
Ce portrait paraît représenter Charles de la Rochefoucauld, comte de Randan, il [portait le n° 156 de l'inventaire de Roger de Gaignières en 1717 et a encore au revers le cachet de Colbert de Torcy qui marquait les objets de la vente Gaignières.

Panneau peint.

LUCAS DE CRANACH 1529.

423. Portrait de Weicker Reys, à l'âge de 29 ans.

En buste de 3/4 à droite ; tête osseuse à favoris roux, il tient une épée, porte un chapeau noir semé de sept ornements d'or, et un manteau bordé de fourrure jaune.
On lit en haut : WEICKER REYS. SEINS ALTERS 29.

Panneau peint.

HOLBEIN (HANS).

424. Portrait d'un vieillard.

En buste, tourné de 3/4 à gauche. Il est coiffé d'une barrette, porte un manteau noir fourré, tient un gant dans la main droite et porte un anneau à l'index droit.

> Panneau peint.

ANONYME, VERS 1630.

425. Portrait d'homme.

En pied, vu de face, portant sur les deux jambes ; il est nu-tête, vêtu d'une casaque fauve, tient ses gants de la main droite et appuie la main gauche sur la hanche.

> Panneau peint.

COLLECTION DE M. F. FLAMENG

LUCAS DE CRANACH.

426. Tête d'homme.

De 3/4 à droite ; les cheveux et la barbe sont très noirs.
Ce dessin est de la même suite que les Etudes du Musée de Reims.
> Peinture à la détrempe. — Cadre ancien.

ÉPOQUE DE FRANÇOIS CLOUET.

427. Portrait de Madame de Brissac. (Voir le n° 421.)
De 3/4 à gauche, coiffée d'un escoffion. Les habits sont à peine indiqués.
> Dessin aux crayons de couleur. — Cadre ancien.

DUMONSTIER (P.) (?).

428. Portrait d'homme.

En buste, tête nue, de 3/4 à gauche. Il est chauve et porte une barbe en pointe. Le pourpoint est terminé par un col recouvert d'applications de dentelles.
> Dessin aux crayons de couleur. — Cadre ancien.

ÉCOLE FRANÇAISE, FIN DU XVIᵉ SIÈCLE.

429. Portrait d'homme

En buste de 3/4 à droite, les cheveux relevés. Il porte une fraise à godets au cou. Le cabinet des Estampes possède un autre crayon représentant le même personnage. Anonyme du XVIᵉ.
> Dessin aux crayons de couleur. — Cadre ancien.

DUMONSTIER (P.).

430. Tête d'homme.

De 3/4 à gauche ; les cheveux relevés, une barbe claire en éventail. Il porte un collet festonné relevé.

Dessin aux crayons de couleur. — Cadre ancien.

LAGNEAU

431. Portrait d'un vieillard.

En buste de 3/4 à droite, il porte une longue barbe.

COLLECTION DE M. ANATOLE FRANCE

ÉCOLE FRANÇAISE, vers 1564.

432. Portrait d'Eléonore d'Autriche, fille de Philippe Ier et de Jeanne de Castille. Elle était veuve d'Emmanuel, roi de Portugal, quand elle épousa François Ier, roi de France, en 1530. Elle mourut en 1558.

En buste de 3/4 à gauche ; coiffée d'un chapeau orné de perles. Elle porte d'autres parures de perles sur la poitrine et autour du cou.

Ce dessin aux crayons de couleur fait partie d'un recueil de crayons composé entre 1564 et 1570, qui a appartenu à M. Courajod.

FRANÇOIS CLOUET.

433. Portrait d'homme.

En buste de 3/4 à gauche ; coiffé d'une toque, ornée de joailleries, il porte une chaîne sur la poitrine.

Dessin aux trois crayons.

CORNEILLE DE LYON.

434. Portrait de femme.

En buste de 3/4 à gauche. Elle est coiffée d'un escoffion auquel est attaché un voile noir.

Peinture.

COLLECTION
DE Mme LA MARQUISE DE GANAY

FRANÇOIS CLOUET.

435. Portrait d'homme inconnu.

En buste de 3/4 à gauche.

Peinture provenant du château de Chenonceau.

ÉCOLE FRANÇAISE DU XVIe SIÈCLE.

436. Portrait d'homme.

De 3/4 à gauche ; vêtu d'un habit sombre et portant une toque noire, sur un vert foncé.

COLLECTION DE
Mme LA MARQUISE JEAN DE GANAY

J. LE MOYNE.

437. M. de Laudonnière devant le monument érigé en Floride par la 1re expédition française.

Cette gouache a été gravée dans les grands voyages de Th. de Bry.

COLLECTION DE M. WALTER GAY

ÉCOLE ALLEMANDE DU XVIe SIÈCLE.

438. Portrait d'un vieillard à longue barbe, coiffé d'un béret noir.

Peinture.

439. Portrait du Chancelier Michel de l'Hôpital (né en 1507, mort en 1573).

En buste de 3/4 à gauche : il porte la barbe taillée carrément, a un col rabattu et un manteau noir garni de fourrure. C'est le dessin des tableaux qui se trouvent au Louvre et à Chantilly. Il porte la date de 1566 et l'inscription : MICHEL DE L'HOSPITAL CHANC. DE F.

Dessin aux crayons de couleur.

440. Portrait de femme de la fin du xve siècle.

Elle est en buste, tournée de 3/4 à gauche ; porte un voile noir, avec un bandeau sur le front, et un corsage noir.

Panneau peint.

441. Marie d'Anjou. Mariée en 1422 à Charles VII, roi de France, morte le 29 novembre 1463.

En buste de 3/4 à gauche ; elle porte un corsage de drap d'or, un hennin à bordure noire sur le voile noir duquel est épinglé un bijou d'or formant les initiales I. B. Elle a autour du cou un large collier d'or portant des roses rouges et blanches alternées et des ornements faits par les initiales C et M (cette dernière lettre peut être lue A. V.).

Panneau peint.

CORNEILLE DE LYON vers 1550.

442. Portrait d'homme à barbe rousse.

Tourné de 3/4 à gauche ; il est coiffé d'une barrette et se détache sur un fond vert d'eau.

Panneau peint.

ETIENNE DUMONSTIER (1565).

443. Portrait d'homme.

En buste de 3/4 à droite ; il a le nez très aquilin, porte un chapeau, une fraise autour du col.

On lit au bas : *Charles 9 roy de France fait par du Montier 1565.*

Le personnage représenté n'est pas Charles IX ; le dessin est peut-être d'Étienne Dumonstier, peintre de Catherine de Médicis.

Dessin aux crayons de couleur.

QUESNEL.

444. Portrait d'homme.

En buste de 3/4 à gauche. Il est coiffé d'un chapeau haut de forme, à bords relevés, orné d'une cocarde. Il porte une fraise à godets.

Daté en haut à droite de 1574.

COLLECTION DE M. HEUGEL

ANONYME.

445. Portrait de femme qu'on a cru être Claude de France, femme de François Ier, morte en 1525.

> Elle est tournée de 3/4 à droite ; porte une robe bleu pâle, un corsage échancré carrément dont le bord est garni d'une frange noire, un bandeau blanc bordé d'or sur les cheveux, un collier de perles, une cordelière dorée.
> Panneau peint.

COLLECTION DE M. KLEINBERGER

ÉCOLE DE CORNEILLE DE LYON.

446. Portrait d'homme.

> De face, portant une toque noire, un pourpoint noir dont le col est entr'ouvert.
> Peinture sur cuivre.

JEAN BOURDICHON, vers 1490.

447. Portrait d'un seigneur aux cheveux blond très clair, portant au col la Toison d'or et tenant un œillet de la main droite.

> Panneau cintré qu'on a cru représenter l'empereur Maximilien au moment où il devait épouser Anne de Bretagne. On peut comparer ce portrait à celui de Charles, comte d'Angoulême, père de François Ier, conservé dans la collection Gaignières.
> Ce portrait a appartenu au duc d'Angoulême, fils de Charles X.
> Panneau peint.

COLLECTION
DE M. LE GÉNÉRAL H. MAGON DE LA GICLAIS

Les dessins de M. de la Giclais proviennent du fonds du comte de Béthune dont ils portent, pour la plupart, le nom au verso.

ANONYME.

448. Marie de Lorraine, duchesse de Montpensier (1552-1596).

> Elle est vue presque de face, porte une collerette et a une perle à l'oreille droite.
> Dessin à la pierre noire.

DANIEL DUMONSTIER.

449. Marie de la Grange, comtesse de Saint-Aignan.

Tournée de 3/4 à gauche ; portant une coiffe de veuve, une large collerette rabattue, deux anneaux passés dans l'oreille gauche.

Dessin aux crayons de couleur.

DANIEL DUMONSTIER.

450. Charlotte de la Rochefoucauld, d^lle de Roy, comtesse de Scize.

Elle est tournée de 3/4 à gauche ; a les cheveux rabattus sur le front, porte un collier de perles et un large col dentelé. Elle est désignée par une inscription du xviiie siècle comme : *Henriette de Balzac, maîtresse d'Henri IV.*

Dessin aux crayons de couleur.

DANIEL DUMONSTIER.

451. Charles de Valois, duc d'Angoulême, né en 1573, mort en 1650 ?

Tourné de 3/4 à gauche ; portant un col rabattu dentelé, désigné par une inscription du xviiie siècle comme : *Gaspard de Colligny, tué au massacre de la Saint-Barthélemy.*

Dessin aux crayons de couleur.

DANIEL DUMONSTIER.

452. Portrait de Claude, comte de Saulx-Tavannes.

Tourné de 3/4 à gauche ; portant à l'oreille gauche un anneau d'or.
En haut, à gauche, une inscription ajoutée à tort : *Albert de Gondi, dit maréchal de Retz.*

Dessin aux crayons de couleur.

DANIEL DUMONSTIER.

453. Charles de Créqui, prince de Poix, duc de Lesdiguières.

Tourné de 3/4 à gauche ; portant une perle à l'oreille et une cadenette, il est facilement reconnaissable à la fistule qu'il a sous l'œil gauche, et très ressemblant au portrait gravé en 1633, par Mellan.
L'inscription : *Henri de Joyeuse du Bouchage*, ajoutée à la plume, est fantaisiste.

Dessin aux crayons de couleur.

DANIEL DUMONSTIER.

454. Portrait de femme (vers 1630).

Légèrement tournée à gauche ; elle a la lèvre inférieure assez épaisse, les cheveux blonds tombant en boucles ; elle porte un collier de perles.

On a ajouté, sans raison, une inscription à l'encre : *Gabrielle d'Estrées, maîtresse d'Henri IV.*

Dessin aux crayons de couleur.

DANIEL DUMONSTIER.

455. Anne de Montafié, comtesse de Soissons.

De 3/4 à gauche ; elle a les cheveux crespelés assez courts, un collier de perles, une perle à l'oreille gauche et une collerette très évasée.

On lit en haut : *Soissons âgée de 14 ans 1640.* — Une inscription ajoutée à l'encre : *La duchesse de Guise,* ne mérite aucune créance.

Dessin aux crayons de couleur.

DANIEL DUMONSTIER.

456. Portrait d'homme anonyme.

Tourné de 3/4 à gauche ; désigné à tort par une inscription du xviiie siècle comme : *Charles de Gontault, duc de Biron, décapité.*

457. Portrait d'un vieillard, coiffé d'une calotte noire.

Tourné de 3/4 à gauche ; désigné à tort par une inscription du xviie siècle comme : le *Président Jeannin.*

458. Portrait d'homme, portant une large collerette rabattue.

Tourné de 3/4 à gauche ; désigné à tort par une inscription du xviiie siècle comme : le *duc de Sully, ministre d'Henri IV.*

459. Portrait d'homme.

Tourné de 3/4 à droite ; désigné à tort par une inscription du xviiie siècle, comme : le *duc d'Espernon.*

460. Portrait d'homme, à cheveux courts.

Tourné de 3/4 à droite ; désigné à tort par une inscription du xviiie siècle, comme : le *cardinal de Lorraine.*

461. Portrait d'homme.

Tourné de 3/4 à droite; portant un col rabattu, dentelé, désigné à tort par une inscription du xviiiᵉ siècle, comme : le *maréchal d'Ornano*.

462. Portrait d'homme.

Tourné de 3/4 à droite; portant une moustache, une royale et désigné à tort par une inscription du xviiiᵉ siècle comme : le *baron des Adrets*.

Dessins aux crayons de couleurs.

COLLECTION DE M. HENRY MARCEL

ANTOINE VAN DYCK (1596-1641).

463. Tête d'enfant.

Tournée de 3/4 à gauche; il est coiffé d'un bonnet rond, et a sous le menton une bavette à peine indiquée.

Peinture à l'huile, sur toile.

COLLECTION DE M. MARTIN LE ROY

ÉCOLE FRANÇAISE, fin du xviᵉ siècle.

464. Portrait de Mˡˡᵉ d'Aumale, l'aînée.

Elle est en buste de 3/4 à gauche et vêtue d'une robe décolletée, garnie d'une fraise. Les cheveux sont relevés sur le front en coiffure élevée. Autour de son cou est passé un double rang de perles. Dans l'angle supérieur droit du dessin est tracée cette inscription : « *Mademoiselle d'Aumale l'aînée 1594* ».

Dessin aux crayons.

ÉCOLE FRANÇAISE. Seconde moitié du xviᵉ siècle.

465. Portrait d'homme.

Il est barbu, coiffé d'un bonnet, vêtu d'un pourpoint bleu à crevés, et vu de 3/4 à gauche. A son oreille gauche est fixé un petit anneau, la main gauche s'appuie sur la hanche; la main droite est placée dans la fente du pourpoint.

Peinture.

COLLECTION DE M. JEAN MASSON

ÉCOLE FRANÇAISE DU XVIᵉ SIÈCLE.

466. Portrait d'homme.

En buste de 3/4 à droite; revêtu d'une armure.

Dessin au crayon noir.

ÉCOLE FRANÇAISE DU XVIe SIÈCLE.

467. Portrait de Calvin.

En buste de 3/4 à droite ; les habits à peine indiqués.

ÉCOLE DE CLOUET, vers 1565.

468. Portrait présumé de Poltrot de Méré, assassin du duc de Guise.

Dessin à la sanguine.

ÉPOQUE DE FRANÇOIS CLOUET.

469. Portrait du maréchal d'Estrées.

En buste de 3/4 à gauche ; coiffé d'une toque, il a une grande barbe, taillée en carré et porte une chaîne sur la poitrine.

Dessin aux crayons de couleur.

ÉCOLE FRANÇAISE DU XVIe SIÈCLE.

470. Portrait d'homme.

De 3/4 à gauche ; coiffé d'une barrette noire et vêtu d'un manteau noir. Il porte une longue barbe.

Dessin au crayon rehaussé de couleur.

LAGNEAU.

471. Portrait d'homme âgé.

En buste de 3/4 à gauche ; coiffé d'une calotte.

Dessin aux crayons de couleur.

LAGNEAU.

472. Portrait d'homme.

En buste de 3/4 à gauche ; coiffé d'un chapeau haut de forme, à bords plats.

Dessin aux crayons de couleur.

LAGNEAU.

473. Portrait d'homme.

En buste de face ; tête nue avec une grande barbe.

Dessin aux crayons de couleur.

ÉCOLE FRANÇAISE DU XVIIe SIÈCLE.

474. Portrait de Charles, marquis d'Albert, duc de Luynes, favori de Louis XIII, né en 1578, mort en 1621.

Il est représenté à cheval, tournant la tête vers la gauche.

Dessin à l'encre et au crayon.

ÉCOLE DU XVIIe SIÈCLE.

475. Portrait d'homme.

En buste de 3/4 à droite ; coiffé d'un chapeau à larges bords.

Dessin aux crayons de couleur.

ÉCOLE FRANÇAISE DU XVIIe SIÈCLE.

476. Portrait d'homme.

En buste de 3/4 à droite.

Dessin aux crayons de couleur.

COLLECTION DE M. GEORGES PANNIER

ANONYME DU XVIe SIÈCLE.

476 |bis. Portrait d'homme.

A mi-corps de 3/4 à droite. Il est coiffé d'une toque avec une aigrette. Il porte une fraise autour du cou et une chaîne à laquelle est suspendu un cor de chasse sur la poitrine.

476 ter. Portrait de femme.

A mi-corps de 3/4 à gauche ; elle tient un livre dans ses deux mains. Elle est coiffée d'une sorte de béguin terminé par deux cornes de chaque côté du front.

Diptyque-Peinture.

COLLECTION DE M. PEYTEL

MIGNARD.

477. Portrait de Mademoiselle de Montpensier, dite la grande Mademoiselle, fille de Gaston d'Orléans, frère de Louis XIII et cousine de Louis XIV qu'elle faillit épouser.

Debout dans un parc, vêtue d'un costume très riche.

Peinture.

COLLECTION DE M. PIGALLE

LAGNEAU.

478. Portrait d'homme.

En buste de 3/4 à gauche. Il est tête nue et les cheveux en broussailles.

Dessin aux crayons de couleur.

COLLECTION DE Mme PRIN.

478 *bis*. Portrait présumé de Pierre Corneille (1606-1684).

Remarquable dessin sur parchemin, du milieu du XVIIᵉ siècle, à la mine de plomb avec rehauts de bistre à la figure. L'attribution à Michel Lasne, qui grava en 1643 un portrait de poète présentant des analogies avec ce dessin, ne nous paraît pas devoir être conservée.

PROTESTANTISME FRANÇAIS (SOCIÉTÉ DU)

ÉCOLE FRANÇAISE DU XVIᵉ SIÈCLE.

479. Portrait de Duplessis-Mornay.

ÉCOLE FRANÇAISE DU XVIᵉ SIÈCLE.

480. Portrait d'Odet de Coligny, cardinal de Chatillon (voir le n° 222).

LAGNEAU.

481. Portrait présumé de Duplessis-Mornay.

COLLECTION
DE M. EUGÈNE RODRIGUES[1]

ÉCOLE FRANÇAISE DU XVᵉ SIÈCLE.

482. Les deux époux.

Debout en riches costumes de brocart, la main dans la main.

Sur une banderole on lit : « *Autre quelle sans changier* ». En bas à droite un écusson armorié.

Cadre en ébène. — Miniature sur vélin.

1. Nous devons à l'obligeance de M. Eugène Rodrigues la communication des notices rédigées par lui sur les dessins qu'il a bien voulu prêter à l'Exposition.

ÉCOLE DE BOURDICHON.

483. Portrait d'une dame de la famille Paynel.

Vêtue d'une robe somptueuse en brocart d'or, elle prie agenouillée devant une table couverte d'un tapis bleu. Derrière elle, debout, saint Antoine et saint Julien l'Hospitalier. — Au fond, la silhouette d'une ville dans un paysage verdoyant. — Encadrement d'or.

Miniature sur vélin du commencement du XVIe siècle. Cadre avec réserves de nacre et de marbre. Florence, XVIe siècle.

HANS SCHWARTZ.

484. Buste de jeune homme au crayon noir, daté de 1520.

ÉCOLE DE CLOUET.

485. Portrait d'Andréa del Sarto.

Crayon gris rehaussé de sanguine.
Cadre large décoré d'arabesques et godrons en pâte de Venise argentée. — Espagne, XVIe siècle.

QUESNEL (ATTRIBUÉ A).

486. Portrait d'un réformé sévère.

Crayon gris légèrement rehaussé de sanguine.
Cadre en ébène.

LAGNEAU.

487. Portrait du bon roi Henri IV.

Crayon noir rehaussé de pastel.
Cadre à godrons rehaussé d'or. Florence, XVIe siècle.

LAGNEAU.

488. Portrait de Duplessis-Mornay.

Crayon noir et sanguine.
Cadre en ébène, XVIe siècle.

LAGNEAU.

489. La brave paysanne.

Crayon noir rehaussé de pastel.
Cadre en bois sculpté et doré, France, époque Louis XIII.

LAGNEAU.

490. Le paysan madré.

Crayon noir rehaussé de pastel.
Cadre uni à listel fin, bois doré, Florence, fin du XVIe siècle.

LAGNEAU.

491. Le rude majordome.

Crayon noir rehaussé de pastel.
Cadre en ébène mouluré, Flandres, XVIIe siècle.

LAGNEAU.

492. Le médecin de campagne.

Crayon noir rehaussé de pastel.
Cadre doré orné d'arabesques en relief, Venise, XVIe siècle.

LAGNEAU.

493. La vieille malicieuse au turban.

Crayon noir légèrement rehaussé de sanguine.
Cadre en bois sculpté et doré, France, époque Louis XIII.

LAGNEAU.

494. Le comédien à la mode.

Crayon noir rehaussé de pastel.
Cadre en ébène, XVIIe siècle.

LAGNEAU.

495. Le jeune artiste.

Crayon noir estompé, légèrement rehaussé de pastel.
Cadre en bois des îles, avec réserves de verre émaillé, Parme, XVIe siècle.

LAGNEAU.

496. Un Russe barbu de la mission envoyée vers Louis XIII.

Crayon noir rehaussé de pastel.
Cadre en bois orné de fleurs et feuillages dorés sur fond brun, Espagne,
XVIe siècle.

LAGNEAU.

497. Portrait du chancelier Séguier, ou Mathieu Molé ?

Crayon noir rehaussé de pastel.
Cadre en ébène incrusté d'ivoire, Gênes, XVIe siècle.

LAGNEAU.

498. Un membre du Parlement débonnaire.

Crayon noir rehaussé de pastel.
Cadre en bois doré, décoré de grosses têtes de clous, Espagne, XVIe siècle.

LAGNEAU.

499. Un membre du Parlement pas commode, avec sa calotte.

Crayon noir rehaussé de pastel.
Cadre en bois sculpté, orné d'un ruban recoupé, rehaussé d'or, Bologne, XVIe siècle.

LAGNEAU.

500. Le joyeux aubergiste.

Crayon noir rehaussé de pastel.
Cadre à fond plat orné d'arabesques d'or sur champ brun, Parme, XVIe siècle.

LAGNEAU.

501. La jolie bourgeoise en bonnet.

Crayon noir rehaussé légèrement de sanguine.
Cadre étroit orné d'écoinçons dorés sur fond brun, Espagne, XVIe siècle.

LAGNEAU.

502. La belle dame au corsage rose.

Crayon noir rehaussé légèrement de pastel.
Cadre large en bois mouluré, décoré de fleurs peintes sur fonds vernis bruns, Flandres, XVIIe siècle.

LAGNEAU.

503. La vieille princesse aux lèvres minces.

Crayon noir estompé, légèrement rehaussé de sanguine.
Cadre orné de cariatides et arabesques en relief de pâte de Venise étamée, France, époque de Henri II.

A. BOBRUN (Attribué à).

504. Portrait d'un magistrat en buste.

Crayon gris. — Monogramme A. B.

DE GHEYN.

505. Portrait de femme.

A mi-corps, à la plume.

COLLECTION
DE M. LE BARON EDMOND DE ROTHSCHILD

MANTEGNA? (attribué à).

506. Portrait de Michel Wohlgemuth.

Vu de 3/4 tourné à droite; il porte un bonnet et un justaucorps à raies rouges, vertes et blanches. Au bas ces mots : *Michel Wohlgemuth.*

Dessin à la plume lavé d'aquarelle.

ALBERT DURER.

507. Portrait d'Ulrich Varnbülher, conseiller de l'Empire.

Il est tourné vers la gauche, coiffé d'un large chapeau, des boucles de cheveux tombant sur les oreilles. Un manteau jeté sur ses épaules laisse apercevoir sa chemise plissée et son vêtement.

Voir Lippmann, t. III, n° 280 (*Dessins de Durer*, Berlin, 1888).

Dessin à la pierre noire.

ALBERT DURER.

508. Jacob Muffel, bourgmestre de Nuremberg.

Il est représenté en buste, vu de 3/4, avec un double menton, la bouche légèrement de travers et une forte chevelure tombant des deux côtés du visage.

En bas, près de la marge, la date *1517.*

Voir Lippmann (*Dessins de Durer*, Berlin, 1888), t. III, n° 371.

Fusain.

ALBERT DURER.

509. Hans Plaffort von Danzig.

Il est représenté en buste, la tête coiffée d'un chapeau à larges bords et regarde vers la gauche. Son vêtement est entr'ouvert.

En haut de l'estampe, ces mots ont été écrits de la main de Durer : *Hanns Plaffort von Danzgen 1520 ein stark mann.*

A droite, près des cheveux, le monogramme du maître.

Voir Lippmann, t. II (*Dessins de Durer*, Berlin, 1888), n° 178.

Dessin à la plume.

ALBERT DURER.

510. Portrait de jeune seigneur inconnu.

Vu de 3/4, tourné à gauche, il porte une chemise froncée et un vêtement à large échancrure.

Dans le haut, la date *1521* et le monogramme de l'artiste.

Voir Lippmann (*dessin de Durer*, Berlin, 1888), t. III, n° 372.

Dessin à la pierre noire.

HOLBEIN.

511. Portrait de femme.

Représentée en buste, tournée vers la droite, vue de 3/4, la coiffe tombante, les mains croisées sur l'estomac.

A la mine d'argent.

ANTONELLO DE MESSINE.

512. Portrait d'homme.

Vu de 3/4, tourné vers la gauche, la chevelure tombant sur les oreilles, la tête coiffée d'un bonnet florentin orné d'une aigrette.

Dessin à la plume.

ANONYME VÉNITIEN (AMBROGIO DI PREDIS?).

513. Béatrice d'Este (?).

Vue de profil, tournée vers la droite, les cheveux dans un filet orné de pierreries, un collier autour du cou.

Dessin à la pierre noire.

ANONYME VÉNITIEN (AMBROGIO DI PREDIS?).

514. Portrait de Ludovico Sforza.

Vu de profil, tourné vers la gauche, la chevelure tombant sur le visage. Il est représenté en buste.

Dessin à la pierre noire.

ÉCOLE DE CLOUET.

515. Portrait de Charles de Lorraine, duc de Mayenne.

Il est vêtu de noir et porte une fraise autour du cou. Il a la tête découverte et est tourné vers la gauche.

Cuivre.

DUMONSTIER.

516. Henri de Navarre.

Vu de 3/4 tourné vers la gauche, coiffé d'une toque à plume et vêtu d'un pourpoint.

Portrait aux crayons.

DUMONSTIER.

517. Jeanne d'Albret.

Vu de 3/4, tournée vers la gauche, coiffée d'un serre-tête rouge et blanc.

Aux crayons.

LOUIS DU GUERNIER.

518. Catherine de Vivonne, marquise de Rambouillet, et sa fille Julie d'Angennes de Rambouillet.

Catherine de Vivonne est la célèbre Arthémice de l'hôtel de Rambouillet, fille de la belle Julie Savelli. Quant à Lucie, Julie d'Angennes, la fille de Catherine de Vivonne, née en 1607, morte en 1671, elle était la femme du duc de Montausier.

Voir *Gazette des Beaux-Arts* (article de H. Bouchot sur cette gouache).

Miniature sur vélin.

COLLECTION DE M. HENRI ROUART

LAGNEAU

519. Portrait d'homme.

En buste de 3/4 à droite ; coiffé d'une calotte.

Dessin aux crayons de couleur,

COLLECTION DE M. SAGERET

HONTHORST.

520. Portrait de femme.

En buste de 3/4 à droite ; elle porte une grosse perle au corsage. Signé et daté Honthorst, 1641, à gauche.

COLLECTION DE M. LE BARON DE SCHICKLER

ÉCOLE FRANÇAISE DU XVIᵉ SIÈCLE.

521. Portrait d'Éléonore d'Autriche, femme de François Iᵉʳ.

COLLECTION DE M. SCHLOSS

CORNEILLE DE LYON.

522. Portrait de Clément Marot, jeune.

Il a de fortes moustaches et toute sa barbe qui sont châtain foncé. Son visage, délicatement modelé en pleine lumière, est tourné de 3/4 vers la droite. Coiffé d'une toque noire, ceinte d'une ganse, il porte un vêtement de couleur sombre à collet blanc boutonné par devant. Fond vert clair. Figure en buste.

Bois.

ANONYME.

523. Portrait de femme.

Tournée de 3/4 à gauche ; elle porte une coiffe noire chargée de bijoux, une collerette de dentelles, un corsage noir brodé d'or, une chaîne d'or à deux rangs, avec un médaillon.

Panneau peint.

ANONYME VERS 1520.

524. Deux médaillons, portraits d'homme et de femme en pendant.

L'homme est tourné de 3/4 à droite ; il porte une toque à oreillettes, un manteau gris ; la femme, tournée de 3/4 à gauche, a les cheveux roux, elle a un serre-tête blanc bordé de rouge, porte une chaînette avec un bijou en pendentif, elle a un livre d'heures dans les mains.

Miniatures sur vélin.

N° 527

PORTRAIT D'HOMME
par François Clouet
collection de M. Seligman 1)

COLLECTION SELIGMANN

ANONYME DU XVIe SIÈCLE.

525. Portrait d'homme.

Vu jusqu'à la ceinture, tourné de 3/4 à droite. Il a la barbe très noire et abondante ; il porte un chaperon de velours noir, à plume noire, le bord en est orné de petits crevés blancs ; il est vêtu d'une casaque de velours noir, garnie de fourrure blanche, les manches du pourpoint sont en satin blanc à crevés. Fond vert d'eau.

Panneau peint à l'huile.

ANONYME DU XVIe SIÈCLE.

526. Portrait d'un jeune homme.

A mi-corps, tourné de 3/4 à droite. Il est coiffé d'une petite toque plate, noire, vêtu d'un justaucorps noir à manches violettes, il appuie la main droite sur une table couverte d'une étoffe rose damassée et tient des gants dans la main gauche. Fond vert.

Panneau peint à l'huile.

FRANÇOIS CLOUET, vers 1560.

527. Portrait d'un homme jeune.

De 3/4 à droite. Il porte une grande barbe châtain clair et est coiffé d'une barrette noire.

M. H. Bouchot dans le catalogue des Primitifs français, avait rapproché cette peinture des « Deux Ambassadeurs » de la National Gallery, attribués à Holbein.

Peinture.

COLLECTION DE Mme THOMSON

JEAN CLOUET vers 1534.

528. Portrait de Charlotte de France, fille de François Ier.

Elle est tournée de 3/4 à gauche ; porte un chaperon à queue relevée, un corsage décolleté et un petit collier, elle tient des patenôtres.
Cf. article de M. Dimier, *Gazette des Beaux-Arts*, décembre 1906.

Panneau peint.

ÉCOLE DE CLOUET vers 1550.

529. Portrait d'homme.

En buste de 3/4 à gauche ; il porte une toque noire inclinée sur l'oreille droite, un pourpoint damassé, un manteau.

On voit en haut à gauche, les traces d'une date (?) terminée par le chiffre 8.

Dessin aux crayons de couleurs.

COLLECTION DE M. WILDENSTEIN

ANONYME FIN DU XVe SIÈCLE.

530. Portrait d'homme.

Légèrement tourné vers la droite ; coiffé d'un chaperon rouge à oreillettes relevées. Il porte un manteau bleu bordé de fourrure et un justaucorps gris jaune.

Aquarelle.

CORNEILLE DE LYON.

531. Portrait d'homme.

A mi-corps, de 3/4 à gauche. Il a une barbe rousse fourchue, une toque noire, un pourpoint de satin noir bordé de velours.

Panneau peint.

532. Portraits de Philippe le Bon, duc de Bourgogne, mort en 1467, et d'Isabelle de Portugal, sa femme.

Diptyque cintré. Philippe le Bon est vu de 3/4 à gauche ; il est coiffé d'un chaperon orné d'une agrafe, porte la Toison d'or et a la main droite entr'ouverte. Isabelle de Portugal est de face, elle porte un hennin doré avec un voile vert, un collier à entrelacs, un corsage dont l'échancrure est garnie de drap d'or, un manteau rouge carmin, bordé d'hermine.

Panneaux peints sur bois.

SUPPLÉMENT

AUX COLLECTIONS PARTICULIÈRES

CABINET DES ESTAMPES
DE LA BIBLIOTHÈQUE NATIONALE

ANONYME DU XVe SIÈCLE.

533. Portrait de Jean Ier dit le Belliqueux, duc de Clèves et comte de la Marck, mort en 1481.

Il est représenté en buste de 3/4 à gauche, les mains jointes, il est vêtu d'un manteau noir, bordé de fourrures aux cols et aux manchettes, et porte l'ordre de la toison d'or — fond vert d'eau.

Peinture sur bois.

NICOLO DELL ABBATE.

534. Portrait de François Ier roi de France. —

Il est représenté à la fois sous les attributs de Minerve, de Mars, de Diane et de Mercure. Il est en pied, de 3/4 à gauche.

Au-dessous nous lisons ces vers de Ronsard :

> Françoys en guerre est un Mars furieux,
> En paix Minerve et Diane à la chasse,
> A bien parler Mercure copieux,
> A bien aymer vray Amour plein de grâce.
> O France heureuse honore donc la face
> De ton grand Roy qui surpasse Nature,
> Car l'honorant tu sers, en mesme place
> Minerve, Mars, Diane, Amour, Mercure.

Cette miniature, du peintre italien, connue par la gravure de Chenu, fut donnée au Cabinet des Estampes du Roi, par le comte de Caylus en 1763.

ANONYME DU XVIᵉ SIÈCLE.

535. Portrait d'Henri II.

A mi-corps de 3/4 à gauche, il porte une toque ornée de plumes et de pierreries, sur la poitrine il a le collier de l'ordre de Saint-Michel.

Cette miniature qui a appartenu à Gaignières faisait autrefois partie du livre d'Heures de Catherine de Médicis, aujourd'hui au Louvre, elle fut remplacée dans ce Livre d'Heures, par un portrait du vicomte de Martigues.

Ce portrait a été reproduit par H. Bouchot dans Catherine de Médicis et par M. Germain dans les Clouet.

ÉCOLE FRANÇAISE, FIN XVIᵉ SIÈCLE.

536. Portrait présumé de Montaigne.

En buste de 3/4 à gauche, il porte une fraise à godets autour du cou.

Peinture sur cuivre.

Ce portrait fit partie autrefois de la Collection de Bouchardon, sculpteur du roi.

COLLECTION DE MONSIEUR FAUCHIER DELAVIGNE

ÉPOQUE DE JEAN CLOUET.

537. Portrait d'homme.

De 3/4 à gauche, il porte une toque noire, son vêtement est bordé de fourrures.

Peinture sur bois.

COLLECTION DE MONSIEUR MOREAU-NÉLATON

ANONYME DU XVIᵉ SIÈCLE.

538. Henri II.

En buste de 3/4 à gauche, il est coiffé d'une toque et porte une perle à l'oreille.

ANONYME DU XVIᵉ SIÈCLE.

539. Portrait d'homme.

En buste de 3/4 à droite, il est coiffé d'une toque sur un serre-tête et porte toute sa barbe.

NICOLAS QUESNEL.

540. Portrait d'homme.

De 3/4 à gauche, les cheveux relevés sur la tête.

MUSÉE DE REIMS

LUCAS DE CRANACH.

541. Jean le Constant, électeur de Saxe.

En buste de 3/4 à droite.

Peinture.

LUCAS DE CRANACH.

542. Christian II, roi de Danemarck, Suède et Norvège.

En buste de 3/4 à droite, coiffé d'une sorte de béret.

Peinture.

LUCAS DE CRANACH.

543. Jean Frédéric, fils de Jean le Constant, électeur de Saxe.

En buste de 3/4 à droite, tête nue.

Peinture.

COLLECTION DE MONSIEUR STETTINER

ATTRIBUÉ A FRANÇOIS CLOUET.

544. Portrait d'homme.

En buste de 3/4 à gauche, il porte une toque noire et une barbe blonde —
Fond vert d'eau.

Peinture sur bois.

COLLECTION DE M. THIÉBAULT SISSON

ANONYME.

545. Portrait de hault, puissant et illustrissime et excellentissime
messire **Charles, sire de Croy,** prince du Saint-Empire et de Chri-
may, baron de Mallevyn et de Comine, duc d'Arscot, duc de Croy,
mort en 1612.

Miniature sur vélin.

FRANÇOIS POURBUS, LE JEUNE.

546. Portrait de Louis des Balbes de Crillon, 1541-1615.

En buste de 3/4 à droite ; vêtu d'une armure.

Peinture sur bois.

ANONYME, FIN DU XVIe SIÈCLE.

547. Portrait d'homme.

De 3/4 à droite. Il porte une fraise à godrons.

Peinture.

ANONYME DU XVIIe SIÈCLE.

548. Portrait de femme.

En buste de 3/4 à gauche dans un ovale.

Peinture.

LOUIS LE NAIN.

549. Portrait d'homme.

De 3/4 à gauche. Médaillon ovale.

Peinture.

FERDINAND ELLE.

550. Portrait de femme.

En buste de 3/4 à gauche dans un médaillon ovale. Elle porte un collier de perles au cou.

Peinture.

COLLECTION DE M. LE BARON VITTA

ÉCOLE FRANÇAISE, vers 1490.

551. Portrait de Louis XI.

Il est représenté de profil à droite, coiffé d'un chapeau sur une calotte de tête ; il porte le collier de l'ordre de Saint-Michel.

Peinture sur bois.

COLLECTION DE M. E. WARNECK

JEAN VAN EYCK (attribué à).

552. Portrait d'homme âgé.

De 3/4 à droite ; tête nue, cheveux ras, il porte un manteau vert, terminé au col par de la fourrure. Fond gris vert.

Panneau peint.

FRANÇOIS CLOUET.

553. Portrait de Mr de Gordes.

En buste de 3/4 à droite ; coiffé d'une toque ornée de joaillerie et d'une plume.

Peinture.

GÉRARD TERBURG.

557. Portrait du comte de Penaranda, ambassadeur au congrès de Munster.

En buste de 3/4 à droite.

J. DE GHEYN.

554. Portrait d'homme, daté de 1599.

En buste de 3/4 à gauche, sur fond doré.

NICOLAS HILLIART.

555. Portrait d'homme.

De 3/4 à gauche. Il a une barbe courte ; il porte un manteau noir, une fraise au col et est coiffé d'un haut chapeau noir. Fond bleu.
On lit l'inscription suivante : Año D. 1572, actatis suæ 52.

Miniature ovale.

ANONYME, FIN XVIe SIÈCLE.

556. Portrait de Sigismond Bathori II, prince de Transylvanie. Il avait épousé Christine, fille de Charles II, archiduc d'Autriche.

Il est représenté en buste de 3/4 à droite, il est coiffé d'un large bonnet de femme, vêtu d'un manteau rouge et porte la Toison d'or. Fond bleu.

Miniature ronde.

TABLE DES PORTRAITS

I. — MANUSCRITS

Tous les renvois sont faits aux pages. Les noms des copistes et des enlumineurs sont en italique.

Catalogue Exposition.   14

II. — DESSINS AUX CRAYONS ET PEINTURES

Les noms des peintres et des dessinateurs sont imprimés en lettres italiques et renvoient aux pages. Les noms des personnages représentés sont imprimés en caractères ordinaires et renvoient aux numéros.

TABLE

MACON, PROTAT FRÈRES, IMPRIMEURS.

F. KLEINBERGER

9, Rue de l'Échelle, PARIS

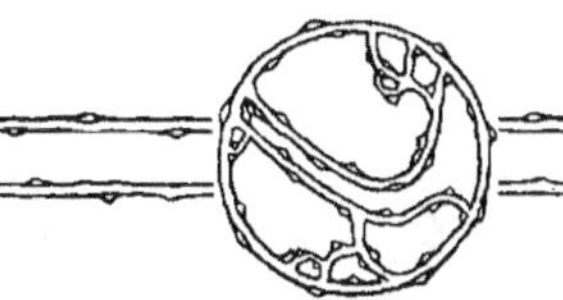

TABLEAUX	ANCIENT
ANCIENS	PICTURES

❧ | ❧

SPÉCIALITÉ : | *SPECIALITY :*

École Hollandaise et Flamande | Dutch & Femish Schools

PRIMITIFS DE TOUTES LES ÉCOLES

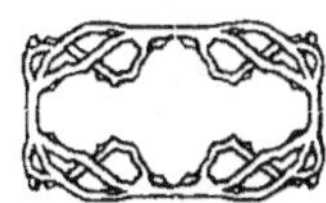

MAISON FONDÉE EN 1872

Eugène Kraemer

18, Rue Taitbout, Paris

TABLEAUX

ET

OBJETS D'ART

ANCIENS

TABLEAUX
des Maîtres Anciens

WILDENSTEIN

57, rue La Boëtie, PARIS

STETTINER

ANTIQUAIRE

8, Rue de Sèze, 8

TABLEAUX ANCIENS

AMEUBLEMENTS
& TAPISSERIES
ANCIENS

OBJETS D'ART ET DE HAUTE CURIOSITÉ

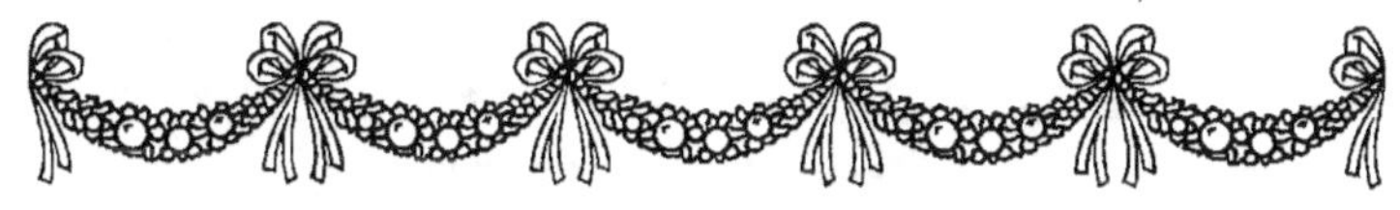